《古籍保护研究》 编委会 编

古籍保护研究

第十三辑

国家图书馆出版社

图书在版编目（CIP）数据

古籍保护研究 . 第十三辑 /《古籍保护研究》编委会编 . —北京：国家图书馆出版社，2024.3

ISBN 978-7-5013-8074-9

Ⅰ . ①古… Ⅱ . ①古… Ⅲ . ①古籍—图书保护—中国—文集 Ⅳ . ① G253.6-53

中国国家版本馆 CIP 数据核字（2024）第 033016 号

书　　名　古籍保护研究（第十三辑）
著　　者　《古籍保护研究》编委会　编
责任编辑　潘云侠
装帧设计　付锬锬

出版发行　国家图书馆出版社（北京市西城区文津街 7 号　100034）
　　　　　（原书目文献出版社　北京图书馆出版社）
　　　　　010-66114536　63802249　nlcpress@nlc.cn（邮购）
网　　址　http：//www.nlcpress.com
排　　版　九章文化
印　　装　北京武英文博科技有限公司
版次印次　2024 年 3 月第 1 版　2024 年 3 月第 1 次印刷

开　　本　710×1000　1/16
印　　张　16.625
字　　数　276 千字
书　　号　ISBN 978-7-5013-8074-9
定　　价　80.00 元

目　录

CONTENTS

在《中华医藏》首批图书发布仪式上的发言

The Speech at the Launching Ceremony of the First Batch of Books of *The Chinese Medical Canon*

周和平

摘　要:此为文化部(今文化和旅游部)原副部长、国家图书馆名誉馆长周和平同志在《中华医藏》首批图书发布仪式上的发言,与古籍保护事业密切相关,本刊特予刊载。

关键词:《中华医藏》;编纂;中医药事业

　　我很高兴参加这个发布仪式。我首先向已经故去的为《中华医藏》的编纂做出过贡献的专家,表示深切的缅怀!对为《中华医藏》的编纂付出辛劳的同志们,表示衷心的感谢!对各有关单位给予《中华医藏》的支持表示敬意!

　　《中华医藏》的编纂要从2007年国务院办公厅印发《关于进一步加强古籍保护工作的意见》说起,这是1949年以来,第一次由中央政府全面部署古籍保护工作的文件。其中包括开展古籍普查、建立国家珍贵古籍名录制度、建立重点古籍保护单位制度等,对古籍实施一系列重要的保护性措施。在古籍普查工作中发现我国现存古籍中,医学类典籍内容非常丰富,具有很高的文献价值。为此,国家古籍保护中心在普查分类中单列出一个类别。在国务院公布的《国家珍贵古籍名录》中,对医学典籍予以特别关注。截至目前,国务院已经公布了6批《国家珍贵古籍名录》,一共是13026部,其中的医学古籍是371部,占有很重要的位置。自2010年开始,我和王国强部长(原卫生部副部长兼国家中医药管理局局长)、曹洪欣院长(中国中医科学院院长)等同志就中医典籍的整理工作多次进行磋商。2010 年，国务院领导同志对社科院中医药事业国情调研组提出编纂《中华医藏》的建议作了批示。按批示要求，原文化部会同有关部门进行研究论证，因为有之前的工作基础，我们很快提出《中华医藏》编纂意见，经征求专家意见后，由原文化部和国家中医药管理局联合上报国务院。2011 年 5 月，为扩大中医典籍在全国的影响，由原文化部和国家中医药管理局等有关方面主办，国家图书馆和中国中医科学院承办了"中华珍贵医药典籍展"，按时代顺序展陈各时期代表的中医药著作和民族医药著作，如宋元刻本《黄帝内经》、南宋周守忠撰写《养生月览》、宋代陈直所撰《寿亲养老新书》等，这次展览在社会上影响很大。2012 年，为实施《中华医藏》编纂工作，经反复协商，聘请由中医药界、图书馆界、文献收藏单位的有关方面专家组成《中华医藏》编辑委员会，当年 8 月召开第一次会议。会议讨论了选目范围和整理顺序等，共选定 2289 种典籍，并从"养生卷"开始着手。今天看到"养生卷"正式出版，我感到非常高兴。

党中央国务院对中医药事业的发展高度重视，特别是党的十八大以来，习近平总书记非常重视中医药事业的发展，还亲自关心《中华医藏》编纂的工作进度，足见医藏整理的重要意义。

这里，我提几点建议，供编纂工作参考：

第一，要进一步提升对《中华医藏》编纂工作的认识。《中华医藏》编纂是中医药事业发展的一项基础性工作，对于传承中医药文化、建立当代中国中医药的理论体系有着重要的作用。整理古籍是"名山事业"，希望参与的同志要有炎黄子孙的责任感，从促进我国中医药事业发展的高度来认识其重要性。整理医藏功在当代、利在千秋，能够参与其中，是人一生中难得的机遇。希望政府有关部门、各有关单位要继续关心《中华医藏》的编纂，及时解决整理工作中遇到的困难。

第二，要进一步拓展选目范围。2012 年确定的 2289 种典籍是经过集思广益、反复酝酿产生的。随着工作的开展，建议对选目范围进行适当拓展。主要因为：一是近年来的古籍普查工作中，又发现了许多珍贵的医学典籍；二是在海外古籍调查中，也发现了许多好本子；三是近些年出土文物中，也有一些珍贵的典籍。如成都老官山汉墓出土的《天回医简》，其中的《合剂汤法》有六十多个药酒制作配方，似此类珍贵孤本文献应考虑将其纳入选目。

第三，要进一步活化利用。推动《中华医藏》活化、造福当代，为健康中国建设做贡献。一要注重揭示医藏的阶段性成果,扩大医藏的影响力,这有利于提升人们对医藏整理的重视,有利于得到政府有关部门和社会力量的支持。二要把医藏整理的成果同中医药事业、文旅事业的发展和国家重大战略的实施结合起来,如乡村振兴、康养产业、道地药材基地的建设等。当前,我国正在进行健康中国建设,"养生卷"的出版丰富了养生的内容,将为护佑老年健康发挥独特作用。另外,还要支持相关研究机构设立《中华医藏》的课题,支持学者对《中华医藏》进行释读和研究,揭示文献内涵,为活化利用提供文献和学术支持。

　　谢谢大家!

(周和平,国家图书馆名誉馆长)

为"留住乡愁"筑牢文化根基

——第一届地方文献与地方文化学术研讨会综述

A Summary of the First Symposium on Studies of Local Literature and Culture

白丽萍　王振良

摘　要:2023 年 5 月 13 日,天津师范大学地方文献研究中心举办第一届地方文献与地方文化学术研讨会。会议主要聚焦在三大主题——地方文献理论方法的研究、地方文献编纂实践的研究以及具体地方文献和地方人物的研究。本次会议的研讨有以下三个突出特点:一是提出采集整理当代口述文献,非常具有开拓精神;二是致力文献的开发利用,强调服务理念;三是强化学术引领,提出整理与研究并重观点。

关键词:地方文献;地方文化;口述文献;天津学;地方学

2023 年 5 月 13 日,天津师范大学地方文献研究中心在古籍保护研究院举行揭牌仪式。当天下午,由天津师范大学图书馆、古籍保护研究院主办,地方文献研究中心承办的第一届地方文献与地方文化学术研讨会成功举行。会议采取线上和线下结合的方式,来自全国地方文献研究领域的 30 余位专家及天津师范大学的研究生代表参会。

本次会议共收到学术论文 23 篇,主要聚焦在三大主题:一是关于地方文献理论方法的研究,二是关于地方文献编纂实践的研究,三是关于地方文献和地方人物的研究。会议由天津师范大学古籍保护研究院教授、地方文献研究中心主任王振良主持。本次会议旨在为全国地方文献研究领域的专家学者搭建互鉴的平台,同时期待通过交流促进地方文献事业发展,对地方文化研究和构建有所促进,为"留住乡愁"筑牢文化根基。天津师范大学地方文献研究中心以天津地方文化研究和普及为抓手,推动构建学术意义上的"天津学"乃至"地方学""地方文献学"研究体系,促进天津城市文化建设及社会经济发展,形成天津师范大学的地方文化研究特色。

《天津日报》《天津教育报》以及津云新媒体平台等,对天津师范大学地方文献研究中心揭牌和第一届地方文献与地方文化学术研讨会进行了报道。

一、关于地方文献理论方法的研究

地方文献具有极强的社会实用性,但科学理论的指导十分必要。会议有7篇论文谈到地方文献研究中的理论和方法问题,深入浅出,视角多样,对地方文献建设具有较强的引导意义。

郑州大学图书馆研究馆员赵长海《地方文献工作的理论与实践》认为,应加强有关地方文献的理论问题研究。地方文献具有数量的无穷性、类别形式的多样性及价值的相对模糊性等特点,研究空间十分广阔。对于地方文献的"历史资料性"不能简单地一概而论,要具备"文献眼"以不断发掘文献的特殊价值。保存文献不能仅考虑当前或者十年、二十年,文献保存是百年大计乃至千年大计。对于文献而言,自己没有用的,不能说别人没有用。绝大多数人不用的,也不能说价值不大。文献的价值,尤其不能以读者多少而确定大小。他还结合自身工作经验,提出整理地方文献要有抢救意识和责任担当。

宁波大学人文与传媒学院教授钱茂伟《历史永生论与当代民间文献的生产》认为,地方文献研究除了关注现有文献外,还应关注当代人的口述史。口述史的对象多是本地人,采用本地方言,体现了地方文献特性。口述史可以让更多人参与历史书写,把更多人的历史留存下来。当代人通过口述史、回忆录等方式留下文献,实现从个体有限的生到文本永恒的生。钱茂伟特别关注不朽观的研究,为口述历史乃至公众历史书写提供了理论支撑。

贵州民族大学民族学与历史学学院教授叶成勇《田野史学与地方文化》,重点阐述了其提出的"田野史学"概念,具体可概括为四个方面的内容:会同古今、沟通天人、融通人我、贯通传统史学与新史学人才培养。以这一思想为指导,叶成勇在贵州乡村实践"五个一"项目,包括一馆、一志、一谱、一片、一教材,将史学研究与活态社会结合起来,以此积累地方文献。田野史学关注当下活态社会，在田野中寻找真正的问题，文献只有在为田野中的具体问题服务时，才显得有意义。这一理念的应用，真正体现了"把论文写在祖国大地上"。

河南师范大学教授苏全有《图书馆与地方文献的创新推进》，以河南师范大学图书馆地方文献建设经验为例进行了论述。该馆成立地方文献研究机构、利用各种新颖形式加强宣传、采用购买与捐赠等方式搜集地方文献，建立起颇具规模的"新乡文库"。同时，通过加强对外学习、参加学术会议、与学术刊物合作、设立"地方文献"专栏、定期举办地方文献研讨会、建立科研队伍、组织申报项目等形式，不断扩大社会影响力，在地方文献资源建设领域取得显著成绩。这种一条龙式的地方文献建设路径值得借鉴。

慈溪家谱文献收藏家励双杰《家谱文献对地方文化研究的意义》认为，家谱作为特殊的地方文献，是地方文化研究的重要内容。家谱中蕴含着丰富的地方文化要素，如广西北流《法音梁氏族谱》中不足二百字的一篇短文，为印刷史增加了几个名词，如"散字""本造"等；《湘乡大湖张姓五修族谱》介绍了这个家族同时拥有族歌、族校歌、族花，在家谱中罕见；湖南宁乡王文清是清雍正二年（1724）进士，时人所称"湖南四王"之一，其家族谱里有一篇五千余言的白话文家训，在旧家谱中极为稀见。由此可见，收集、整理和研究家谱文献，对挖掘地方家族及地方文化具有重要意义。

南京大学管理学院教授徐雁《地方文献收藏与分地阅读推广》，阐述了地方文献的载体类型和基本特征，指出地方文献为各个地域的全民阅读推广提供了特色文化素材。南京市开展了"南京传世名著遴选"工作，有助于"文学南京"建设。徐老师认为天津市高校众多，可针对天津城市特色文化，于开学季开展校史展览、校友文献展示等活动，将地方文献建设与阅读推广相结合。这为地方文献"走"出去提供了新的思路。

桐乡市图书馆助理馆员夏春锦《地方文化研究如何走出"地方"》，提出地方文献和地方文化研究可基于两个层面"走出"地方：一是既要依赖本乡本土固有的研究团队，又要倚重本地之外的专业研究人员，从而形成内外结合、民间与学院互补的研究队伍；二是地方文化的传播及其影响不应局限于地方。通过场馆的建设及其活动、优秀的出版选题、读书民刊的创办、作品发表平台的提供、学术研讨会的举办、相关奖项的设置、地方文化讲座线上云直播等方式，可以让地方文化成果走出本乡本土。

二、关于地方文献编纂实践的研究

地方文献编纂是地方文献建设的重要环节,编纂质量的高低直接影响到文献的研究和利用。会议有 7 篇论文针对地方文献编纂实践展开研究。

浙江省温州市图书馆研究馆员卢礼阳《关于古籍整理出版的建议》,从如何选书、如何选人、如何选择出版社、如何吸引读者角度,提出古籍整理的四点心得——整理者应怀抱文化责任感,从众多文献中甄别出最适合出版的古籍;选用具有古典文献专业知识和整理经验的人才承担古籍整理工作,制定合作协议解决个别专家信用缺失问题;合理筛选古籍出版社;把好品质关,认真研判图书的用纸、装帧、开本及印数等问题。

《慈溪地方文献集成》编审童银舫《慈溪地方文献研究略谈》认为,要做好地方文献的研究既要有情怀,也要有一定的收藏和资源。他以慈溪地方文献建设为例指出,既要收藏与慈溪相关的地方文献,又要与慈溪本地的学者和外地的慈溪籍学者开展交流合作,形成从古代至当代比较完整的地方文献框架,在此基础上再进行专题研究。县级层面文化单位的地方文献研究工作,关键是要摸清家底,在此基础上与相关部门统筹合作整合资源,同时借助高校和文献研究专业机构的力量,以保证文献整理的品位和质量。

温州大学人文学院副编审方韶毅《〈温州大典〉编纂情况略说》,以《温州大典》编纂为例,指出其编纂特点是从文献到档案、整理研究并举以及同步数字化。《温州大典》对温州历史文献进行了全面梳理,设置"历代古籍编""晚近书刊编""文物图像编""档案史料编""民间遗存编""要籍选刊编""专题研究编"。地方政府的大力支持、雄厚的专家团队及严密的组织规划,为《温州大典》的完成提供了重要保障。

河北大学燕赵文化高等研究院研究员于广杰《河北大学燕赵文献的整理与研究》,介绍了河北大学燕赵高等文化研究中心基本情况及工作成果。该中心以整理研究燕赵文献作为突破口开展文化研究,名称经历了从"畿辅学""北学"到"燕赵文化"的转换,强调整理与研究并重,不仅在燕赵经学、地方志研究、雄安新区地方文献整理、词曲学等方面取得了系列成果,而且从学理方面对燕赵文化加以深入挖掘,推动衍生出词曲研究方向、经学研究方向、口述史研究等特点鲜明的学科方向,形成了各有特色的研究团队。

廊坊师范学院教授许振东《〈廊坊古籍珍本丛刊〉的整理与编纂》,以廊坊地方文献的编纂整理为例进行了阐述。今廊坊市所辖地区涌现过张华、郝经、苏志皋、陈仪、张云骧等著名文人，还有文安纪氏、井氏、陈氏、王氏，大城刘汉儒、刘樾父子，安次得胜口马氏家族等文人群落或文化世家，其中有著作传世者凡 167 人。《廊坊古籍珍本丛刊》选择 92 种诗文集影印出版，以时代为序，同时兼及地域或家族关系。所收每种书籍均撰序于前，介绍撰（辑）者、卷册、版本、现藏地或版本出处、撰（辑）者生平、书籍主要内容及特色等，对于廊坊地方文化的挖掘和研究具有重要意义。

天津图书馆研究馆员李国庆《〈天津文献集成〉在揭示天津地方文化方面的作用》指出，天津地方文献的整理对推进天津近代文化的研究发挥重要作用。《天津文献集成》收录 1949 年以前有关天津的地方文献 81 种，主要分两大门类，一类是天津本地人的著作，另一类是外地人记述天津的著作。全书选目以集部图书为主，还有部分记述地方风土民情的笔记类著作，旨在为天津地方历史文化研究提供原始资料。他认为图书馆工作者应最大限度为研究人员提供服务，这种服务意识促成了《天津文献集成》的出版。

天津地方史专家宋健《宝坻历史文献的挖掘、整理和研究》，以宝坻地方文献整理为例，介绍了宝坻学者聚焦于宝坻先贤的诗文集、名门巨族的谱牒、科举朱卷和墓志碑刻等文献的挖掘、整理和研究。在研究过程中，逐步形成了相对稳定"宝坻记忆"团队，整理编辑宝坻人物诗文集 7 种，影印出版宝坻历史文献 12 种，整理出版研究论著 5 种，发表学术文章多篇、报纸文章数百篇，此外还编辑"宝坻记忆"微信公众号，为宝坻文献和文化的挖掘做出了贡献。

三、关于地方文献和地方人物的研究

具体的地方文献和地方人物，虽然具有全国性意义者比重很小，但其于地方历史文化的弘扬则不可或缺，甚至具有颇为重要的价值。会议有 9 篇论文从地方文献和地方文化视角入手，进行小角度深切口的研究，有的还具有一定理论意义。

南京大学文学博士张元卿《街区生活史视野下的文献研究——以浦口火车站周边街区研究为例》认为，街区生活史是城市史的基础，要深化城市史研究，应加强街区生活史研究。他以 20 世纪 30 年代南京浦口火车站旁的红房公寓和耀华里历史为例，通过传统文献和口述文献的搜集建立住户名录，确认这两个街区居民以浦口火车站天津籍员工为主，与车站旁的天津菜馆等共同构筑了流动的天津元素。这一元素对浦口站小区域的历史文化有不小的形塑作用，而随着天津人的逐渐离开，天津元素开始消失，历史情境也逐渐消逝。他认为，从生活史的视角集中搜寻关涉这个街区的文献，才能让历史的丰富性和多元性呈现出来。通过街区文献和文化考察地方历史，为地方文献和地方文化研究提供了新的视角。

天津社会科学院文学与文化研究所研究员孙爱霞《地方报刊诗词文献整理及其意义》认为，地方报刊的价值和意义需要从不同角度来挖掘和研究。以《北洋画报》为例，从诗词视角进行整理，发现了很多有意趣的诗词作品及其背后的故事，既可以丰富中国近现代文学的内容，又可以窥探诗词在当时社会的"生存"状态，同时《北洋画报》诗词还透射了天津雅文学的发展态势。此外，她还从天津近代报刊中剖析城市百姓的日常生活，角度独特、富有新意。

天津图书馆副研究馆员王国香《高洪钧〈天津艺文志〉补遗》，通过深入收集整理现存天津地方文献，对高洪钧《天津艺文志》进行增补与正讹，在《天津艺文志》原有基础上增补文献 815 种，更加充分地揭示了天津明清以来地方文献的传世情况，为学者进一步开展研究提供了新的线索和便利。

天津地方史专家章用秀《利用地方文献研究绘画艺术》，从地方文献的记载中钩沉近代天津绘画研究资料，提出探讨天津绘画源流和发展首要是史料搜集。他通过查阅天津地方志、画史、书史、津人诗文集、笔记杂谈及旧报旧刊等文献，研究不同时期津人绘画作品真迹，搜集和整理口碑资料，经过考证分析后形成初步认知，还原了津门绘画艺术的本来状貌，发掘了津门绘画艺术的真实情境，有助于提升对天津地方历史文化的认知。

天津财经大学中文系教授叶修成《天津水西庄查氏诗文辑佚》，以清代天津水西庄主人查氏家族文脉研究为例，通过对查氏家族散佚诗文的搜集和辑存，分析清初水西庄文事活动的空前盛况，以及查氏家族的友朋交往与文学创作，对于保护和接续水西庄文脉，具有重要的现实意义。

天津师范大学历史文化学院和古籍保护研究院的四位硕士研究生，从文献学角度梳理了四位天津文献家和文学家的生平或著述。乔于芮《天津藏书家顾训贤年谱的编撰》，依据顾氏存世诗词及翻译作品，对后人进行采访调查，梳理了顾氏的家世生平、藏书活动和文学创作，进而编制出《顾训贤年谱》，填补了顾训贤研究的空白。黄玲玲《天津翰林高赓恩年谱的编撰》，通过对高赓恩家庭情况、仕途经历、文献著述的考察分析，编制出《高赓恩年谱》，呈现了这位近代天津翰林的人生百态和社会贡献。潘红宇《高继珩〈寄泉类稿〉补遗》提出，2020 年社会科学文献出版社出版的《高继珩集》，未将高继珩的诗文全部收录，通过考察高继珩为吴世珍未婚妻杨氏所辑的《扬芬录》、任栾城教谕时参与纂修的《栾城县志》、任大名教谕时参与增补的《大名府志》等，发现了数量不菲的高继珩存世诗文，可补充《寄泉类稿》缺漏。韩慧平《高顺贞及其〈翠微轩诗稿〉探析》，通过深入的文本分析，弥补了清代天津女性诗人研究的不足，对认知清代南北方女性诗人的不同特点也有积极意义。诗稿中的怀亲念友之作，情感真挚，史料丰富，根据题名和内容还可查考相关人物关系、相关事件时间等，有助于对清代后期天津文化史、思想史及社会生活史的发掘。

四、结语

第一届地方文献与地方文化学术研讨会的话题，呈现出三个明显特点：

一是开拓精神。本次会议关于地方文献的研究，最大新意是将口述文献纳入地方文献资源建设之中。天津师范大学地方文献研究中心作为会议承办方，其文献资源建设目标就是传统文献与口述文献并重。口述文献作为地方文献开掘和研究的重要内容，成为参会学者的共识。基于当代民间文献的编修问题，钱茂伟提出"历史永生论"观点，试图为文献的当代记录探寻理论依据，极具创新精神。徐雁将地方文献与阅读推广结合，强化其一以贯之的"分地阅读"理念，提供了地方文献与地方文化发展结合的新思路。

二是服务理念。地方文献是公共图书馆资源建设的重要组成部分，来自公共图书馆的研究者特别强调地方文献整理以为学者服务为目的。李国庆提出编辑出版《天津地方文献集成》及整理编纂《天津艺文志》是为天津地方文献研究学者提供服务的工作。家谱收藏家励双杰保存有大量的稀见家谱，而且乐于为研究者所利用，得到专业人士的广泛关注。苏全友则认为，高校图书馆地方文献建设是"高校服务地方的重要内容"。

三是学术引领。地方文献建设并非简单的文献寻访和归集，参会学者特别强调了研究地方文献的重要价值和引领意义。于广杰提到"在整理文献基础上，从学理方面对燕赵文化加以深入挖掘，推动衍生出鲜明研究方向"；方韶毅提出《温州大典》工程"整理与研究并举"；宋健则以天津市宝坻区文史研究者的实践案例，阐明了地方文献研究对地方文化发展和社会建设的作用。

总而言之，第一届地方文献与地方文化学术研讨会，既有理论思考又有实践总结,还有具体文献讨论,不仅为从事地方文献研究的专家学者提供了切磋和交流的机会,也为青年学子提供了学习和展示的平台,同时还增进了天津师范大学地方文献研究中心与全国地方文献研究同仁的联系。党的二十大报告进一步强调"传承中华优秀传统文化",天津师范大学地方文献研究中心成立以及会议成功举办,表明天津的地方文献研究得到学界广泛认可和支持,也预示着全国地方文献研究工作蓄势重发,在传承中华优秀传统文化进程中将发挥重要作用。

（白丽萍,天津师范大学古籍保护研究院博士后;王振良,天津师范大学古籍保护研究院教授）

探索与交流

古籍修复人员认证制度的实践与探索

An Exploration of Establishing a Certification System for Practitioners in Ancient Book Restoration

杨照坤　　庄秀芬

摘　要：加强古籍保护人才培养、建立修复人员资格认证制度是"中华古籍保护计划"的重要内容。十余年来，在国家古籍保护中心和全国各古籍收藏单位的共同努力下，古籍修复人员急缺的状况得到改善，建立修复人员资格认证制度条件已经成熟。本文通过具体分析，探索开展古籍修复人员认证制度的可行办法。

关键词：古籍保护；人才培养；古籍修复人员认证

"中华古籍保护计划"实施以来，国家古籍保护中心通过在职培训、师徒传习、学历教育等多种方式为全国培养古籍修复人才，在全国持续展开破损古籍的抢救性修复工作，取得显著成效。但同时我们也看到，古籍修复人员水平参差不齐，如果操作不规范也会给古籍带来一定损坏。为进一步提高古籍修复专业化水平、规范古籍修复人员资质管理、优化古籍修复人员职业路径，建立古籍修复人员认证制度成为当前古籍修复工作进一步发展的客观需要。为此，国家古籍保护中心经过多年探索，将在"中华古籍保护计划"框架内对古籍修复人员资质做进一步管理和认证。

一、古籍修复人员认证制度的早期探索

古籍修复人员认证制度的探索可追溯到本世纪初。早在 2004 年，经劳

动和社会保障部（今人力资源和社会保障部）、文化部（今文化和旅游部，下同）批准并委托文化部文化艺术人才中心（今文化和旅游部人才中心）组织有关专家制定的《图书资料业务人员（文献修复师）国家职业标准（试行）》出版。2005 年，文化部在财政部支持下策划启动"中华古籍特藏保护计划"，将培养古籍修复人才列入重点项目之一，这也是"中华古籍保护计划"的前身。与之同时，文化部委托国家图书馆主持编纂《图书馆古籍修复人员任职资格》，由全国 9 家大型图书馆合作完成[1]，旨在对图书馆古籍修复人员的准入制度加以规范，保证图书馆古籍修复从业人员的素质，确保古籍修复的质量。2009 年，文化部文化和艺术人才中心、文化部职业技能鉴定指导中心（今合称文化和旅游部人才中心）组织编纂的《文献修复师》正式出版。同年 11 月，国家古籍保护中心受文化部委托，在京举行了第一批文献修复师考评人员资格考前培训和考试。但是，由于同期国家密集出台对职业资格加强规范管理的相关政策，古籍修复人员认证制度建设暂时未能继续推进①。接下来的十余年来，既是古籍保护工作突飞猛进的阶段，也是包括古籍修复人才在内的古籍保护人才迅速成长的阶段。尤其在传统"师带徒"模式与高校跨学科高层次人才培养相结合的趋势下，新时期的古籍修复人才正在孕育成长。然而，目前《中华人民共和国职业分类大典（2022 年版）》《国家职业资格目录（2021 年版）》等都没有明确的"古籍修复师"相关内容。《国家职业技能标准·文物修复师》将古籍修复师归在纸张书画文物修复师一类，其主要起草人当中，缺乏专门从事古籍修复的专家。随着我国古籍修复事业的持续推进和古籍修复人员的不断增长，古籍修复人员认证制度的建立应当也需要再次提上议程。

二、建立古籍修复人员认证制度的时代背景

（一）古籍修复事业全面发展

2007 年，国务院办公厅印发《关于进一步加强古籍保护工作的意见》（国办发〔2007〕6 号），正式启动"中华古籍保护计划"。这是新中国历史上首次

---

① 国务院办公厅于2007年下发《关于清理规范各类职业资格相关活动的通知》（国办发〔2007〕73号）；人力资源和社会保障部于2008年下发关于《贯彻〈国务院办公厅关于清理规范各类职业资格相关活动的通知〉的通知》（人社部发〔2008〕8号）。

由国家主持开展的全国性古籍保护工程，十余年来，围绕"保护为主、抢救第一、合理利用、加强管理"的方针，国家古籍保护中心带动全国各省级古籍保护中心和各级古籍收藏单位，与时间赛跑、为古籍续命，在古籍普查、文献修复、书库建设、人才培养、数字化、整理出版等方面不懈努力，取得令人瞩目的成果。特别是 2008 年全国 12 家国家级古籍修复中心的建立和十余年来古籍修复人才的大规模培养，为古籍抢救性修复工作打开了崭新的局面。截至目前，仅 12 家国家级古籍修复中心就已累计完成古籍修复超过 400 万叶，全国已完成国家图书馆藏清宫"天禄琳琅"、西夏文献，山西省藏国家珍贵古籍，陕西省图书馆藏《古今图书集成》，山东省图书馆藏宋刻本《文选》，上海图书馆藏金石拓本，迪庆州纳格拉洞藏文古籍，甘肃省藏地方名人手迹，广东省立中山图书馆藏明刻本《书集传》等一批珍贵古籍修复项目。

另外，随着古籍保护工作的深入开展，古籍公藏单位陆续建立古籍修复室，古籍修复私人机构也遍地开花。为了规范古籍修复工作，特别是珍贵古籍修复项目的正规开展，在"中华古籍保护计划"框架内执行古籍修复人员资质认证制度是当前十分迫切需要的。

（二）政策导向不断明确

习近平总书记在党的二十大报告中强调，要"深入实施人才强国战略"，中共中央办公厅、国务院办公厅《关于推进新时代古籍工作的意见》、全国古籍整理出版规划领导小组《2021—2035 年国家古籍工作规划》等文件明确提出，要"强化人才队伍建设""打造一支素质优良的古籍人才队伍"。2023 年 6 月 2 日，习近平总书记在文化传承发展座谈会上强调，担负起新的文化使命，努力建设中华民族现代文明。以上为新时代古籍保护人才培养工作提出了根本要求、指明了工作方向。国家对加强古籍工作制度建设，加大高素质古籍保护人才培养等也提出了相应要求，其中就包括对古籍修复人员资格认证制度的需求。详见表 1。

表 1 建立古籍修复人员认证制度相关政策依据

文件名称	相关内容
党的二十大报告	多次提到"人才"，包括人才强国、人才强军等，强调"实施科教兴国战略，强化现代化建设人才支撑""深入实施人才强国战略……深化人才发展体制机制改革"。

文件名称	相关内容
关于推进新时代古籍工作的意见（2022 年第 12 号）	在强化古籍工作保障的内容中，进一步强调"强化人才队伍建设。……扩大古籍保护修复人才规模……完善用人机制，保障古籍工作相关人员工作待遇"。
2021—2035 年国家古籍工作规划	专设"创新古籍人才队伍建设机制"一章，明确要"打造一支素质优良的古籍人才队伍"。具体指出"建立系统全面、客观科学反映古籍工作质量的综合评价体系"，制定符合新时代古籍工作实际的相关评价办法，进一步开展"古籍修复技艺传承计划"。
关于进一步加强古籍保护工作的意见（国办发〔2007〕6 号）	明确提出："加强古籍保护人才培养。有关部门要制定规划，多渠道、分层次培养古籍保护人才。建立古籍修复机构资格准入与修复人员资格认证制度……"
关于开展培养古籍修复人才试点工作的通知（教高厅函〔2003〕20 号）	提出"加大古籍修复人才培养力度，建立一支结构合理的修复队伍……在全国造就一支数量和质量基本满足要求的古籍修复队伍"的目标。

（三）修复人员对认证制度需求不断增加

经过十余年的努力，目前全国的古籍修复专业人员已经超过千人，而且还在上升呈逐年趋势。多年来，他们没有本专业的职业晋升渠道，只能走其他系列的职称评审，这是对古籍修复人员认证制度有现实需求的群体。

首先，从国内高水平古籍修复人员构成来看，主要集中在图书馆、博物馆等古籍收藏大馆，2013 年国家古籍保护中心开始开展的古籍修复技艺传习工作已将国内绝大多数高水平的修复师聘为传习导师。国家古籍保护中心聘请的传习导师须具备古籍修复的精湛技艺，原则上需连续从事古籍修复工作 15 年以上（国家级或省级古籍修复技艺非物质文化遗产项目代表性传承人优先考虑）。截至 2022 年底，已聘请的 38 位传习导师中，80 后、70 后各 1 人，60 后 19 人，50 后 10 人，40 后 7 人。由此可见，国内高水平的古籍修复师集中在 40—60 后，60 后为中坚力量。他们一辈子从事古籍修复事业，有些年事已高，却没有得到正规的行业认可。

其次，从全国古籍修复人员的整体构成来看，根据对全国主要公藏修复机构和部分民间修复机构的修复人员统计，目前全国古籍修复师中，本科及以上学历的超过 50%，研究生学历的超过 13%；80 后修复师超过 20%，90 后修复师超过 10%。可见高学历的青年修复师已经逐步成长为古籍修复的主要力量。2019 年国家古籍保护中心举办首届"全国古籍修复技艺竞赛"，参赛的 101 位修复师都是各省选派的优秀修复师，参赛单位涉及公共图书馆、高等院校、博物馆以及社科院所属单位，其中青年修复师超过 60%，本科以上学历接近 90%，2007 年以后加入古籍修复行业占 73%[2]。这次竞赛进一步反映出，依托"中华古籍保护计划"，古籍修复师的数量和质量都有了较大度提升，优秀古籍修复师的发展呈现年轻化、高学历化、跨系统的发展趋势。这些年轻的群体需要权威认证其业务水平进而保证古籍修复的质量，也需要认证来规划职业发展、提升修复技术。

可以看出，一方面年轻的修复师越来越多地成长起来，但是他们没有取得相应认证，对他们技能进步和工作提升形成一定的阻碍，造成瓶颈。另一方面，"择一事做一生"的老一辈古籍修复专家，大都深耕古籍修复 30 余年，有的甚至超过 60 年，古籍修复行业内的认证，对他们既是肯定也是尊重，能够促进师徒传承，对后学更是一种激励。

三、建立古籍修复人员认证制度的工作基础

在"中华古籍保护计划"框架内组织开展古籍修复师资质认定工作是国家古籍保护中心的职能要求。2007 年，国务院办公厅发布的《国务院办公厅关于进一步加强古籍保护工作的意见》（国办发〔2007〕6 号），明确提出建立古籍修复人员资格认证制度。为贯彻文件精神，国家古籍保护中心历经十余年，从标准制定和人员储备上为古籍修复人员资格认证制度做准备。

（一）编纂制定《古籍修复技术规范与质量要求（GB/T 21712-2008）》

2008 年颁布的《古籍修复技术规范与质量要求（GB/T 21712-2008）》是国家古籍保护中心组织专家在文化行业标准《古籍修复规范与技术标准》的基础上修改制定的，对古籍修复的范围、术语和定义、工艺流程、工艺要求、检验以及质量等级都做了明确要求，使古籍修复质量要求有了统一的标准。其中工艺流程共有 29 项，工艺要求有 16 项，对古籍修复师提出了明确的技能要求，也为将来开展古籍修复人员认证提供了标准依据。

（二）开展在职古籍修复人员教育，提高全国在职古籍修复人员整体素质

2007 年以来，国家古籍保护中心坚持为业内同仁举办古籍保护各类培训班，其中古籍修复人员培养是重点内容之一。截至目前，国家古籍保护中心在

全国共举办包括汉文古籍修复、少数民族古籍修复、碑帖修复、西文修复、佛道教古籍修复等各类修复培训 71 期,培训在职修复学员超过 2000 人次。"培训班邀请古籍修复技艺国家级、省级非遗传承人和著名修复、保护研究专家授课,采取理论和实践相结合的授课方式。特别是在古籍修复高级研修班上,将珍贵古籍修复项目与课程实践相结合,使学员的修复技术得到实质性提高。这些人在培训班结束后都能够独立从事普通古籍修复工作,多数人成为各单位的修复骨干。"[3] 通过培训,建立了技术过硬的古籍修复队伍,全国古籍修复在职人员技术水平得到整体提高。

(三)推进古籍修复学历教育,储备古籍修复人才

2001 年,南京莫愁中等专业学校就在国内第一个开设古籍修复专业。2003 年,教育部和文化部联合下发《关于开展培养古籍修复人才试点工作的通知》(教高厅函〔2003〕20 号),在北京、上海、江苏等地开展古籍修复人才培养试点工作,建议"可采取'分层培养、长短结合'的原则,以培养技术熟练的操作人员为主(主要是高职层次),适当培养一些高级修复人才(主要为本科层次),同时应注意加强对在职职工的短期培训"。此后,继南京莫愁中等专业学校,吉林艺术学院、金陵科技学院、南京艺术学院等院校陆续加入培养古籍修复专门人才的队伍。自 2014 年起,国家古籍保护中心先后同中山大学、复旦大学等高校开展古籍保护专业硕士培养的合作,开始培养高级修复人才,累计已招收学生 314 人。在国家古籍保护中心的带动下,全国高校陆续开设古籍保护相关专业方向培养古籍保护人才。到目前为止,古籍修复人才培养涵盖了从中专到博士的各教育阶段,全国 30 余家院校开设了古籍修复相关专业,保证了古籍修复行业人才得到源源不断的补充和发展。

(四)发扬传帮带作用,建立古籍修复技艺传承体系

2013 年,文化部非物质文化遗产司在国家图书馆挂牌成立"国家级古籍修复技艺传习中心",依托国家图书馆古籍馆文献修复组的师资、场地、设备、材料等优质教学条件,进行古籍修复技艺传习。2014 年,国家古籍保护中心依托传习中心开始在全国附设国家级古籍修复技艺传习所,聘请古籍修复领域著名专家担任导师进行修复技艺传习。截至目前,全国传习所单位已增长至 47 家,覆盖全国 27 个省(市),聘请 38 名修复技艺传习导师,收徒超过300 人,技艺传承带动修复古籍超过 4 万册(件)。同时,各传习所在省级古籍保护中心的支持下,不仅开展全省古籍修复人才培养工作,有的还逐级下

设修复工作站，建立市县级古籍修复室，保证了古籍修复技艺在传承中发展和提高。

通过标准制定、在职培训、学校教育、技艺传承，新时代的古籍修复人员整体素质已经得到突飞猛进式提高。在继承传统技艺的同时结合现代科技，古籍修复工作已经不再是简单的工匠劳动。科学、规范地开展古籍修复，严格审核修复人员资质成为古籍保护中不可忽视的重要内容。

四、实行古籍修复人员认证制度的建议

根据目前我国古籍修复人员的发展情况，率先在"中华古籍保护计划"框架内，对修复人员开展资质认证工作，同时不断完善认证制度，今后进一步推广，保证"中华古籍保护计划"框架内开展的修复工作的规范性、科学性、安全性，是目前比较可行的办法。

建议古籍修复人员认证工作由国家古籍保护中心具体组织开展，试行期间的参评人员为国家级古籍修复技艺传习中心及传习所的传习导师、助理导师及学徒。参评人员应满足《国家职业技能标准·文物修复师》中"纸张书画文物修复师"的相关要求，且具备《古籍修复技术规范与质量要求（GB/T 21712-2008）》的技术能力。所有取得相应资质的古籍修复师，将获发"中华古籍保护计划·古籍修复师证书"，并根据各等级资质认定要求，开展相对应的古籍修复工作，具体内容见表2。

表2　古籍修复人员分级资质认定要求

等级	资质认定
一级	具有修复入选《国家珍贵古籍名录》古籍资质，可担任重大珍贵古籍修复项目首席修复师。
二级	具有修复珍贵古籍资质，可担任一般古籍修复项目首席修复师。
三级	具有修复中度及以下破损普通古籍资质。
四级	具有修复轻度破损普通古籍资质。
五级	操作常用修复设备和材料，进行简单的古籍修复工作。

由此建立的古籍修复人员认证制度不仅能确立古籍修复领域的行业标杆，规范古籍修复工作，特别是规范珍贵古籍修复项目的开展，也能更好发挥高水平古籍修复师的行业引领作用。同时，建立古籍修复人员认证制度还能进

一步规范不同水平古籍修复人员分级分层开展古籍修复工作,规范行业准入制度,"持证上岗"确保古籍修复工作的质量,实现对文化载体的有效保护,进而为青年修复人才提供职业晋升通道,对提升古籍修复人才职业发展具有重要意义。

古籍修复是目前一小部分人在做的造福后人、服务大众的工作。"中华古籍保护计划"开展以来,古籍修复人员从百到千,扭转了此类人才极度匮乏、行业难以为继的局面。虽然,千余人的从业群体仍然很小众,但其带动的古籍保护事业是大众所关注的。面对千万册需要保护的古籍和传承文明的社会使命,这个队伍还需要不断壮大才能前赴后继地和时间赛跑,不断为古籍续命。建立古籍修复人员认证制度将为这个行业分层分级、良性发展提供更大的支持,这是古籍修复人的一份期待,更是古籍保护人使命感的体现,值得我们不断探索和不懈努力。

（杨照坤,国家图书馆副研究馆员;庄秀芬,国家图书馆研究馆员）

参考文献:

[1] 张志清 . 谈谈《图书馆古籍修复人员任职资格》标准 [J]. 国家图书馆学刊,2006(3):33.

[2] 范雪琳,安平 . "妙手补书书可春——全国古籍修复技艺竞赛暨成果展" 综述 [J]. 古籍保护研究,2022（1）:54-60.

[3] 庄秀芬,杨照坤 . 古籍修复技艺的传承与发展综述 [J]. 古籍保护研究,2020（2）:63-72.

基于文献计量分析的《古籍保护研究》集刊回顾与展望 *

A Review and Perspective of the Periodical of *Studies of Preservation and Conservation of Ancient Books* Based on Bibliometric Analysis

黄晓霞

摘　要:本文以 2015 至 2023 年《古籍保护研究》前十辑 235 篇论文为样本,统计分析集刊发文量与栏目设置情况,并结合 CiteSpace 对研究作者、机构、热点主题与演进趋势等问题进行知识图谱分析。研究发现:研究力量以国家图书馆(国家古籍保护中心)、天津师范大学、复旦大学、天津图书馆为主,形成了稳定的学术合作网络;研究热点涉及古籍保护综述、普查与编目、修复与装潢、古籍存藏、人才培养、再生与传播、版本与鉴赏等主题,且形成较为明显的演化阶段。最后,从挖掘作者、跨界合作、拓展主题、创新方法、规范格式、提升影响力等方面对集刊的发展提出展望,以营造良好的古籍保护学术生态,推进古籍保护事业的大发展大繁荣。

关键词:《古籍保护研究》;文献计量;CiteSpace;知识图谱

　　《古籍保护研究》是目前国内唯一一本古籍保护领域的专门性学术刊物,在古籍保护的宣传推广、动态追踪、学术交流、成果推介以及学科建设等方面起到了不可或缺的重要作用。自 2015 年创刊以来,至 2023 年 3 月已出版十辑,

---

* 　本文系国家社科基金重大项目"古籍保护学科建设与基础理论研究"(项目编号:19ZDA343)研究成果之一。

累计收到广大古籍保护工作者、专家学者以及古籍爱好者赐稿 235 篇，总被引次数为 108 次，基金论文比 12.3%[①]，学术影响力不断提升。《古籍保护研究》前十辑由大象出版社出版，自第十一辑起移至国家图书馆出版社。通过对前十辑收录文章进行计量分析，探究古籍保护研究的发展现状与研究趋势，以更好地推动古籍保护事业的发展。

一、数据来源与研究方法

（一）数据来源

本文研究样本来源于 CNKI 学术期刊数据库收录的《古籍保护研究》集刊文章，在高级检索中选择文献来源为"古籍保护研究"进行精确检索，剔除篇名为"发刊词""编后记"和"征稿启事"等内容，共计得到前十辑（2015 年 11 月至 2023 年 3 月）235 条样本数据。

（二）研究方法

本文依托陈超美教授研究团队开发的引文可视化软件 Citespace 进行文献计量分析。Citespace 是 Citation Space 的简称，以可视化的手段呈现科学知识结构、规律和分布情况，其可视化图形称为"科学知识图谱"，不仅可以进行引文空间的知识聚类和分布，还提供作者、机构、国家 / 地区的合作等其他知识单元之间的贡献分析功能[1]。采用 CiteSpace（6.1.R6）为数据分析工具，辅以 CNKI 和 EXCEL 软件，对发文量、栏目设置、合作作者、机构分布、关键词共现、关键词聚类与关键词突现展开分析，了解《古籍保护研究》集刊的研究现状，进而把握古籍保护领域的发展脉络。

二、发文量与栏目设置

（一）发文统计

本文统计了《古籍保护研究》前十辑的发文数量，由图 1 可知，前三辑发文数量较多，特别是前两辑文章数量都超过了 35 篇，一至两年为一辑；自第四辑开始，刊物交由天津师范大学古籍保护研究院承办，定为每半年一辑，一年两辑，第十辑由于疫情等原因时间有所推迟。改为半年刊后发文数量也逐步稳定，平均每辑文章数量约为 19 篇。从年度发文量来看（如图 2），数据波动较大，

---

① 统计数据来源于中国知网，统计时间截至 2023 年 9 月 12 日。

最大发文量为 2020 年，共计 42 篇；而 2017 年则存在数据空缺的情况。

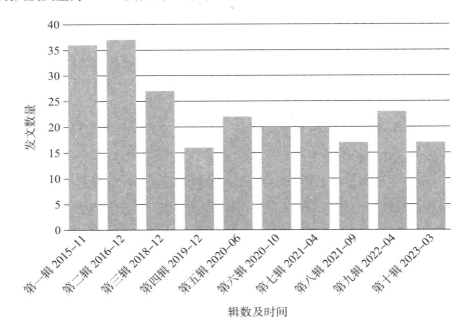

图 1 《古籍保护研究》集刊每辑发文数量

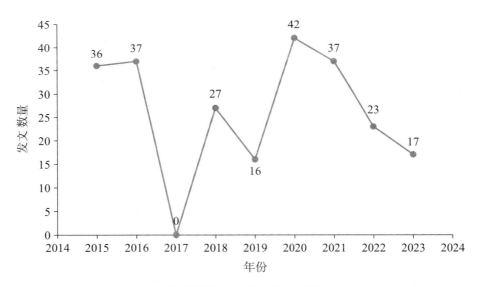

图 2 《古籍保护研究》集刊年度发文数量

（二）栏目设置分析

从栏目设置看，前三期仍属于探索阶段，栏目名称依据征稿内容而定，名

字较长,格式不一致;自第四辑开始,栏目名称皆在4—6字内,且格式较为统一。在内容设置方面呈现出以下特点与变化:

(1)"古籍保护综述"栏目一直被贯彻保留下来,追踪最新学术动态及工作进展,为古籍保护研究人员搭建了良好的信息平台。

(2)除第四辑外,"普查与编目"栏目也被较好地保留下来;取消"古籍定级与《名录》"栏目,但增设了"版本与鉴定"和"收藏与整理"栏目,自第七辑始改为"版本与鉴赏",形成了普查、编目、版本鉴赏三位一体的古籍整理研究流程。

(3)自第四至六辑,将"古籍存藏环境""古籍修复"栏目合并为"保藏与修复";自第七辑起,将其拆分为"修复与装潢""保藏与利用",明确了古籍修复装裱、保管与利用之间的关系。

(4)将前三辑的"古籍再生性保护""古籍数字化建设""古籍标准规范化建设""海外中华古籍保护""古籍保护推广"等栏目凝练为"再生与传播",较好地概括了其研究内容。

(5)"古籍人才培养"(后改为"人才与培养""人才培养")也是栏目设置的重点,且从第四辑起开设"研究生园地",为古籍保护青年学者提供抒发己见的平台,助力古籍保护人才的成长。

(6)自第四辑起,还增设了"探索与交流"栏目,探讨学科发展等前沿问题;增设"历史与人物"(自第七辑起改为"史事与人物"),回顾古籍保护相关的重要历史事件与人物;增设"名家谈古籍"栏目,邀请知名学者分享学术新见;增设"书评与书话"栏目,对古籍保护重要著述进行推介。另外偶尔会有"《永乐大典》专辑"等特别约稿栏目,系统开展专题研究。这些新增栏目能极大地开拓读者的研究视野。

总的来说,《古籍保护研究》集刊调整后的栏目包括"古籍保护综述""探索与交流""普查与编目""修复与装潢""保藏与利用""再生与传播""人才培养""史事与人物""名家谈古籍""版本与鉴赏""书评与书话""研究生园地"等。栏目的更改与增删,也体现了编者在古籍保护理论体系与学科体系构建方面的思考与探索。可以看出,古籍保护体系框架已初具雏形,其研究势头也不断发展扩大。

三、主要研究力量分布

《古籍保护研究》集刊的主要研究力量包括核心研究机构与核心研究作

者。由于作者单位名称的撰写并无统一规范，存在隶属单位与下属单位、简称与全称、一个单位两个牌子并存等现象，为较大限度地保留作者单位元数据的原始信息，同时能凸显研究团队特征，统计机构发文量时需要合并部分机构。本文处理原则为：（1）统计机构总发文量时，将下级单位统一并入一级单位，如将"国家图书馆古籍馆舆图组""国家图书馆古籍馆""国家图书馆出版社"等并入"国家图书馆"；（2）部分单位简称与原单位合并处理，如将"国家古籍保护中心"与"国家图书馆国家古籍保护中心"进行合并；（3）进行机构属性分析时，无须合并高校院系单位和高校图书馆等业务部门，而将后者与地方图书馆等文博事业单位进行合并统计。

数据处理后得到发文量前15（发文量≥3篇）的核心机构如表1所示。从排序上看，国家图书馆（含国家古籍保护中心、中国古籍保护协会）及其附属部门（古籍馆、国家图书馆出版社等）的总发文量为68篇，具有独占鳌头的优势。其次，天津师范大学、天津图书馆和复旦大学的研究力量也十分突出，发文数量分别为28、18和14，其中天津师范大学古籍保护研究院与复旦大学中华古籍保护研究院是全国最早成立的两所古籍保护研究院，具备浓厚的学术氛围和扎实的科研实力，研究成果非常丰硕。此外，北京师范大学的总发文量为10篇，位列第五。由此可知，《古籍保护研究》集刊具有稳定的学术群体。

表1 发文量排名前15（发文量≥3篇）的研究机构统计

排序	发文量	研究机构
1	68	国家图书馆（含国家古籍保护中心、中国古籍保护协会、古籍馆、国家图书馆出版社等）
2	28	天津师范大学（含古籍保护研究院、历史文化研究院、图书馆）
3	18	天津图书馆
4	13	复旦大学（含中华古籍保护研究院、图书馆、古籍保护研究中心、古籍研究所等）
5	10	北京师范大学（含图书馆、古籍与传统文化研究院等）
6	6	浙江大学（含汉语史研究中心、中文系、出版社）
7	5	北京大学（含图书馆、中文系）
8	5	武汉大学（含信息管理学院、图书馆）

续表

排序	发文量	研究机构
9	4	安徽省图书馆
10	3	山东省图书馆
11	3	湖南图书馆
12	3	云南省图书馆
13	3	中央民族大学（含图书馆、历史文化研究院）
14	3	南京大学（含图书馆、信息管理学院）
15	3	故宫博物院

另一方面，从研究机构的属性来看（如图3），以高校图书馆和地方图书馆为主导的文化事业单位占据机构发文量的一半以上，说明集刊正成为业界开展古籍保护研究的重要学术平台；高校及研究院所等科研单位发文量约占三分之一，也是学术发文的重要阵地；此外，文博企业、机关部委甚至高等中学等机构也在《古籍保护研究》集刊上发声，研究机构呈现出专门化、多样化的态势。

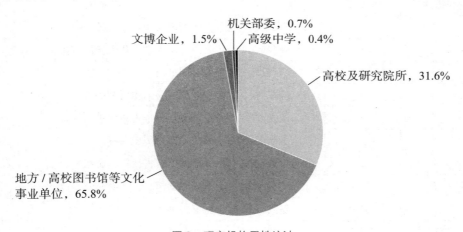

图3　研究机构属性统计

核心作者概念由科学家德瑞克·约N·德索拉·普赖斯提出，依据普赖斯定律，撰写全部论文一半的高产作者的数量，等于全部科学作者总数的平方根，经修正后符合公式 $M=0.749（N_{max}）^{0.5}$（M 为核心作者最低发文量，N_{max} 为最高产作者发文量）[2]。对前十辑 235 篇文献进行处理，共得到 159 位作者，其中最高产作者的发文量为 8 篇，故 $M \approx 2$。因此该时间段的核心作者为发文量≥2 的群体,共计 47 位作者,123 篇文章(剔除重复统计),占发文总量的 52%,说明《古籍保护研究》集刊的核心作者群已经形成。发文量前 10 的高产作者及其所属单位如表 2 所示,包括凌一鸣、周余姣、李致忠、陈东辉、杨光辉、李国庆、鲍国强等,主要为古籍保护的中青年骨干与专家名师,核心作者群质量高,学术竞争力强。同时,对作者合作网络进行可视化分析(如图 4),文字大小代表作者发文量的多少,连线表示作者之间的合著关系,可以看出研究作者组成了两大合作网络,包括以"周余姣"为中心的天津师范大学古籍保护研究团队和以"杨光辉"为中心的复旦大学古籍保护研究团队,且核心作者"凌一鸣"处于沟通两个团队的中介位置。此外,天津师范大学研究团队也与天津图书馆李国庆和国家图书馆张志清形成合作关系。而国家图书馆研究团队内部虽然形成了以"王沛/赵洪雅"等为代表的合作群体,但相对该机构发文量位列第一的优势而言,其内部合作结构总体较为松散,尚未形成较为稳定的科研合作网络。

表 2　发文量排名前 14（发文量 ≥ 4 篇）的核心作者分布

排序	发文量	发文作者	作者单位
1	8	凌一鸣	天津师范大学古籍保护研究院
2	6	周余姣	天津师范大学古籍保护研究院
3	6	李致忠	国家图书馆
4	5	陈东辉	浙江大学汉语史研究中心
5	5	杨光辉	复旦大学中华古籍保护研究院
6	5	李国庆	天津图书馆历史文献部
7	5	鲍国强	国家图书馆古籍馆舆图组
8	4	王沛	国家图书馆
9	4	赵洪雅	国家图书馆
10	4	向辉	国家图书馆
11	4	姚伯岳	天津师范大学古籍保护研究院
12	4	刘家真	武汉大学信息管理学院
13	4	王永华	天津图书馆
14	4	臧春华	安徽省图书馆

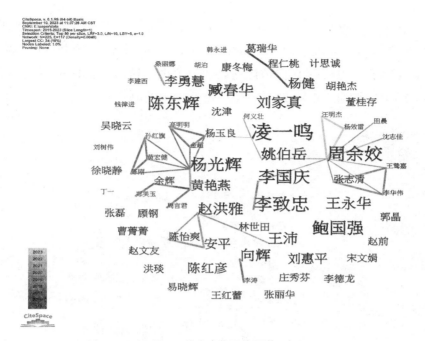

图 4　作者合作网络图谱

四、热点主题与演进趋势

某一学科的研究热点是指某时间段内有内在联系的、数量相对较多的一组论文所探讨的研究问题,能反映该时间段学者们集中关注的主题领域,是该学科在特定时间段的研究重点和研究方向[3]。关键词是论文核心主题的提炼,通过对关键词共现、聚类以及突现情况进行统计分析,以识别《古籍保护研究》集刊的研究热点与演进趋势。

(一)关键词共现分析

对《古籍保护研究》辑录论文的关键词进行共现分析,由于前三辑文章摘要与关键词缺失,其关键词由系统自动提取形成,存在一定误差,且"古籍保护"等领域通用关键词难以体现研究热点,需要将其删除,部分近似的关键词也需重新合并。经处理后共得到网络节点数 716 个,边数 1602 条,网络密度为0.0063,选择出现频次(By Freq)为 3,可得到发文量≥3 的关键词高频共现图谱(如图 5 所示)。采用节点年轮表示法,节点的整体大小反映了关键词出现的频次,节点越大,即该关键词在网络中的重要程度越高,研究热度越高。节点的年轮圈代表不同年份的发文量,某个年份的年轮越宽,代表在相应年份上关键词出现的频次越高。如图所示，"古籍修复"关键词节点最大，频次为41，其次是"古籍普查"，频次为21，且两者的节点年轮圈层丰富，研究热度居高不下；而人才培养（9）、中华古籍保护计划（8）、国家图书馆（8）、影印出版（7）、古籍编目（7）等关键词节点稍小，年轮圈层较少，属于阶段性研究热点。

图 5　关键词共现知识图谱

（二）关键词聚类分析

为了全面把握古籍保护领域的研究热点，在关键词共现知识图谱的基础上，运用 LLR 算法进行聚类分析，得到关键词聚类图谱（如图 6）。采用聚类模块值（Q 值）和聚类平均轮廓值（S 值）两个指标对网络同质性进行信度和效度检验，一般认为，Q>0.3，表示聚类结构显著；S>0.5，表示聚类合理，S>0.7 则意味聚类结果是高效率令人信服的[4]。根据图谱参数显示，Q=0.893，S=0.9637，因此本文所形成的关键词聚类结构显著，结果合理可信。

聚类的规模越大（即聚类中关键词成员越多），则编号越小。聚类名称由系统自动提取关键词命名，因此结合《古籍保护研究》栏目设置与原文内容，归纳相近属性的关键词，将古籍保护研究热点主题总结为以下几方面：古籍保护综述（#9）、古籍普查与编目研究（#3；#4；#6；#7；#13）、古籍修复与装潢研究（#0）、古籍存藏研究（#5）、古籍保护人才培养研究（#1；#8）、古籍再生与传播研究（#11；#12）和古籍版本与鉴赏研究（#2；#10）。

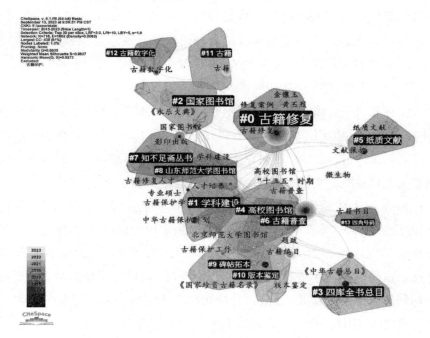

图6　关键词聚类知识图谱

古籍保护综述研究。该主题的关键词包括"古籍保护工作""碑帖拓本""《国家珍贵古籍名录》"等。研究内容涉及国家古籍保护中心[5]、中国古籍保护协会[6]的工作汇报；"中华古籍保护计划"[7]的规划与实施；《国家珍贵古籍名录》评审[8]；地方各省古籍保护工作的开展，特别是对少数民族文字古籍[9]保护工作进行综述等。

古籍普查与编目研究。该主题的关键词包括"四库全书总目""古籍普查""高校图书馆""知不足斋丛书""四角号码"等。在"中华古籍保护计划"背景下，各省市古籍保护中心、图书馆与博物馆等古籍收藏单位开展了古籍普查登记工作[10]。在编目实践上，李致忠和李国庆为落实《中华古籍总目》"分省卷"编目任务，共同编制了《五部分类表》及《类分释例》规范[11]，许超杰对《四库全书总目·经部》进行了补正[12]；王永华针对古籍书目"四角号码"索引编制的文字校对[13]和批处理[14]等问题展开探讨。

古籍修复与装潢研究。该主题的关键词包括"古籍修复""修复案例""金镶玉""黄丕烈"等。古籍修复研究在辑录文章中占比非常高，修复是古籍原生性保护的重要内容，修复的目的是最大限度地延长古籍本体的寿命。其研究既包括对修复伦理[15]、修复方法[16]、修复材料[17]等理论探讨；也包括修复实践总结与具体修复案例。不少修复人员结合理论研究开展修复实践，如施文岚将"整旧如旧"原则运用到《克复堂记》善本修复工作中[18]。此外，也有学者针对"黄装"[19]以及"蝴蝶装金镶玉"[20]等装帧或修复形式展开研究。

古籍存藏研究。该主题的关键词包括"纸质文献""文献保护""微生物"等，主要集中在环境湿度与虫霉防治研究方面。如易晓辉[21]对纸质文献的适宜湿度展开了探讨；刘家真[22]讨论了水湿藏品的干燥与冷冻两种稳定方法；黄艳燕和杨光辉对纸质文物表面微生物的采样方法进行了优化[23]。

古籍保护人才培养研究。该主题的关键词包括"人才培养""学科建设""古籍保护学""专业硕士"等。姚伯岳、周余姣等指出，古籍保护学科建设是古籍保护人才培养的关键[24]，复旦大学[25]、辽宁大学[26]、山东省属高校[27]均开展了古籍保护人才培养的探索与实践。王媛媛对比了师徒制与学历制两种古籍修复人才培养模式，提出只有两相结合才能培养出应用型人才[28]。除修复人才之外，沈津还探讨了古籍版本鉴定人才的培养[29]。

古籍再生与传播研究。该主题的关键词包括"古籍数字化""古籍""影印出版"等。数字化与影印出版是进行古籍再生与传播的重要途径，也是海外汉籍回归与利用的主要模式[30]。谢昱针对互联网＋背景下古籍数字化的发展展开综述研究[31]；朱本军对海外汉籍数字化加工现状展开调研分析，并提出相应的建设性意见[32]；王荣鑫则探讨了古籍影印与版本研究的关系[33]。

古籍版本与鉴赏研究。该主题的关键词包括"版本鉴定""国家图书馆""《永乐大典》"等。版本鉴定较为复杂，关键词的选取依具体内容而定，因此尽管关键词数量众多但普遍频次较低。此外，"题跋"和"《永乐大典》"也获得一定的关注度，如向辉以嘉靖本题跋为中心考察古代读者群像[34]；谢德智梳理了国家图书馆藏《永乐大典》历史源流与现存情况[35]。

（三）关键词突现分析

关键词突现是指某一时间段内该关键词使用或被引用频次突增的情况，某个聚类所包含的突发节点越多，那么该领域就越活跃或是研究的新兴趋势[36]。因此关键词突现能体现某一学科研究热点随时间变化的趋势，是探索学科研究前沿的指标之一。在关键词共现图谱的基础上,选择 Burstness,最小持续时长 Minimum Duration 设置为 2,γ =0.4,得到突现值前 10 名的关键词(如表 3),"Strength"为关键词的突现强度,突现值越大则越突显其重要程度;"Year"指关键词首次出现的年份,"Begin"和"End"则代表关键词突现开始和结束的年份,即表格中黑色条块所示时间段,该关键词为此时间段的研究前沿。

表 3 关键词突现信息表

Keywords	Year	Strength	Begin	End	2015—2023
古籍修复人才	2015	1.11	2015	2016	
金镶玉	2015	1.08	2015	2016	
专业硕士	2016	1.14	2016	2018	
《永乐大典》	2016	1.46	2019	2020	
黄丕烈	2019	0.98	2019	2023	
书评	2019	0.95	2019	2023	
古籍	2020	2.05	2020	2023	
人才培养	2016	1.45	2020	2021	
题跋	2021	1.58	2021	2023	
《国家珍贵古籍名录》	2021	1.4	2021	2023	

第一阶段(2015—2018)为《古籍保护研究》创刊初期,突变关键词有"古籍修复人才""金镶玉""专业硕士"等。该时期古籍人才培养的热点集中在修复人才层面,如杜伟生分析了古籍修复人才培养现状,提出完善古籍修复学科理论的重要举措[37],顾刚和付莉探讨了天津地区古籍修复与出版方向专业硕士的培养模式[38]。在古籍修复实践上,万群[39]等多位学者针对蝴蝶装金镶玉这一修复技法展开讨论。

第二阶段(2019—2020)为《古籍保护研究》栏目调整时期,突变关键词有"《永乐大典》""黄丕烈""书评""人才培养""古籍"等。2018 年 9 月,"旷世宏编 文献大成——国家图书馆藏《永乐大典》文献展"正式召开,《永乐大典》的收藏、影印研究也受到学者们关注。在古籍修复与装潢方面,清代著名藏书家、目录学家黄丕烈的修书实践活动与"黄装"技艺成为这一时期的研究前沿。《古籍保护研究》自第四期始增设了"书评与书话"栏目,因此该时期也出现了书评研究[40]的文章,且"古籍"这一领域通用关键词的突增也与书评研究有关,如关于李国庆《古籍清话》[41]和吴文津的古籍书缘[42]研究,此外,2020年罗彧发表了《"古籍"名称英译刍议》[43],首次对"古籍"概念翻译进行分析讨论。人才培养研究虽早已有之,但培养对象研究已不局限于修复人才,还涉及古籍版本鉴定人才,且各古籍保护院校也开展了古籍保护学科建设的探索与实践。

第三阶段(2021—2023)为《古籍保护研究》稳步发展时期,突变关键词有"题跋""《国家珍贵古籍名录》"等。题跋是进行版本鉴定的重要依据,马叙伦藏书题跋涉及其藏书来源、购书经历、师友交往等内容[44],康冬梅也对北京师范大学图书馆藏的史部善本古籍未刊题跋开展辑释研究[45];古籍修复题跋则是该书的修复历史乃至该时期古籍修复技术发展史的重要见证[46],如通过研究黄丕烈藏书题跋揭示古人修书"保持原貌"观点与当代"整旧如旧"基本原则的关系[47]。此外,随着2020年第六批《国家珍贵古籍名录》评审工作的完成及结果的公布,《国家珍贵古籍名录》也成为当下的研究前沿与热点,包括对前六批《国家珍贵古籍名录》少数民族文字古籍评审工作的梳理总结[48],对第六批《国家珍贵古籍名录》碑帖拓本的评审工作综述[49]等。

五、结论与展望

《古籍保护研究》自创刊以来,通过委托学术单位承办、栏目调整、积极筹稿和数据库收录等举措,集刊质量得到了较大提升,学术影响力持续提高。集刊形成了以国家图书馆(国家古籍保护中心)为主导,天津师范大学、复旦大学、天津图书馆为核心的学术研究群体,分别以"周余姣"和"杨光辉"为中心形成两大学术合作网络,古籍保护研究力量雄厚。通过对关键词进行共现、聚类和突现分析,发现研究热点基本能与核心栏目相吻合,涉及古籍保护综述、普查与编目、修复与装潢、古籍存藏、人才培养、再生与传播、版本与鉴赏等主题。研究演进分为三个阶段,"黄丕烈""题跋""《国家古籍珍贵名录》"等是当下的研究前沿与热点。同时,集刊与论文也存在一些问题,需要进一步规范、优化与提升,以营造更好的古籍保护学术生态。

（一）挖掘作者群体,加强跨界合作

《古籍保护研究》集刊作者群体主要集中在北方、东部沿海的古籍保护研究重镇,西部、东北与南方等地区作者较少,辐射力量不足,机构分布失衡,且集刊也存在稿源紧缺、择稿困难等问题。因此,进一步拓宽作者渠道,挖掘作者群体成为当务之需。应充分发挥国家古籍保护中心的号召力,利用编辑委员会的专家特长和学科带头人优势,积极组稿、约稿,在维护原有作者群的基础上,通过学术会议、访问交流、基金动态等渠道挖掘新作者,尤其是高校青年教师、博士后、博士、业务骨干等后备力量,拓宽海外作者渠道、吸纳交叉学科研究力量[50],不断壮大古籍保护研究群体。另一方面,尽管古籍保护学界形成了两大合作网络,但其余机构内部、机构之间、作者之间仍缺乏合作研究,且除国家图书馆和天津图书馆外,其他业界研究机构和作者都较为分散。需要充分发挥核心作者和核心研究机构的影响力和凝聚力,积极探索共同研究兴趣与合作渠道,形成学界、业界双向联动,并不断拓宽国内外、跨学科、跨机构之间的交流与合作。

（二）拓展研究深度,创新研究方法

当前研究成果集中聚焦于古籍保护综述、古籍普查与编目、古籍修复、古籍保护人才培养方面,业务探讨和综述介绍居多,理论深度仍需进一步挖掘。古籍版本鉴赏研究热点较为分散,可积极探索地方文献、藏书文化等专题性研究。古籍保藏与利用栏目发文量较少,且以存藏研究为主,可加强对古籍实体管理与利用制度的探讨。古籍再生与传播研究也多集中在古籍数字化研究进展、资源现状总结等概述层面,创新性不足,可进一步结合大数据、人工智能、元宇宙等新兴技术深入探讨古籍的智能处理、面向数字人文的古籍内容挖掘、共享利用与传承保护等问题。在栏目设置与稿件选题上紧跟社会热点,引领专业前沿,鼓励采用跨学科研究方法,拓展有价值的研究主题,创新研究成果。

（三）规范论文格式,提升集刊影响力

格式规范是检验论文质量的重要指标,在大数据时代,摘要、关键词更是文献标引、检索、分析的重要依据,与被检率和被引频次息息相关,《古籍保护研究》前三辑中论文摘要、关键词缺失,给数据处理和计量分析带来了困难。摘要是对论文内容的高度概括,应简明扼要地概述研究目的、内容、方法与结论,突出研究新见解。有的作者将摘要写成引言,背景意义介绍过多,研究结论较少。关键词作为文章主题的"词眼",应该是揭示文章主要内容的关键名词或术语。笔者亦发现辑录的个别文章选择"启示""中心办公室""体会和经验"等通用词、机构简称或短语作为关键词,未能很好体现文章主旨。因此,应该加强对论文格式规范的引导,确保辑录文章的质量。此外,被引频次也是期刊影响力的重要指标。姚伯岳和周余姣 2019 年发表在《中国图书馆学报》上的《任重道远　砥砺奋进——我国古籍保护学科建设之探索与愿景》[51]一文，被引次数为 33；而 2021 年发表在《古籍保护研究》的《从学问走向学科——古籍保护学科建设述论》文章，仅被引 1 次①。虽然被引频次受到论文质量与发表时间等因素影响，但也与期刊影响力的关系密不可分。《古籍保护研究》在"中华古籍保护计划"的实施过程中应运而生，在新时代传承弘扬中华优秀传统文化的大背景下，古籍保护事业也迎来了繁荣的春天。《古籍保护研究》也应该紧扣新时代传承发展中华优秀传统文化的主旨，积极抓住机遇，从论文质量、选题策划、创新组稿、宣传推广、开放获取、资金投入、政策支持多方面着手不断提升集刊的影响力，打造古籍保护领域的学术标杆与核心平台，提高古籍保护研究的凝聚力和向心力，共同推进古籍保护事业的大发展大繁荣。

（黄晓霞，天津师范大学古籍保护研究院讲师）

参考文献：

[1] 李杰，陈超美 .CiteSpace 科技本文挖掘与可视化［M］.北京：首都经济贸易大学出版社，2016：3.

[2] 邱均平，沈恝谌，宋艳辉 . 近十年国内外计量经济学研究进展与趋势——基于 Citespace 的可视化对比研究［J］. 现代情报，2019，39（2）：26-37.

[3] 李萍萍 . 2000—2019 年我国目录学研究热点和前沿探析［D］.郑州：河南大学，2021：25.

[4] 陈悦，陈超美，胡志刚等 . 引文空间分析原理与应用：CiteSpace 实用指南［M］.北京：科学出版社，2014：153.

[5] 赵银芳 . 国家古籍保护中心简报变迁史述略［J］.古籍保护研究，2016：57-63.

[6] 刘惠平 . 中国古籍保护协会一届二次理事会议工作报告［J］.古籍保护研究，2016：1-8.

[7] 2019 年"中华古籍保护计划"实施情况综述［J］.古籍保护研究，2020（2）：1-6.

[8] 钱律进.第六批《国家珍贵古籍名录》和"全国古籍重点保护单位"评审工作综述［J］.古籍保护研究，2021（2）：1-9.

[9] 计思诚，张云湘 . 云南省藏文古籍保护工作调研报告［J］.古籍保护研究，2023（1）：

---

① 统计数据来源于中国知网，统计时间截至 2023 年 9 月 12 日。

1-10.

[10] 宋文娟. 天津博物馆古籍普查工作概述[J]. 古籍保护研究,2018:76-82.

[11] 李致忠,李国庆.《中华古籍总目》五部分类表及类分释例[J]. 古籍保护研究,2018:229-312.

[12] 许超杰.《四库全书总目·经部》补正七则[J]. 古籍保护研究,2015:101-105.

[13] 王永华. 古籍书目四角号码索引编制过程的文字校对和处理[J]. 古籍保护研究,2016:149-152.

[14] 王永华. 古籍书目四角号码索引编制过程的批处理[J]. 古籍保护研究,2015:169-173.

[15] 王希. 古籍修复伦理学体系建构初探[J]. 古籍保护研究,2022（1）:61-72.

[16] 王岚. 古籍修复中的"简修"不简单——浅谈古籍简修的特点与方法[J]. 古籍保护研究,2022（1）:86-93.

[17] 汪帆. 从"非遗"手工纸的现状看古籍修复用纸的选购[J]. 古籍保护研究,2019(1):109-115.

[18] 施文岚."整旧如旧"原则在古籍修复工作中的应用——以《克复堂记》的修复工作为例[J]. 古籍保护研究,2018:193-198.

[19] 王雪华."黄装"技艺流程浅探[J]. 古籍保护研究,2019（1）:189-194.

[20] 葛瑞华,程仁桃. 蝴蝶装金镶玉的实际应用——手稿的一种修复方法[J]. 古籍保护研究,2015:229-232.

[21] 易晓辉. 永久保存纸质文献的适宜湿度探讨[J]. 古籍保护研究,2016:222-229.

[22] 刘家真. 浸水纸质藏品的稳定与干燥[J]. 古籍保护研究,2015:202-215.

[23] 黄艳燕,杨光辉. 纸质文物表面微生物研究及其采样方法优化[J]. 古籍保护研究,2021（2）:144-149.

[24] 姚伯岳,周余姣. 从学问走向学科——古籍保护学科建设述论[J]. 古籍保护研究,2021（2）:27-33.

[25] 金超,杨玉良,高明明等. 复旦大学中华古籍保护研究院研究生人才培养[J]. 古籍保护研究,2018:150-155.

[26] 肖辉英,赵彦昌. 辽宁大学古籍保护与修复人才培养的探索与实践[J]. 古籍保护研究,2021（1）:160-169.

[27] 李勇慧,桑丽娜. 山东省高校古籍保护与修复人才培养概述[J]. 古籍保护研究,2021（1）:151-159.

［28］王媛媛.文化传承视域下两种古籍修复人才培养模式的探讨［J］.古籍保护研究，2022（1）：202-211.

［29］沈津.鉴往知来 作育英才——谈古籍版本鉴定人才的培养［J］.古籍保护研究，2020（2）：142-160.

［30］李伟，马静.海外古籍回归与利用的模式及思考［J］.古籍保护研究，2016：336-342.

［31］谢昱."互联网＋"古籍数字化［J］.古籍保护研究，2018：216-222.

［32］朱本军.海外汉籍数字化加工现状与实践研究［J］.古籍保护研究，2020（1）：112-129.

［33］王荣鑫.古籍影印对版本研究的助益——兼谈"四部要籍选刊"的影印［J］.古籍保护研究，2020（1）：130-138.

［34］向辉.读者的群像：以嘉靖本题跋为中心的考察［J］.古籍保护研究，2015：133-143.

［35］谢德智.国家图书馆藏《永乐大典》述略［J］.古籍保护研究，2020（1）：152-157.

［36］高翼，彭爽.国内教师信息素养研究可视化分析与展望［J］.情报科学，2023，41（5）：161-168+180.

［37］杜伟生.古籍修复事业任重道远［J］.古籍保护研究，2015：189-193.

［38］顾钢，付莉.天津地区古籍修复与出版方向专业硕士培养方式概述［J］.古籍保护研究，2016：194-198.

［39］万群.蝴蝶装金镶玉新技法的创制及其操作步骤［J］.古籍保护研究，2016：251-255.

［40］凌一鸣.收束与发端——刘家真著《古籍保护原理与方法》平议［J］.古籍保护研究，2019（1）：173-180.

［41］向辉.听蛙鸣室春 典守善本闻——评李国庆先生《古籍清话》［J］.古籍保护研究，2022（1）：191-201.

［42］凌一鸣.吴文津的古籍书缘——兼评《书剑万里缘：吴文津雷颂平合传》［J］.古籍保护研究，2023（1）：184-190.

［43］罗彧."古籍"名称英译刍议［J］.古籍保护研究，2020（2）：118-126.

［44］杨健.马叙伦藏书题跋补录［J］.古籍保护研究，2023（1）：177-183.

［45］康冬梅.北京师范大学图书馆藏史部善本古籍未刊题跋辑释［J］.古籍保护研究，2022（1）：184-190.

［46］臧春华.中国古籍修复题跋举隅——见于《上海图书馆善本题跋真迹》［J］.古籍保护研究，2021（1）：84-113.

[47] 吴庭宏. 古籍修复原则与方法研究——以黄丕烈藏书题跋之古书修补论述为基础 [J]. 古籍保护研究,2021（1）:77-83.

[48] 郭晶. 第一至六批《国家珍贵古籍名录》少数民族文字古籍评审工作综述 [J]. 古籍保护研究,2022（1）:10-21.

[49] 王沛. 第六批《国家珍贵古籍名录》碑帖拓本评审略谈 [J]. 古籍保护研究,2022(1):22-30.

[50] 杨凤霞. 新形势下学术期刊作者队伍建设的探讨 [J]. 科技与出版,2020（12）:122-124.

[51] 姚伯岳,周余姣. 任重道远　砥砺奋进——我国古籍保护学科建设之探索与愿景 [J]. 中国图书馆学报,2019,45（4）:44-60.

普查与编目

实践育人导先路

——重庆图书馆碑帖整理编目项目综述

The Project of Sorting and Cataloging Rubbings in Chongqing Library: A Review

左 鹏 朱 遂

摘　要：在国家古籍保护中心的推动下，重庆图书馆碑帖整理编目项目顺利实施。该项目由全国碑帖鉴定专家指导，创新普查方式，将碑帖整理工作与人才队伍建设相结合，举办了多次全国性的专业碑帖培训班。项目既培养了一批碑帖整理和修复的专业人才，发掘出许多碑帖精品，又探索出一套科学精细的碑帖文献编目著录规则，为此后全国碑帖普查登记工作的进一步推广做出了有益尝试，积累了宝贵经验。

关键词：碑帖整理编目；古籍保护；人才培养；重庆图书馆

重庆图书馆为我国西部地区文献收藏重镇，自建馆之初就重视对碑帖文献的访求、收集。1947 年 5 月，国立罗斯福图书馆（重庆图书馆前身）开馆，在当时 108074 册的入藏文献中，就包括从各处征集而来的碑帖拓本[1]。1950 年 4 月，原国立罗斯福图书馆奉西南军政委员会文教部指示，改名为国立西南人民图书馆，后又改为西南图书馆。随后，以西南三省为首乃至全国各地，都向重庆图书馆捐赠了数量巨大的各类文献。这是重庆图书馆入藏碑帖拓本数量最多的时期，其中较为集中的有唐式遵旧藏拓本 324 册，单幅 390 幅；李文衡捐赠的 31 册；四川省仁寿县文化馆调拨的 169 种 399 册，另有单帖 6 种 68 张；合川市文化馆调拨的 133 种 402 册；四川省资中县文化馆调拨的 122 种 310 册等等[2]。此后重庆图书馆的碑帖收藏基本定型,这批数量丰富的珍贵文献一直被妥善保管在古籍书库。2007 年,重庆图书馆搬迁至位于沙坪坝区凤天大道的新馆。新馆的古籍书库不仅保留了传统的藏书装具,也新定制了电动密集型书架,还同时配备了完善的消防系统、中央空调系统、货物载运系统、配电系统等。这些新的设施设备能够充分保证珍贵文献保存在恒温恒湿、干净稳定的环境中,使文献的寿命得以更长的延续,为这些古籍、碑帖的进一步整理利用创造了条件[3]。

2007 年,国务院办公厅下发《关于进一步加强古籍保护工作的意见》,其中明确要求"有关部门要制订规划,多渠道、分层次培养古籍保护人才"。重庆图书馆(重庆市古籍保护中心)在国家图书馆(国家古籍保护中心)的支持和指导下,在古籍普查登记、碑帖文献整理、古籍修复、古籍保护专业人员培养等方面均取得了长足的进步,特别是在碑帖文献整理方面,做出了一系列有益的探索。

一、筚路蓝缕初整理,专家聚首探价值

重庆图书馆很早就认识到馆藏碑帖文献的重要价值,但苦于缺乏相关的专业人才,故一直对这批珍贵的"黑老虎"望而却步,迟迟不敢整理。2014 年夏,作为开展可移动文物普查的前期准备工作,重庆图书馆邀请西南大学图书馆副研究馆员徐立,带领该校中国书法研究所的四位硕士、博士研究生,对馆藏碑帖拓本进行了初步整理。他们用一个半月的时间对一捆捆碑帖进行了基本的清理,作了简要登记。当年 10 月,重庆图书馆正式启动可移动文物普查,分书画、碑帖、古籍与民国文献四类,将徐立老师和学生们的碑帖整理成果纳入其中。这成为近年来重庆图书馆碑帖整理的开端,为此后进行系统的碑帖保护工作拉开了帷幕。

在徐立老师和学生们的初步清理后,为了进一步系统发掘这批馆藏碑帖文献的丰富价值,在国家古籍保护中心的积极建议和大力支持下,重庆图书馆于 2015 年 3 月有幸邀请到国家图书馆冀亚平和卢芳玉、故宫博物院施安昌、上海图书馆仲威等多位碑帖鉴定的著名专家,对馆藏碑帖进行了考察鉴定。专家们进入重庆图书馆古籍库房拓片典藏区,通过全面搜寻查找,仔细比对,发现了明拓肃府本《淳化阁帖》、明拓本《升仙太子碑》、明翻刻拓本《历代名臣法帖》、明拓本《多宝塔感应碑》等以及大量的清代拓本,还详细比对了三件《九

成宫醴泉铭》、九件《虞恭公碑》、多件《淳化阁帖》《大唐中兴颂》等碑帖。专家们通过判断其刻石和拓本年代，对它们的价值有了较为全面的评估，认为重庆图书馆的碑帖无论是在文物价值、艺术价值还是史料价值上都具有独特的意义，鼓励重庆图书馆在接下来的工作中继续深入整理、发掘。这为下一步的碑帖保护、研究工作指明了方向。

此后，专家们继续为重庆图书馆碑帖文献整理工作提供指导。2017年11月，施安昌等老师再次来到重庆图书馆，详细对比了《三体石经》、六件《开成石经》《乾隆石经》《淳化阁帖》《秘阁法帖》以及各种画像砖等，进一步对它们的价值进行了鉴定。2019年5月，国家古籍保护中心委派专家来渝复核申报第六批《国家珍贵古籍名录》的古籍、碑帖，卢芳玉老师对重图的明拓《汝帖》《集王圣教序》等珍贵碑帖再次进行了认真细致的鉴定。

每当国家古籍保护中心邀请的碑帖专家来渝指导工作，重庆图书馆古籍整理组工作人员都十分珍惜难得的学习机会，拿着笔记本聚集在专家周围，认真聆听他们的讲解，仔细观察他们的鉴定过程，详细记录鉴定的知识点，遇到自己没听懂的地方，随时提问请专家释疑。工作人员学习了诸如纸张、墨色、考据字、石花等有关碑帖鉴定的知识，这为以后重庆图书馆独立开展碑帖文献的鉴定和编目著录打下了坚实的基础。

二、碑帖整理谋新路，丰富培训次第开

在国家古籍保护中心的帮助和推动下，重庆图书馆率先开展了馆藏碑帖的普查登记工作。

碑帖拓片的普查登记在全国图书馆界还处于摸索阶段，专业的碑帖整理研究人员也相对较少。此前徐立老师和学生们在初步清理时，由于时间仓促，只粗略登记了碑帖拓本的名称、作者等几项简要内容，尚不能详细反映馆藏碑帖的具体信息，和古籍普查登记务求全面、准确的学术要求还有一段不小的距离。为了更快更好地对馆藏碑帖进行保护利用，重庆市古籍保护中心创新普查方式，将碑帖整理工作与人才队伍建设相结合，和国家古籍保护中心积极合作，尝试举办了全国性的碑帖整理鉴定培训班。

就在重庆图书馆邀请几位碑帖鉴定专家对馆藏碑帖进行考察鉴定的三个月后，重庆市古籍保护中心与国家古籍保护中心通力合作，于2015年6月22日至8月7日在国家图书馆顺利举办了第一期"全国碑帖编目与鉴定研修班"。

开班前,重庆图书馆经过馆长会议、部门会议等详细研究,全盘考虑、慎重决策,在克服了诸多困难之后,决定将本馆珍藏的碑帖拓片拿出一部分,作为培训班的实例教学内容。为了保障文献安全,重庆图书馆工作人员携带着1570张馆藏珍贵拓片,坐了二十多个小时的火车,谨慎爱护,直至把它们平安地送到国家图书馆文津街古籍馆的培训场地。

这是国家古籍保护中心主办的第一期有关碑帖文献整理的研修班。由于国家古籍保护中心的精心筹划和积极宣传,此次培训得到了全国多个文化事业单位的踊跃响应,共有来自全国各地区公共图书馆、高校图书馆和文博收藏单位的20位学员参加。国家古籍保护中心聘请了一批学养深厚的金石碑帖专家,如国家图书馆冀亚平、卢芳玉,故宫博物院施安昌、尹一梅,北京大学图书馆胡海帆、汤燕,山东大学刘心明等老师,组成阵容强大的专家导师组。在理论学习上,各位老师分别做了《中国古代碑刻的起源和分类》《拓本的著录》《碑帖鉴定》等专业讲座。之后,导师们分组指导学员进行碑帖编目与鉴定的著录实践,采用的是最基础的卡片编目教学。在碑帖编目的具体工作中,专家老师们十分耐心地帮助学员答疑解惑,而在遇到学员普遍询问的知识问题、技术问题和他们认为学员容易忽略的学术问题时,随时以"小课堂"的形式召集学员听讲,让学员们受益匪浅。工作之余,老师们还组织培训学员去国子监等保存有金石碑刻的重要单位进行实地参观与教学。至培训结束时,学员们完成了此次培训所携带全部拓片的编目著录工作。

2016年5月10日至6月10日,重庆图书馆承办了第二期"全国碑帖编目与鉴定研修班",共有来自北京、南京、四川、湖北等全国各地收藏单位的27位学员参加。培训班仍然聘请高水准的专家团队,邀请到冀亚平、施安昌、尹一梅、胡海帆等老师登台授课,继续对重庆图书馆藏拓本进行编目。重庆图书馆全力为来自全国各地的专家和学员做好后勤保障工作,解除他们的后顾之忧,让他们能够安心工作和学习。在工作之余,还组织他们去重庆中国三峡博物馆等保存有金石碑刻的重要单位进行实地参观与教学。此次培训,学员们共完成约900条编目数据。

重庆图书馆的工作者在编目实践中发现,许多拓片破损严重,急需抢救性修复。于是,重庆图书馆在碑帖修复、传拓、装裱等人才培养方面再次与国家古籍保护中心、中国古籍保护协会展开了合作。2015年11月4日,由国家古籍保护中心主办、重庆图书馆承办的"第三期全国古籍修复技术与工作管理研修班"开班。此次培训聘请上海图书馆碑帖修复专家邢跃华老师全程指导，也以重庆图书馆藏碑帖的修复作为授课内容，主要教授了珍贵碑帖拓片修复技术、碑帖拓片修复档案管理等内容。20名学员在31天的学习中修复了碑帖140余张[4]。

2019年7月1日至12日、2020年12月21日至30日，重庆图书馆又联合中国古籍保护协会古籍修复技艺专业委员会分别举办了第一期"古籍传拓技艺培训班"和第二期"古籍传拓及拓片装裱技艺培训班"，邀请上海图书馆赵嘉福老师指导，主要教授了平面碑刻、浅浮雕、瓦当、砚台、图章边款、扇骨等的传拓技巧以及拓片装裱（镜片、蝴蝶装册页拓本）技艺。

同时，为了不断追踪全国碑帖文献编目与鉴定的最新动向，重庆图书馆积极响应国家古籍保护中心的培训计划，继续派员参加了在山东曲阜孔子博物馆、国家图书馆等地举办的第四期、第六期和第七期"全国碑帖编目与鉴定研修班"，收到了很好的学习效果，工作人员碑帖整理水平不断提高、成熟，有力地推进了重庆图书馆的碑帖普查登记工作。

三、经验探索重实践，人才培养成效佳

重庆图书馆承办和协办的以碑帖保护为主题的培训在国家古籍保护中心、中国古籍保护协会的大力支持和全国各地学员们的共同努力之下，采用"理论＋实践"两条腿走路的工作模式，取得了丰富的经验和重要的成绩：

（一）培养了一批碑帖整理和修复的专业人才

几次培训班涵盖了全国20个省份的42家单位，包括全国各地公共图书馆、高校图书馆和文博收藏单位，可谓覆盖面广、专业性强、关联性大。学员基本上都是具有多年古籍整理、修复等工作经验的人员。其中本科以上学历比例达95%，中级以上职称比例达90%，45周岁以下的学员比例为97%。整个学员队伍学历水平较高，呈现出年轻化、专业化的良好格局。他们在培训期间既重视理论知识的学习，又着重加强了动手能力的培养，取得了不错的学习效果。

经过询问调查得知，这些学员所在的单位都有碑帖拓片收藏，比如河南省图书馆、陕西省图书馆、天津图书馆、四川省图书馆、湖北省图书馆、首都图书馆、孔子博物馆等单位，皆藏有为数不少的拓片，而且这些单位的碑帖拓片一般也处于没有正式、全面整理的状态，有的保存条件也有需要提升的空间。受到培训的学员回到工作单位后，为下一步各单位开展碑帖拓片普查、编目和修

复打下了坚实的基础。

（二）按时完成编目工作，整理出诸多碑帖菁华

根据国家图书馆和重庆图书馆达成的统一安排，两次"全国碑帖编目与鉴定研修班"皆以重庆图书馆珍藏碑帖为教学实例。在导师们的悉心指导之下，学员们踏实好学、认真负责地进行碑帖鉴定与编目工作。两次培训班共完成整拓著录 2100 张，剪裱本著录 800 种，保质保量地完成了工作任务，极大地推动了重庆图书馆在较快的时间内摸清馆藏碑帖的数量与质量。同时，学员们在进行碑帖编目和著录的过程中，发现了许多碑帖精品，这也为后来申报《国家珍贵古籍名录》等打下了坚实的基础。

2020 年，重庆图书馆藏明初拓本《汝帖》入选第六批《国家珍贵古籍名录》，由此实现馆藏碑帖在申报《国家珍贵古籍名录》上零的突破。该《汝帖》十二卷附《目录》一卷，四册，册页装。开本高 34 厘米，宽 21.3 厘米，墨心高 25.8 厘米，宽 16.2 厘米，名录号 12900。首卷卷端钤"子京项氏珍藏"阳文印，表明此本曾被金石大家项元汴所庋藏。此帖卷一第三帖"周器款识"之"周"字已损[5]。结合各种考据点，同时参考《善本碑帖录》《中国碑帖鉴别图典》等论著，并经多位专家考证，将其断为明初拓本，具有很高的文物价值、书法价值和文献价值。《汝帖》也由此成为重庆市第一部入选《国家珍贵古籍名录》的碑帖。

（三）探索出一套科学精细的碑帖文献编目著录规则

在第一期和第二期"全国碑帖编目与鉴定研修班"的培训后，重庆图书馆为了进一步深化研修班取得的成果，随即紧锣密鼓地将碑帖原件与学员所做数据进行了逐一的核对审校工作。后来，又在古籍库房中发现了另一批编号的装于牛皮纸袋中的拓片约 800 种，受过良好培训的古籍组工作人员熟练地对它们进行了补充编目。在这些数据基础上，重庆图书馆又对这些碑帖基本数据反复进行了修订删重等细节打磨，于 2017 年初步完成了馆藏 4000 余种（件）碑帖拓本的全部普查登记工作。由此，重庆图书馆成为全国第一家完成馆藏碑帖拓片普查登记的公共图书馆。

经过一系列的工作后，2017 年 11 月，国家古籍保护中心推荐的专家们又对重庆图书馆碑帖目录整理出版的具体事宜给出了详细的指导。重庆图书馆按照专家建议，再次认真进行了修改、分类，于 2019 年将《重庆图书馆古籍普查登记目录·拓本卷》的初稿提交给国家图书馆出版社审阅。后来，重庆图书馆和出版社编辑多次交流沟通，不断修改发现的问题，并逐步完善。2021 年 9

月,编目人员又赴国家图书馆与冀亚平、卢芳玉等多位专家再次深入研讨修改中发现的问题,确定了最终的修改方案。

从培训到后续的数据审校,国家古籍保护中心推荐的专家、全国各地学员和重庆图书馆古籍整理组逐步探讨出一套能比较全面反映碑帖文献各方面信息的著录体例,涵盖了普查编号、索书号、题名（正题名）、首题、盖题、中题、尾题、责任者（撰人）、书人等 24 项信息。

每条著录项在登记时还有一些具体的要求。如"正题名（别名）"项和"原题名（首题、盖题、额题、中题、尾题等）"项中标准繁体字和异体字的使用界限;"刻立项"中的"地点（刻立出土地点）"采用现行行政区划著录;"责任者"项中的"撰人、书人、刻工、其他"诸条需在朝代、人名之后加上"撰、书、篆额、篆盖、镌刻、辑刻、绘图"之类撰作方式等问题,重庆图书馆的古籍编目人员与专家们反复商讨,不断研究,才最终形成共识。这些著录体例的切磋打磨、精益求精,为此后全国碑帖普查登记工作的进一步推广积累了宝贵的经验。

四、结语

重庆市古籍保护中心在国家古籍保护中心的长期指导和帮助下,利用馆藏碑帖文献促进了全国碑帖整理保护人才的培养。他们来自祖国各地,通过实践训练,掌握了碑帖文献的编目与鉴定知识,学习了珍贵碑帖拓片修复技术、档案管理、各类拓片的传拓技巧以及拓片装裱技艺等。学成回到本单位后,持续不断地为全国各地公共图书馆、高校图书馆和文博收藏单位碑帖文献的整理、编目和修复事业做出他们的贡献。

重庆图书馆在完成了馆藏 4000 余种（件）碑帖拓本的全部普查工作基础上,还将继续注重碑帖文献保护人才的培养,以期在鉴定馆藏碑帖版本与挖掘其中蕴藏的文物价值、艺术价值和文献价值上做深做细,结出更多更好的碑帖整理成果,推动古籍保护和人才培养不断迈上新台阶。

（左鹏、朱遂,重庆图书馆古籍文献中心馆员）

参考文献:

[1] 重庆市图书馆.重庆市图书馆建馆四十周年纪念文集:1947—1987 [M].重庆:重庆市图书馆,1987:6.

［2］任竞．重庆图书馆对罚没汉奸珍贵碑帖拓本的抢救与整理［C］// 国家古籍保护中心．抗战时期典籍文献抢救保护研讨会文集．北京：北京大学出版社，2021：146-147.

［3］重庆图书馆．重庆图书馆馆史：1947—2007［M］．北京：北京图书馆出版社，2007：56.

［4］庄秀芬．多措并举：建立古籍保护人才培养长效机制——国家古籍保护中心人才培养工作综述［J］．古籍保护研究，2016：199-205.

［5］重庆图书馆．国家珍贵古籍名录申报书（碑帖拓本类）之《汝帖》十二卷［Z］.未刊稿，2018.

修复与装潢

《装潢志》中的书画修复技术美学对古籍保护的启示

On the Inspiration for the Preservation and Conservation of Ancient Books from the Technical Aesthetics of Painting and Calligraphy Restoration in *Records of Mounting Techniques*

上官文金

摘　要:明人周嘉胄所作《装潢志》是一部系统阐述书画装裱与修复技术的著作,以吸收前人装裱修复理念和结合自身实践的方式呈现出丰富的古籍保护技术美学思想。文章结合明代"雅""俗"美学精神之争,围绕"功能"与"形式"的辩证关系,探究《装潢志》中"器道合一,天人之和"的器物本体论、"审视气色,器以致用"的技术功用论和"文质统一,崇古尚朴"的审美形态论,以此启发建构古籍保护技术美学。

关键词:《装潢志》;书画修复;技术美学;古籍保护

中国古代文书保护技术的系统著作甚少,《齐民要术》《梦溪笔谈》等书中零散论述了一些经验看法,着眼古文书的修复,《装潢志》可谓是中国古代书画装裱与修复的杰作。以往对古籍保护技术的探讨多集中在技术分析上,缺乏了对其"道"的体察,无法从内部深层理解技术。《装潢志》成书于明末清初,为书画装裱师周嘉胄所作。据史料记载,周嘉胄,明万历十年(1582)生,约清顺治十五至十八年(1658—1661)间卒,年近八十。顺治中寓居江宁,十四年(1657)与盛胤昌等称"金陵三老",时年七十六[1]。周嘉胄与顾元方、徐公宣、庄希叔、王世贞、强百川等明末吴中地区的书画装裱鉴藏家多有交游,其自述"吴中多藏赏之家,惟顾元方笃于装潢。向荷把臂入林,相与剖析精微,彼此酬畅"[2]158。周嘉胄不仅得到顾元方的真传,而且与庄希叔亦师亦友,"吴人庄希叔侨寓白门,以装潢擅名,颉颃汤强,一时称绝。其人慷慨慕义,诚笃尚友,士绅乐与之游,咸为照拂之。然以技自讳,不妄徇俗,间应知己之请。谬赏余为知鉴,所祈弗吝"[2]158。庄希叔将周嘉胄视同知己,正是在与装裱大师的交游学艺中,转益多师的周嘉胄最终成为享誉江南的装裱师。

书画装裱的修复技术思想是一脉相承的审美经验,南朝宋虞龢曾上表论书:"古今妙迹,正行草楷,纸色裱轴,真伪卷数,无不备焉。"[3]唐张彦远在《历代名画记》中"论装背褾轴"篇专门介绍了装裱知识,在其《法书要录》中同样谈及字画装裱的相关知识。周嘉胄则是在吸收前人工艺技术思想的基础之上,结合自身装裱实践经验,集大成而写就《装潢志》一书。书画装裱与古籍保护在理念上异曲同工,在古籍保护技术发达的今天依然需要汲取古人经验,"研究《装潢志》中关于书画保护的技术、方法与思想对于纸质档案的保护与修复具有重要借鉴意义"[4]。周嘉胄对装裱之技艺颇为自信,《装潢志》是其多年装裱实践后总结的心得,"余装有碑帖百余种,册页十数部"[2]156,"此余究心之微而然"[2]154。文中不仅对书画装裱进行了经验总结,也多谈及自己的独到见解和方法。《装潢志》的内容系统而全面,主要分为装裱前的准备及需要使用的材料,包括"制糊""用糊""托纸";装裱中对画心的处理,包括"洗""揭""补""衬边""小托""全";装裱后的保护,包括"镶攒""覆""上壁""下壁""安轴""上杆""上贴""贴签"。立足各部分的技术理念,可见《装潢志》中的古籍保护技术美学思想:"器道合一,天人之和"的器物本体论,"审视气色,器以致用"的技术功用论和"文质统一,崇古尚朴"的审美形态论。

一、古籍保护本体论:器道合一,天人之和

"形而上者谓之道,形而下者谓之器。"[5]道器相互依存,一体两面,人们利用自然物进行加工、改造而形成的"器",须得遵循一定的自然规律和社会法则;同时,道也蕴藉在器物之中,得以通过器物的功能显现出来。这便是器成于道,道显于器,器之本源在于道,道之彰显在于器。这种器道哲学观早在先秦时期便已萌发,庄子以"梓庆削木为鐻""佝偻承蜩"等故事强调制造器物,使用技艺必须把握自然规律,合乎自然之道。《装潢志》所呈现出的"天道"与"人道"相得益彰的技术理念,体现了"器道合一,天人之和"的技术美学思想。

（一）合天道,顺物自然

书画装裱十分注重外界环境。对于四时气候对书画装裱的影响,周嘉胄单列一节"佳候"谈及装裱书画的最佳季节。"已凉天气未寒时,是最善候也。未霉之先候亦佳。冬燥而夏溽。秋胜春,春胜冬夏。夏防霉,冬防冻。"[2]157 四时节气的更替导致气温变化,影响了装裱的效果。面对自然变化,周嘉胄并不以"改造自然"的态度应对之,而是选择"善候""佳时",顺应自然的变化,不与其对抗。如果说"佳候"着眼装裱之宏大自然环境,那"裱房"则是关注局部之社会环境,"表房恶地湿而惮风燥,喜湿润而爱虚明。装板须高,利画,竖幀必安地屏,杜湿上蒸"[2]157。裱房中的人为活动,表现出在顺应自然的理念下,适时地利用自然规律。顺势而为,并非对自然逆来顺受,合理利用自然条件,进而把造物之技艺发挥,这才是技艺的诗性智慧。此外,周嘉胄还强调"嵌攒必俟天润,裁嵌合缝,善手施能"[2]153。"天润"便是理想之佳候,对"天润"的关注还体现在"上壁"环节中:"上品之迹,无甚大者。中小之幅,必须竖贴,若横贴,则水气有轻重,燥润有先后,糊性不纯和,则不能望其全胜矣。上壁值天润,乃为得时。干即用薄纸粘盖,以防蚊蝇点污,飞尘浮染。停壁愈久愈佳,俾尽历阴晴燥润,以副得手应心之妙。"[2]154

书画作品在上壁过程中须得考虑水汽蒸发的时间快慢,晾干的过程在于把握天气的"阴晴燥润",虽然也有"天润"这一最理想的天时,但仍旧需要人们主动地与天时互动。在"润"与"燥"的拿捏中,总结经验与规律。"上壁宜润,贵其滋调,下壁宜燥,庶屏瓦患。燥润失宜,优劣系焉。"[2]154 把书画从墙上揭下来要选择天气干燥的季节,以促使作品平整。上壁、下壁的过程充分考虑气温的润与燥,但最关键的还在于二者相宜。

除了画心修复,在制作硬壳时也同样需要注意天时,"择风燥之候,用厚糊刷纸三层,以石砑之,叠叠如是。曝之烈日,干,以大石压之,听用"[2]156。装裱碑帖所用的硬壳牢固且美观,使得作品经久而不受虫损,因而制作硬壳的过程需要在干燥、曝晒之中完成,便能使其如同木头一般坚硬。

对于浆糊的制作和使用,也得考虑天时因素,"霉候不宜久停,经冻全无用处"[2]156。装裱书画所用浆糊,粘合力强,除却本身质料品质之外,使用和保存也十分重要,而这就需要注意梅雨和寒冬两个极端气温的时节,以防受损。

总的来看,《装潢志》中表现出顺应自然的生态美学观,书画装裱时充分考虑四时节气,特别是其中"润"与"燥"的关系,在"风""水""气"等因素的动态互动中,以人的实践精神体合自然,寻求最适宜的"佳候"。此"佳候"源出自然,但又是在装裱师的主观能动中向"天"索求来的,是一种独具中国古代特色的"小农"思维。中国古代小农经济发达,自给自足,人的生存便是扎根于农业,而造物技术思维受到农业生产方式影响,倚靠天时,以求"丰收"。因而,器物的修复与保护要遵循天道规律,这表现出追求人与自然和谐统一的审美境界。

（二）合人事,以人为本

周嘉胄在《装潢志》中不仅注重与天道的契合,还关注人在装裱与修复过程中的主体精神。"人懂得按照任何一个种的尺度来进行生产,并且懂得怎样处处都把内在的尺度运用到对象上去;因此,人也按照美的规律来建造。"[6] 书画装裱与修复也是将人的审美创作主体性放置在关键位置。

装裱者拥有谨慎认真而细致的造物态度。周嘉胄认为书画装裱的核心命脉在"揭","绢尚可为,纸有易揭者;有纸薄糊厚难揭者,糊有白芨者,犹难。恃在良工苦心,施迎刃之能,逐渐耐烦,致力于毫芒微渺间,有临渊履冰之危,一得奏功,便胜泜水之捷"[2]153。在揭的过程中,须得如庖丁解牛一般"去蔽"。从"临渊履冰"可见,遮蔽是必然发生的,当技能不断熟练乃至炉火纯青,最终要逼近"道"时,人往往会陷入对"技"的病态追求,导致被"技"所遮蔽,而无法得"道"。揭画与解牛就是要去除遮蔽,拨开"技"之云雾乃见"道"之青天。面对碑帖时,"尤更苦心。每拓一碑授装,心力为竭"[2]155,须细致地将碑帖原文抄录下来,并安排好抬头、年月、首尾、附题、小跋、前后副页,一一规划好格式,如此繁复亦是十分用心。这种谨慎的态度也是周嘉胄对后世装裱师的殷切期望——"拓装者慎之!"[2]158 这种对工艺的极致认真和明代手工业的发展密切相关,特别是江南地区商品经济的极快发展,书画市场如火如荼,这必然要求手工艺者锤炼技艺,以满足市民需求。

装裱师具备独特的气质与神韵。《装潢志》末尾记载了装裱师与书画收藏家之间的交游之事,庄希叔为徐公宣所藏倪瓒的《幽涧寒松图》重新装裱,显现出高超的技艺。周嘉胄解答徐公宣的疑惑时评论:"不待他求,只气味于人有别。"[2]158 徐公宣对"气味"二字深表赞同,此气味即是一个人的审美志趣和情调。一件书画作品在岁月侵蚀下失去原本的生命力,而装裱师则以鬼斧神工让其起死回生,装裱之艺术也在于技术性手段的过程中融入了人的生命体验。正如周嘉胄之言"气味"，不仅是书画家有个人的气质风貌，经由装裱师修复的作品亦承载了其人的精神气息。因而，装裱与修复的过程也可看作是一种艺术创作过程，亦能让人享有审美体验。周嘉胄在讲述"上贴"时描述了一种心旷神怡的装裱之趣，"上贴亦不易事，如人着冠，切须留意。琼瑶在握，自亦可喜，再展菁华，则色飞神爽矣。若不三雅酬兴，亦须七碗熏心"[2]154。自由是人的本质力量的追求，更是美的象征，人们在技术上的得心应手正是一种掌握和驾驭自然事物和规律的自由。书画装裱的技术之美正是以合规律性的方式完成，技艺越成熟，自由境界越高。

此外，周嘉胄十分重视装裱师的人格尊严与社会地位，强调"优待良工"，"好事者，必优礼厚聘……讵可不慎于先，越格趋承，此辈以保书画性命。书画之命，我之命也，趋承此辈，趋承书画也"[2]152。书画装裱师有"补天之手"，可谓"良工"，书画家和装裱师应如良师益友，要"宾主相参"。正如宋应星将原本被贵族轻视的农民称作"神农"，将制造马车的工匠奚仲称作"神人"一样，在周嘉胄看来，装裱师不仅应被视作工匠，也应赋予更高的社会地位受人尊敬。《装潢志》还关注"人气"，"成器后，初年须置近人气处，或床榻被阁上，尤妙"[2]156。人气既指人的阳气，也指有人住的通风处。从天道视域中的"天气"到人事视域中的"人气"，可见《装潢志》中对自然与人之关系的贯通性。天道与人事是合二为一的，巧夺天工方才是至善之理，书画装裱应以人为本，注重人与物、人与环境、人与自然的和谐相融。

简言之，《装潢志》彰显了以人为本的器道观，重视装裱师的地位，人的主体精神在书画装裱中的投入，特别是以"气味"之方式实现"物我合一"的书画装裱修复的审美境界。

二、古籍保护技艺论：审视气色，器以致用

器物的本质规定即是满足人的需求，装裱的使命正在于保护和延续书画作品的生命。张彦远在《历代名画记》中指出："阅玩而不能装褫，装褫而殊亡检次者，此皆好事者之病也。"[7]128 装裱之事慎之又慎，其技艺高下直接关系作品的生命。《装潢志》对装裱技艺有多种规定原则，就根本来说，强调保全材料的独特价值和作用，令其发挥本性之用途，以此来满足书画装裱的需要。

（一）审视气色以存古

周嘉胄在"审视气色"一节中强调对器物材质的先行审视，"书画付装，先

须审视气色,如色黯气沉或烟蒸尘积,须浣淋令净。然浣淋伤水,亦妨神彩,如稍明净,仍之为妙"[2]152。这与《考工记》的造物理念一致,"审曲面势,以饬五材,以辨民器,谓之百工"[8]4。"审视气色"与"审曲面势"异曲同工,具体表现为"观色泽""察质感"。这种"审视气色"的材质观还表现在"淋洗"环节,"洗时,先视纸质松紧、绢素历年远近,及画之颜色,霉损受病处,一一加意调护"[2]152。对书画作品进行淋洗时,须得观察纸张的松紧、受损情况。先行审视的目的实则是基于"存古"思维。书画作品,特别是古旧之物,尤为珍贵,不可随意"洗""揭""补",一旦破坏原有细节,甚至根基,便将书画性命断送。北宋米芾在《画史》中提倡书画作品损坏不严重者不须揭裱,"恐损人物精神"。"古画若得之不脱,不须背褾。若不佳,换褾一次,背一次,坏屡更矣,深可惜!盖人物精神发彩、花之秾艳蜂蝶,只在约略浓淡之间,一经背多,或失之也。"[7]980 诚然,每一次装裱都是对作品的考验,正如周嘉胄在《装潢志》开篇的比喻一样,"古迹重装如病延医"[2]152。明曹昭在《格古要论·装背画》中说:"画不脱落,不宜重背,一背则一损精神。"[9]清邹一桂《小山画谱》中也提及因古画重装而导致"失神"。可见,对书画作品的"审视气色",其根本目的还在于保留其原有精神面貌,以实现古意的审美旨趣。

（二）浑然无迹以作旧

"审视气色"还仅是基础性工夫,但已隐含对书画作品进行"复古"式装裱的技术倾向。《装潢志》中谈及"补缀",认为"须得书画本身纸绢质料一同者。色不相当,尚可染配;绢之粗细,纸之厚薄,稍不相侔,视则两异。故虽有补天之神,必先炼五色之石。绢须丝缕相对,纸必补处莫分"[2]153。古旧的书画如若受损严重,缺失部分须得装裱师进行补缀,面对缺失的内容,装裱师须得练就"五色原石"。在补缀完成后,要"用画心一色纸,四周飞衬,出边二三分许,为裁镶用糊之地,庶分毫无侵于画心"[2]153。强调使用和画心材质相同的纸张来进行小衬,也同时是对材质一致性的纯然追求。这种观念在面对碑帖时,也同样适用,"碑帖本身纸,或绵或竹,及拓法,或乌金、蝉翅、雪花等色。俱一一染拓,配同一色装成,则浑成无迹"[2]156,关键在于用同一颜色,使得无法分辨。事实上,此番"复古"已经趋向"仿古",有意使真假相糅,难以区分。虽然装裱书画并未以制作赝品为目的,但在其"古意"审美诉求下确然造就了历史的赝品,极度吻合经由历史沉淀而来的古意。

（三）因用选材以尽物

《装潢志》中涉及的材料有多种，且都是应对不同的装裱环节。"覆背纸必纯用绵料……或用上号竹料连四，以好绵料纸，托为覆背用，亦妙……切忌用连七及扛连。"[2]153-154 背纸在装裱中尤为重要，是画心赖以依存的承载，因而选用棉料纸，以防质地粗糙、厚薄不匀、拉力较差等因素破坏画心。周嘉胄还根据自己的经验总结了替代品，如竹料连四纸，并指出连七纸和杠连纸的不适宜之处。安轴环节，则"用粳米粽子，加少石灰，锤粘如胶"[2]154。用此物安轴，可以使画轴永不脱落。周嘉胄还对比前人使用的"矾汁"，指出其易裂易脱的害处。选择轴杆木料，"檀香为上，次用婺源老杉木旧料"[2]154。檀香木可以防止虫蛀，而杉木干燥容易变形，可见选取的原则在于木性之稳定，顺应物性而设计，因用选材。作品的上杆则选用"鲫鱼背式"，绳圈则不能用金银质料，铜条即可。对于贴签，周嘉胄遵循古法，以宋徽宗、金章宗为准，"磁蓝纸，泥金字，殊臻壮伟之观。金粟笺次之"[2]154。

明中叶以后，奢侈之风在江南市民经济中兴起，服饰、住宅、装潢、车舆均体现出人们更高欲望的追求，如人们不满足于饱腹，还要求美味。奢靡之风日盛，人们对器物之用的反思愈强，宋应星宣扬"贵五谷而贱金玉"，重视服务于农业生产的实际应用技术，王徵提倡"关切民生日用"，强调百姓日常生活与生产是国家治理工作的重要内容，二人代表了当时底层百姓节俭、质朴的"致用"之风。《装潢志》也注重"致用""节用""适用"的功能观，物尽其用，器物的"有用之用"在于扎根物性的特殊性，充分发挥其实用性，让其适合人的使用。事物各有其本性，也就有了各自的独特功用，装裱过程中所使用的多种材料要根据不同方法，表现出材料的不同功能。

三、古籍保护形态论：文质统一，崇古尚朴

中国美学精神中多崇尚自然本色之美，并不乐衷于增加外在装饰。道家强调返璞归真，提倡素朴之美，东汉王充在《论衡》中提出"真美"，南朝梁刘勰强调的真性情与文采的结合，反对雕琢巧饰。明代家居也是如此，多以素朴为指归，以线条的表现为主，简约流畅，不刻意装饰繁复。明人文震亨有言："随方制象，各有所宜，宁古无时，宁朴无巧，宁俭无俗。"[10]30 明人追求古朴之美，"旧漆者最多，须取极方大古朴，列坐可十数人者。以供展玩书画，若近制八仙等式，仅可供宴集，非雅器也"[10]150。这种对素朴之美的追求也同样体现在《装潢志》

中,并形成文质统一的古籍保护技术形态观。

（一）复还旧观

《装潢志》尊崇古意,"画经小托,业已功成。沉疴既脱,元气复完,得资华扁之灵,不但复还旧观,而风华气韵,益当翩翩遒上矣"[2]153。以"旧观"为旨趣是周嘉胄的审美诉求,书画装裱在于恢复原作的元气,修旧如旧便是最佳境界。具体而言,便是以旧有材质匹配,"古画有残缺处,用旧墨,不妨以笔全之"[2]153。用旧墨来补全原作,既有质料层的规定,又要求以原作者的创作技法进行仿照,这往往不是装裱师能完成的,因而须得请书画技法高超之人代笔。周嘉胄提及友人郑千里补全自己收藏的赵千里《芳林春晓图》,其结果是出神入化,无法分辨出入。此外,纸张也得是旧物,"古绢画必用土黄染纸托衬,则气色湛然可观,经久愈妙"[2]154。装裱古旧的绢画时,纸张需要用土黄染成仿旧状,便可古朴而美观。技术本质上是一种解蔽方式,特别是古代文书保护技术,还处在与艺术同源一体的诗性维度。书画装裱与修复的功能与审美合于一身,以顺应性的方式解蔽,把审美经验带出来而使其敞亮。

（二）自然天真

以复古之风装裱书画,利用旧物是直接的仿古做法,但更精准的仿古在于把握"古意"的审美精神。明人所谓古意,在于自然与天真。清李渔《闲情偶寄》中有言:"宜简不宜繁,宜自然不宜雕斫。"[11]周嘉胄《装潢志》亦强调"各种绫绢,随宜加饰。"[2]156可见,古意的核心追求是对繁饰的谢绝。周嘉胄对古今装裱有深刻体会,"每见宋装名卷,皆纸边,至今不脱;今用绢折边,不数年便脱,切深恨之。古人凡事,期必永传,令人取一时之华,苟且从事,而画主及装者,俱不体认,遂迷古法"[2]155。今人装裱中多重华美,而忽视了古法。宣和年间,装裱形成了"宋式装"这一定式,也称"宣和装"。宣和装的成功正在于去繁就简,重功用的同时表现审美趣味。周嘉胄还就册叶进行了古今对照,"前人上品书画册页,即绢本,一皆纸挖纸镶。今庸劣之迹,多以重绢,外折边,内挖嵌。至松江秽迹,又奢以白绫,外加沉香绢边,内里蓝线,愈巧愈俗。俗病难医,愿我同志,恪遵古式而黜今陋。但里纸层层用连四,胜外用绫绢十倍,朴于外而坚于内,此古人用意处。册以厚实为胜,大者纸十层,小者亦必六七层。裁折之条,后同《碑帖》"[2]155。今人的巧饰过重,导致媚俗,在失去天真自然的同时,也走偏了古意之路。古人用意处即在于"朴于外而坚于内",书画装裱的核心使命在于保护和延续作品,因而不能因装饰而损伤这一古籍保护技术的核心功用,对此,外表往往表现质朴之美,去除繁饰便自有天真,以此达到文质统一。

（三）各随其宜

《装潢志》中的古意并非古板之古,而是仿古,以"适合"为原则,发挥物性特征,周嘉胄对连四纸和连七纸做出形象比拟,"用连四如美人衣罗绮,用连七如村姑着布。夫南威绛树,登歌舞之筵,方借锦绮以助妍,岂容曳布趑趄,以取村姑之诮!"[2]157 装裱追求的自然并非完全没有装饰,而是装饰得恰如其分。在谈及"绫绢料"时,周嘉胄认为:"嘉兴近出一种绫,阔二尺,花样丝料皆精绝,乃从锦机改织者,固书画之华衮也。"[2]157 可见,装裱之装饰可行,但以适宜为准,周嘉胄认为苏州织造的绫绢料过窄而使得天头地头有缝隙,这便是"可厌"的不适宜。装饰之美在于合适,即便是古雅的饰物如若不合适也不美,"天地皂绫虽古雅,皂不耐久,易烂,余多用月白,或深蓝"[2]157。"轴以玉,虽伟观,不适用,犀为妙。"[2]157 轴头的使用也是如此,玉质虽高贵但却不如犀牛角来的朴素而适宜,追求与人的自身和谐、舒适的结构和形式,达到适用、适宜,可谓一种符合功能的形式。明人装裱以古意为审美诉求,但非以古为古,而是以自然素朴为古,并强调材质的适宜性方为美。古籍之修复尤其需要关注"适应"标准,以贴合古籍自身的特殊性。

（四）定式尚态

《装潢志》吸收了过往装裱之定式,如被历代奉为圭臬的"宣和裱",在画心上下采取天头和地头的尺寸,形成了更为系统的装裱形态。"中幅如整张连四,大者天一尺九寸,地九寸五分。上玉池六寸五分,下四寸二分。边之阔狭酌用。小幅宜短,短则式古,便于悬挂。画心三尺上下者,俱嵌边。太短则挖嵌,用极淡月白细绢,画如设色深者,宜用淡牙色,取其别于画色也。小画,天一尺八寸,地九寸,上玉池六寸,下四寸。大画随宜推广式之,惟忌用诗堂,往与王百谷切论之,百谷经装数百轴,无一有诗堂者。小幅短,亦不用诗堂,非造极者,不易语此。"[2]153 其中针对不同尺寸大小的书画作品有相对应规制的"天头""地头""玉池"（镶料）等,甚至贴签也有形态之规定,"长短贴近圈绳处,毋得过与不及。此定式也"[2]154。"定式"的规定性可见明人"尚态"的审美诉求,观照赵孟頫到董其昌的书风,婉丽姿媚,甜俗之态,可见明人在"以态通韵"的道路上消解了"雅俗""古时"之间的矛盾。市民经济的发展,对技艺醇熟度的高要求让"因熟而俗"成了态势,虽缺乏一定灵动之变化,但规制化了的装裱定式也表现了"以俗为雅"的审美观。"尚态""尚俗"的本质仍然是"尚美",即便是装裱规制成为一种世俗化、普及性强的形态，但却依然符合明代文化商业化发展的诉求。

四、回归"技艺"一体的古籍保护与技术美学

中国古代的百工之艺拥有丰厚的古籍保护技术美学思想，技术艺术就本质来说是指人类的造物技艺，"伟哉夫造物者，将以予为此拘拘也"[12]。庄子之言在歌颂自然造化万物的本领，此为天造之物。人类利用各种物质材料，制成器物，是人的本质力量的显现。因而，在器物制造、修复与保护的实用功能实现的同时，审美性孕育期间，古籍保护技术的审美意识伴随着技术的发展逐渐成熟。《考工记》系统彰显出了独具中国特色的技术美学思想："天有时，地有气，材有美，工有巧，合此四者，然后可以为良。"[8]4 百工之艺在建筑、园林、家居、陶瓷、装裱等诸多门类中均有丰富的技术审美意识，甚至以系统性的方式著作成书。如计成《园冶》中的园林设计美学思想，李渔《闲情偶寄》中的家居设计美学思想，《长物志》中的器物技术美学思想，《装潢志》中的书画装裱与修复技术美学思想……

西方技术美学强调器物应具有一种理性的美，即审美与实用的统一。布尔迪厄认为："一切'大众美学'是建立在肯定艺术和生活的连续性的基础上，这种肯定意味着形式服从于功能。"[13]这些技术美学的思考相较于中国古代技艺的总结与反思来得太迟。正如《装潢志》所示，中国书画装裱以线条和平面构成的空间意味，以不同材料构成的质料感，辅之以色彩和各种图案肌理，形成独特的装裱艺术语言，并在此番召唤结构中以潜移默化之方式对人的审美体验进行引导。可以说，以"技艺"为浑然一体状态的古籍保护技术早已将形式与功能的矛盾消解。

书画装裱与修复是人们在实践中创造的工艺美，其反映的古籍保护技术之美是社会、经济、文化的深层表现。《装潢志》代表了文人雅士和底层老百姓的共同审美趣味，既有书画艺术"雅趣"的一面，也有强调器具"实用"的一面，其与大众生活紧密相连。人类在按照美的规律建造客体的同时，也按照美的规律建构自身的审美感官和意识。

现代古籍保护技术美学中，常把技术和艺术区分，技术从"技艺"中剥离而求其符合工业生产之需要，艺术从"技艺"中剥离而成为独立的审美形态，二者各自在其规律路径中发展。在中国古代的古籍保护技艺中，技术和艺术并未完全分离，而是水乳交融。一个技术精湛的工人制作的器物，既是技术品，又是艺

术品。这是由于技术工人将其全部的审美意识融入在器物的制作上,器物身上保留着工人造物的审美情趣,劳动过程中也彰显了工人造物的审美体验过程,这样的技术活动同时也是艺术活动。

技术的直接目的是实用,旨在解决人与物之间的物质性关系,艺术的直接目的是审美,旨在解决人与物之间的精神性关系,二者看似截然不同,但又有紧密相连之处。技术和艺术之间并不为代替的关系,毋宁说让一门技术代替或成为一门艺术,而是二者的相互渗透,相得益彰。换言之,技术与艺术的融合旨在回归具有中国传统美学特征的"技艺"。

技术之所以可以和艺术融为一体不仅是历史的回答,更是其本质特征的规定,即在人的自由创造这一追求,二者同源一致。人类早期的技术活动本质上追求创造,人在劳动中实现自由,而艺术创作也是按照审美规律进行物质材料的使用而得到自由的、美的感性形式。二者的合一,能够让"技艺"这一合乎人的生存境遇的事物重新统一,让现代社会处在技术和艺术的和谐状态中。

明人周嘉胄所作《装潢志》为打开中国古代文书修复技术的美学世界提供了一扇窗,于此可窥见中国古人"技""艺"不分家的古籍保护审美观,修复之物合乎人性与人的最佳生存状态。明代"尚俗"即"尚美"的精神,在《装潢志》的装裱与修复技术美学思想中表现突出。明中叶以后,心学崛起,理学式微,市民经济高度发展带来奢靡僭越之风,背离了儒家传统的"中和"审美诉求,"世俗性"在民间文艺中广泛流行。书画装裱技艺处在"雅"和"俗"之间,一方面,书画作品对其装裱形式追求雅趣之美,装裱材质的选择、装裱规制的定式均以去繁就简为原则,表现出大道至简的雅致。另一方面,书画装裱以"致用""节用""适用"为造物技术原则,以人的需求为本,其本质是世俗化的。可以说,"俗"与"雅"在明代书画装裱与修复中融为一体,正如"尚态"的本质是"尚美"一样,"世俗化"追求的核心依然是对美的追求。不同于"崇雅贬俗"和"尚俗贬雅"的极端化,书画装裱以实用功利为美,将其功能、目的与人民的需求紧密结合,是一种最真切、最朴实、最世俗的人民的美。进入新时代以来,国民经济快速发展,老百姓对物质生活的需求也表现出更高标准的追求,"高雅"与"世俗"、"复古"与"趋时"仍然是新时代的美学课题,甚至要面临"大众文化"的冲击。当代的古籍保护工作既要在新兴技术的加持下革新方法,又要汲取古人文书保护与修复的"形而下"经验总结与"形而上"美学理念,如此方能建构起中国特色的古籍保护体系。因此,挖掘明代《装潢志》中的装潢与修复技术美学思想,有助思考当今社会"技艺"发展与古籍修复技术的发展。

（上官文金,四川师范大学文学院 2022 级美学专业硕士研究生）

参考文献:

[1] 谢巍 . 中国画学著作考录 [M]. 上海:上海出版社,1998:433.

[2] 周嘉胄 . 装潢志 [M]// 续修四库全书·子部第 1115 册 . 上海:上海古籍出版社,2002.

[3] 朱谋垔 . 书史会要 [M]. 徐美洁,点校 . 杭州:浙江人民美术出版社,2019:65.

[4] 王云庆,彭鑫 . 周嘉胄书画装裱经验对纸质档案保护与修复的借鉴 [J]. 档案学通讯,2017（2）:77-81.

[5] 周易译注 [M]. 周振甫,译注 . 北京:中华书局,1991:249.

[6] 马克思恩格斯全集·第 3 卷 [M]. 北京:人民出版社,2002:274.

[7] 中国书画全书（一）[M]. 卢辅圣,编著,上海:上海书画出版社,2009.

[8] 考工记译注 [M]. 闻人军,译注,上海:上海古籍出版社,2008.

[9] 明代笔记日记绘画史料汇编 [M]. 张小庄、陈期凡,编著,上海:上海书画出版社,2019:11.

[10] 文震亨 . 长物志 [M]. 李瑞豪,编著,北京:中华书局,2012.

[11] 李渔 . 闲情偶寄 [M]. 上海:上海古籍出版社,2000:190.

[12] 庄子今注今译（上）[M]. 陈鼓应,译注,北京:中华书局,1983:189.

[13] 皮埃尔·布尔迪厄 . 区分:判断力的社会批判（上）[M]. 刘晖,译 . 上海:商务印书馆,2015:7-8.

古代典籍纸张染潢的早期原因探究

An Investigation into the Early Motivation for Dyeing Book Paper with Amur Corktree in Ancient Times

易晓辉

摘　要：古代典籍纸张以黄檗煮汁染潢，通常认为是为了防虫避蠹。梳理相关历史文献，发现这种说法出现的时间要比染潢技术晚很多，虽然后世防虫之说非常普遍，但早期纸张染潢的主要目的归因于防虫似乎证据不足。从相关史料的分析以及简牍到纸张的形制演变过程来看，纸张染潢最初可能与简牍形制及审美习惯的延续，黄色所代表的特殊意义，以及染潢对纸张书写性能的改善等因素有关。防虫避蠹的功能或由后人在实践中逐渐总结发现，而非魏晋时期人们给纸张染潢的最初原因。

关键词：染潢；黄檗；防虫；简牍；黄籍

作为一种古老的书籍防虫避蠹技术，染潢一直被认为是先贤们最早的古籍保护实践。染潢，指的是古时人们将书写的纸张用黄檗煮出汁液染成黄色，亦称染黄。染潢所用的黄檗，又叫黄柏、檗木、黄波椤树，为芸香科黄檗属落叶乔木[1]。取其厚实的树皮，加水熬煮，得到鲜亮明黄的汁液，将纸张浸染黄檗汁液后晾干即成。经过染潢的纸张，常被称为黄纸。

从魏晋开始，就有许多文献提及"染潢""黄纸"。贾思勰在《齐民要术》中专门记载"染潢及治书法"。人们使用经过染潢的黄纸书写重要的文书，官方用黄纸书写诏书、表文，宗教活动中使用黄纸抄写佛经、道经。这种习惯在后世也一直延续，唐代时用黄纸书写诏令公文成为范式，黄纸有时甚至成为皇权的象征。公文改错的"贴黄",科举殿试发布的"黄榜",正式的户籍、田籍簿称为"黄籍",记录赋税徭役的"黄册"[2],都与早期使用黄纸的历史有关。

1900年发现于敦煌莫高窟17号洞窟中的"敦煌遗书",大量经卷使用染潢纸张书写。科学分析发现,这些经卷除了黄檗染色之外,还有施蜡、捶打砑光等多种加工方法[3]229。后世将这种色泽暗黄庄重,纸质泽莹坚滑的纸张专称为"硬黄纸"。宋赵希鹄在《洞天清录集》中称:"硬黄纸,唐人用以写经,染以黄檗,取其避蠹。"

这种说法一直沿用至今,人们普遍认为染潢的主要原因是黄檗可以使纸张防虫避蠹,保护重要的文书文献免遭虫蛀之害[4]93。不仅是文献史料,现实中也发现经过染潢的古籍经卷较少有虫蛀发生,染潢防虫似乎已成共识。然而,如今的共识并不代表最初的动机,在典籍纸张染潢技术发明和应用的初期,并没有文献提及染潢是为了防虫。魏晋时是否已有如此强烈的文献保护意识,并不吝工费将纸张染潢亦有待商榷。

本文谨从纸张染潢相关文献史料、染潢效果以及早期纸张形制等方面进行分析,探究纸张染潢技术应用初期的主要动因。受专业和学力所限,不当之处尚祈方家指正。

一、古代纸张染潢的起源

纸张染潢的早期记载,目前有多种不同的说法。较早者认为起源于东汉,依据是宋陈彭年等撰修的《重修广韵》中对"潢"的解释:"潢,释名曰:染书也"。有学者认为这里的"释名"指的是东汉刘熙所撰《释名》[4]172,但传世《释名》中,并无"潢"字的解释[5]。而且东汉时造纸术刚刚起步,尚未普遍推广应用,染潢这种成熟的加工技术似乎不太可能这么快就载入史册,"东汉说"细究起来明显证据不足。

较为可靠的资料记载是三国时孟康注释《汉书》卷六十七:"染纸素令赤而书之,若今之黄纸也。"这句话描述汉代一种叫作"赫蹏"的染红色丝絮薄片,与当时的黄纸比较相似。从"染纸素令赤"对染色过程的清晰描述来看,这里的"黄纸"应该就是纸张染潢之后制成。另外与孟康时代较为接近的《三国志》卷十四《魏书·刘放传》也提到明帝时"以黄纸授放作诏"。可见在三国时期,将纸张染潢后使用,应当是比较常见的了。

不过这两则史料只能说明三国时黄纸已有应用，至于具体的起源，于何时由谁发明，只能说还有待考证。一些文献中认为纸张染潢是由东晋时著名炼丹师葛洪发明[6]，但遍搜葛洪存世著作，仅在其《肘后救卒方》卷二《治伤寒时气温病方第十三》中提到：

> 须史见眼中黄，渐至面黄，及举身皆黄，急令溺白纸，纸即如柏染者，此热毒已入内。急治之。

描述黄疸发病时的症状，病人的尿液能将白纸染成"如柏染"的颜色。显然这两句话并不能证明纸张染潢技术由葛洪发明，葛洪只是借用黄檗（黄柏）染纸打个比方，描述一下症状。当然，葛洪提到的"溺白纸""柏染"二词也非常简要地记录了黄纸的制作方法，即将白纸浸入"柏"汁当中"染"制而成，交代了染料来源和着色方式。因此认为葛洪是已发现的文献中黄檗染纸方法最早的记录者，似乎就没有什么问题。

换个角度，葛洪用黄檗染纸来描述黄疸的症状，也间接说明在当时染黄纸比较普遍，对大多数人来说非常常见。这样葛洪用它来做比喻，读书的人比较容易理解。

到北魏末年，贾思勰著《齐民要术·杂说第三十》，载有"染潢及治书法"，对纸张染潢的技术过程和经验进行系统阐述：

> 凡打纸欲生，生则坚厚，特宜入潢。凡潢纸灭白便是，不宜太深，深则年久色闇也。入浸檗熟，即弃滓，直用纯汁，费而无益。檗熟后，漉滓捣而煮之，布囊压讫。复捣煮之，凡三捣三煮，添和纯汁者，其省四倍，又弥明净。写书，经夏然后入潢，缝不绽解。其新写者，须以熨斗缝缝熨而潢之，不尔，入则零落矣。

从篇幅上看，《齐民要术》中的这一段算是古文献中描述纸张染潢最详尽的，将染纸的目标、合适程度、染液配制过程、染潢时节等都交代得非常详细。如此详尽的叙述竟然没有提染潢可以防虫，这么重要的功能被漏掉，似乎不太符合常理。这或许正好说明早期纸张的染潢，出发点未必是为了防虫。

二、早期纸张染潢防虫之说存在的问题

（一）早期染潢专为防虫的证据不足

纸张用黄檗汁染潢，最常见的说法是为了防虫避蠹。王重民先生在《说装潢》提及"装潢之用，古者专以防蠹，盖杀青之遗意也。其事盖在魏晋之间"，结合前文梳理的染潢起源，出于魏晋之际应该没有问题，但若说给纸张染潢是为了"专以防蠹"，似乎证据不足。

首先，从动机上看，纸张只是一种书写的材料，保存不当时容易遭致虫噬鼠咬。但虫蛀并非时时发生，具有一定的偶然性。纸张染潢并不是简单的操作，其流程比较繁琐。将大量纸张一张张染色加工，仅仅为了避免虫蛀，未免有些郑重其事。对比后世的做法，明清时大量使用的竹纸更容易招致虫蛀，但也仅有少数古籍在扉页中夹两张铅丹纸防蠹，染潢者除了一些加工纸，普通书籍极为罕见。在现代，人们当然也了解纸张易虫蛀，但似乎并未听说日常使用的纸张会进行防虫处理，大动干戈给纸染潢的更是凤毛麟角。

其次，若认为魏晋时人们就已掌握黄檗染纸可防虫避蠹，纸张染潢最初就是为了防虫，似乎会有两处悖论：

其一，魏晋时期多种书写材料混用，简牍和缣帛的使用历史较长，纸张为新材料。纸张易遭虫蛀，简牍、缣帛同样也受虫子青睐（如图1）。尽管竹简杀青可以杀死虫卵，减少虫蛀发生[4]102，但竹木材料本身易招虫，使用和存放时遇到虫子仍旧难以幸免。缣帛亦如此，丝织品易招虫，至今仍是丝质衣物防护的重点[7]。若当时人们掌握纸张染潢防虫，同样易遭虫蛀且使用历史更久的简牍和缣帛，也应有染潢处理才对。尤其是最轻薄贵重的缣帛，更应该染上黄檗汁防虫。但现有文献史料提及书写用缣帛多称"素"，即未漂染的缣帛，并未发现简牍和帛书染黄的记载，也未发现传世简牍和帛书中有染黄的样本，这显然有些不合逻辑。

其二，虫蛀的发生需要合适的环境条件，在温暖湿润的环境中纸张容易生虫，采取一些防虫措施很有必要。但若在寒冷干燥的环境中，尤其是像我国西北地区，并不适合虫子的生长，发生虫蛀的可能性比中原及南方地区小得多。在这种不易生虫的地方大费周章将纸张染潢防虫，似乎显得没那么必要。后世将我国西北地区发现的大量宋前黄纸文献归因于防虫，这显然与实际需求不符。

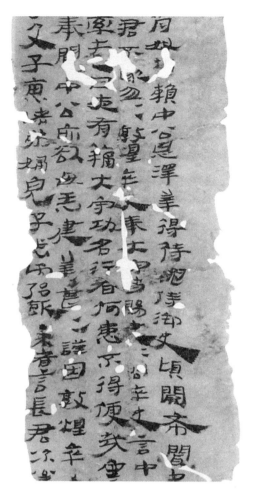

图 1　悬泉置出土前汉帛书虫蛀情况

（二）染潢防虫的说法可能来自唐人的经验总结

尽管纸张染潢的说法在魏晋时已多次出现，且有翔实的染潢技术记录，但这些史料都未提及染潢的防虫避蠹功能。即使是论述染潢最不吝笔墨的《齐民要术》，大篇幅记录了纸张染潢的过程及需要注意的细节，却也只字未提染潢可以防虫。倒是在《齐民要术》中另有一篇《上犊车篷軬及糊屏风、书帙令不生虫法》提到石灰水制糨糊可以防书帙生虫的办法：

水浸石灰，经一宿，挹取汁，以和豆黏及作面糊，则无虫。若黏纸写书，入潢则黑矣。

这里虽提到"入潢",但只是说用这种糨糊黏纸写书,入潢易发黑,起防虫效果的还是这种特殊配方的糨糊。目前发现最早确切提到纸张染潢后少虫蛀的,可能是唐高宗上元二年的一份诏书。据《旧唐书·高宗本纪》卷五记载:

> 戊午,敕制比用白纸,多为虫蠹,今后尚书省下诸司、州、县,宜并用黄纸。

诏书提到唐人发现黄纸和白纸在防虫效果上存在差别,白纸易遭虫蛀。仔细琢磨诏书表达的意涵:重要的文件用白纸书写,容易被虫蛀,以后大家都统一改用黄纸。专门发诏书强调这件事,表明黄纸防虫在当时还不是普遍通用的办法,很多重要的文件尚未用黄纸。现在内府发现了黄纸虫蛀更少这一特殊效果,于是专门发布诏书,令尚书省下诸司、州、县今后统一使用黄纸。这种表述似乎非常明显地提示:黄纸防虫的功能很有可能是在唐高宗时期才发现的。

这份诏书在唐宋其他文献中也常有提及,如宋苏易简《文房四谱》载:

> 贞观中始用黄纸写敕制。高宗上元二年诏曰:诏敕施行,既为永式,比用白纸,多有虫蠹。宜令今后尚书省颁下诸司诸州县,宜并用黄纸。

苏易简明确提到用黄纸写敕制由贞观中期开始,这就非常明显了,如果早在魏晋时就知道黄檗染纸能够防虫,那为何要等到贞观时才专门发诏书要求重要文件用黄纸?这显然不合逻辑。苏易简《文房四谱》的描述跟《旧唐书·本纪》的记载,潜台词似乎非常一致:黄纸的避蠹功能始发现于唐代。

到了宋代以后,提及染潢避蠹的史料就开始逐渐增多,北宋宋祁《宋景文公笔记》"释俗"提到:

> 古人写书,尽用黄纸,故谓之"黄卷"……或曰:"古人何须用黄纸?"曰:"檗染之,可用辟蟫。今台家诏敕用黄,故私家避不敢用。"

南宋罗愿《尔雅翼》:

后世书敕用黄纸，味既苦而虫不生。

南宋王楙《野客丛书》卷八《禁用黄》记载：

《东斋杂记》："治平间，以馆中多书蠹，更以黄纸写。"

南宋李焘《续资治通鉴长编》卷一百八十九云：

嘉祐四年二月，置馆阁编定书籍官，别用黄纸印写正本，以防蛀败。

此后，黄檗染纸可以避蠹的说法就非常普遍了，以至于后人常常误以为黄檗染纸最初就是为了防虫。仔细对比唐代诏书总结经验式的论述方式，以及宋人开始集中提及染潢避蠹，明显给人这样一种印象：纸张染潢后有防虫的效果，可能是唐人在实践中总结出来的经验，此前虽然在诏书、写经等场景也用到黄纸，但都没有强调专为防虫。高宗时发现了黄纸避蠹的功能，发诏书以成公文用纸范式。对比宋人言黄纸常提及防蛀，而《齐民要术》长篇大论却只字不提，这种明显的差异或许只能用魏晋人尚不知染潢避蠹来解释。

（三）染潢防虫的实际效果有限

纸张染潢防虫的基本原理，一般认为是黄檗所含的小檗碱（亦称黄连素）具有杀菌抗虫的功效[8]。小檗碱是黄檗汁液中主要的染色剂，着染于纸张之后，赋予纸张拒虫食的特性。不过这种说法比较泛，查阅相关文献，发现小檗碱的功效一般被描述为"抗菌抗原虫"[9]，需要指出的是，"原虫"是单细胞生物，跟书虫不是一回事。以小檗碱制作的药品盐酸小檗碱，《药典》中注明的作用只是"抗菌药"[10]，并没有提及杀虫抗虫的效果。纸张染潢的防虫能力，目前尚未发现比较确凿的依据。

在文献保护领域，一些学者论述纸张染潢的防虫效果时，常常会提到以敦煌遗书、西域文书、晋唐写经当中经过黄檗染色的纸张，较少发生虫蛀，认为这是染潢防虫的最好实证。其实这类纸本少遭虫害，容易被忽视又非常重要的一项因素是其存放的环境干燥寒冷，不适合虫子的生长。而且虽说这类文献虫蛀少，但并非没有虫蛀。尤其是民国时敦煌遗书被世人发现，许多经卷流散到东部温暖湿润地区，有不少就因保存不当招致虫蛀（如图2）。另外，日本也保存有大量奈良以降的染潢纸本写经,由于当地温暖湿润的海洋性气候,纸质书籍易生虫害,许多经卷遭受虫蛀(如图3),即便是经过染潢也难以幸免[11]。纸张染潢的防虫效果,或许有些名不副实。

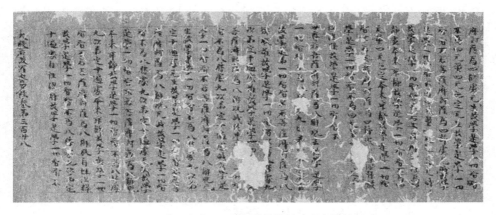

图2 中国书店2008年秋拍敦煌遗书虫蛀情况

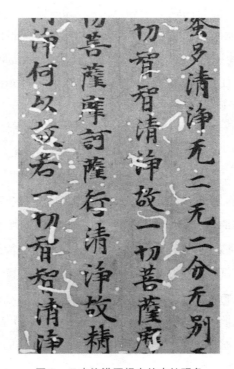

图3 日本染潢写经中的虫蛀现象

针对染潢纸张的防虫效果,山东省图书馆李勇慧副馆长曾指导研究生桑丽娜做过实验验证[12]。将不同浓度黄檗汁液染过的纸样和一种黄胸散白蚁一起置于保鲜盒中，设置好适于白蚁生存的温湿度环境。经过一段时间以后，发现未染色纸样都有虫蛀，染色纸样当中，浓度较低的也都有虫蛀，随着浓度的升高，虫蛀逐渐减少，但并不能完全杜绝虫蛀。即便是5%这种实践中很少使用的高浓度，也有部分样品被蛀。从该实验的结果来看，黄檗染纸具有一定程度的防虫效果，但效果有限，并不能完全防止白蚁蛀食。此外，纸质文献害虫种类繁多，每种害虫的食性也有不同，染潢纸张对其他种类文献害虫的防护效果仍需实验验证。

总之，不论是从存世染潢文献虫蛀的实际情况，还是染潢纸样防虫实验的结果来看，纸张染潢之后防虫避蠹的效果，总体而言比较有限，在同等条件下较白纸有一定的趋避性，但并没有人们认为的那样好，那么明显。

三、早期纸张染潢的主要原因分析

（一）纸张染潢可能是简牍形制和审美习惯的延续

魏晋时期纸张染潢的原因，在文献史料中并未发现时人留下只言片语的解释，或许在当时，使用"黄纸"习以为常，不需要特别说明。而人群中普遍认为习以为常的事，往往会有一定的认知基础。将书写纸张染成黄色，或许就存在这种既有的认知基础。

在纸张出现之前，书写的主要材料是简牍，这种竹木材料本色就是黄色，人们在长条形的简牍片上竖向书写文字，由上到下，从右向左，多片简牍编连成策，然后由左向右卷成一卷，这是简策最常见的形制[13]。

东晋桓玄篡位称帝之后，颁布了著名的"以纸代简令"："古无纸，故用简，非主于敬也，今诸用简者，皆以黄纸代之。"从此在官方文书中，黄纸全面替代简牍。由竹木简牍到染色的黄纸，虽然材料发生改变，但简牍的书写方式、规格形貌，全都在纸张上延续下来。早期纸本尺寸与成卷简策大致接近，纸上要打好界栏，界栏宽度与竹简相近，书写从上往下，由右向左，写成之后再由左向右卷起，所有规矩与习惯基本与简牍（也包括帛书卷子装）如出一辙。从这个意义上来看，将纸张染成黄色，完全有理由认为是简牍外观颜色的沿袭，是人们对书写材料审美习惯的延续。

当新工具替代旧工具的时候，使用者往往会有一种惯性心理，总是希望新工具能兼顾旧工具的一些功能和使用习惯，只有这样的新工具才能获得更多认可与接纳。换句话说,旧工具的许多特征,因此得以在新工具上流传沿袭。这种情况不仅发生在魏晋时纸张与简牍的更替当中,在纸张传入欧洲替代羊皮纸,甚至今天电子文档替代纸质文档,都可以观察到类似现象。

造纸术由中国出发,经过波斯、中东传入欧洲,纸张的形制与使用习惯都发生很大变化。欧洲早期的纸本书基本沿袭了羊皮纸的书写、装帧和使用方式,纸张厚实挺括,可双面书写,方向也是从左到右,横向书写[14]。这些都跟纸张发源地的做法完全不同,纸张虽然替代了欧洲人熟悉的羊皮纸,但羊皮纸的形制和使用习惯却在纸上延续。

而今,随着计算机技术的飞速发展,电子文档的使用愈加广泛,许多方面已经部分替代纸质文档。从技术原理上来看,电子文档的形制几乎不受限制,可以随意设计成方形、圆形或其他任何形状。但现实是,计算机中的电子文档依然广泛沿用纸张的尺寸规格与书写习惯。也许有人将此归因于打印机的限制,电子文档与纸本的转换,决定它只能沿用纸本的形制。其实不论是打印的限制,还是魏晋时简牍的使用习惯,都是旧工具的固有认知留给新工具的范式和影响。

这种影响不仅发生在新旧工具之间,同时期的书写材料,也能观察到类似情况。如考古出土的帛书,很多会有工整的边栏界行[15],李致忠先生认为:"帛书的上下边栏是对简策书籍上下两道编绳的模仿,而两道竖行直线之间所形成的界格,则完全是对条条竹简的再现"[16]。其实缣帛本身并没有界栏限制,完全是简策的书写习惯被人为应用到缣帛上。

(二)纸张染潢可能与黄色的特殊意义有关

我国自古就有尊崇黄色的传统,《说文解字》载:"黄,地之色也。"《左传》则云:"黄,中之色也。"传统五行当中"土"对应方位中的"中"和五色中的"黄",黄色被认为是五色中的正色。古时凡神圣、庄重的物品常以黄色装饰,重要典籍、文书也以黄纸书写[17]。梳理魏晋时期提及"黄纸"的相关记载,不难发现,这些记载的潜台词里,基本都有庄重、重要文件的内涵:

陈寿《三国志》卷十四《魏书·刘放传》:

帝纳其言,以黄纸授放作诏。

西晋陆云《陆士龙集》卷八《与兄平原书》:

前集凡文为十二卷，适讫十一当潢之。

西晋荀勖《上穆天子书序》：

谨以二尺黄纸写上。请事平，以本简书及所新写，并付秘书缮写。藏之中经，副在三阁。

北齐魏收《魏书》列传第四十七：

既声穷于月旦，品定于黄纸，用效于名辈，事彰于台阁，则赏罚之途，差有商准……经奏之后，考功曹别书于黄纸、油帛。

唐徐坚《初学记》卷二十一引应德詹《桓玄伪事》：

古无纸，故用简，非主于敬也，今诸用简者，皆以黄纸代之。

唐房玄龄《晋书》列传第六：

吏访问，令写黄纸一鹿车。卞曰："刘卞非为人写黄纸者也。"

唐房玄龄《晋书》列传第二十三：

须臾有一小婢持封箱来，云："诏使写此文书。"鄙便惊起，视之，有一白纸，一青纸。催促云："陛下停待。"又小婢承福持笔研墨黄纸来，使写。

宋李昉等撰《太平御览》卷六百五引崔鸿《前燕录》：

慕容儁三年，广义将军岷山公黄纸上表，儁曰："吾名号未异于前，何宜便？尔自今但可白纸称疏。"

一些道经中也常提到黄纸,如南朝上清派重要科戒《太真玉帝四极明科经》卷五:

> 当以太岁、本命之日,向太岁上,赤书黄纸服之,赤书黄缯佩之。

道教最早类书,北周武帝宇文邕纂《无上秘要》卷二十七:

> 以立夏之日正中,丹书黄纸上,投水中沐浴,则内外炼化。

这一时期的黄纸,往往代表官方公文、重要的文章甚至诏书、表文这类与皇家有关的文书,亦是在宗教活动中用于抄写佛经、道经,书写道符。一些文献中还提到青白赤黑黄的"五色符",具有各自不同的效果,显然每种颜色代表不同的功能。不同领域的例证都说明黄色着重表达庄严、郑重之意,"黄纸"与"白纸",不仅仅颜色和使用范围的不同,黄纸更像是等级和庄重的象征。这种使用习惯在后世一直延续,黄纸常常被用于书写某些特定文书或用在某些特定场合。

日本学者富谷至先生对早期染色纸张的用途有系统研究,他认为魏晋时期宫廷纸张染色主要用于区分文书类型及其内容的重要程度。据《论衡·道虚篇》载:"物生也,色青;其熟也,色黄。"《玉海》卷六十四《诏令》条记载:"晋为诏,以青纸紫泥。宋泰始二年,军功除官者众,板不能供,始用黄纸。"青纸和黄纸在当时代表文书的重要程度不同:"一般诏书使用黄纸,(皇帝)手诏使用青纸。"[18]129 这种以颜色区分的习惯可能源自简牍时代包裹文书的布囊或纸张,以不同颜色以示区别,当纸张替代简牍之后,包装简牍的织物的颜色在纸张上得以延续。他认为:"在后代,黄纸有时是指具有除虫目的、用黄檗汁液染成的纸。但是,如果说作为书写材料的黄纸从开始出现时起就与防虫联系在一起,则是非常令人怀疑的……应该认为黄色包含着特殊意义。"[18]131 这种特殊意义,既包括某种文件规制的延续,同时也蕴含黄色所代表的庄重、尊贵之意。与黄纸同时使用的"青纸""白纸"都不涉及防虫目的,若仅认为黄纸是为了防虫,这显然也是不符合逻辑的。

(三)纸张染潢之后书写性能更佳

纸张染潢之后还有一项特点,过去很少被关注。当用黄檗汁染过,再经捶打、研光加工的黄纸，比未染色直接加工的白纸更加平滑光亮。黄檗汁液中除了着色的小檗碱等成分，还含有一定量的植物胶，这些胶质施于纸上，能够填充纤维之间的孔隙，使纸张的加工性更好，表面紧致平滑，光泽可鉴。书写时行笔流畅、着墨不洇不渗，墨液在纸面自然堆积，墨迹厚重，墨色乌亮、精神。

天水师范学院欧秀花用不同浓度的黄檗提取液染制手工纸，分析了染潢前后纸张的抗水性和耐折度，发现随着提取液浓度的增加，染潢纸的抗水性随之增加，提取液浓度在 3% 时抗水性最好，并认为是黄檗所含黏液质在纸张表面形成抗水层，不仅使纸张更稳定，也具有更好的耐久性[19]。这一实验结果也与很多书法爱好者使用染黄纸书写的感受一致，染过黄檗汁液的纸张不易洇墨，书写小字尤其是小楷，抄写经文时行笔更加流畅，笔画细节纤毫毕现，未经黄檗染的纸张则不具备这方面的优势。

笔者曾与纸坊合作试验纸张染潢，发现魏晋时常用的皮麻纸经染潢、捶打、研光之后，纸面明显平滑亮泽，光如凝冰，滑如涂脂（如图 4）。未染的同种白纸即便捶研时间更长，也很难达到黄纸光亮可人的程度。书写时黄纸也比白纸吃墨性更好，毛笔笔尖与纸面有非常好的亲和力，不滑不滞，墨迹着于纸面后能稳定均匀附着，不会洇散产生小毛刺，立体感也更强。

经过黄檗染黄的纸张在使用过程中的性能优势不仅会提升作品的书写效果，还会提高它在使用者心中的档次和地位。古代文人一直都有追求优良笔墨材料的倾向，认为"窗明几净，笔墨纸砚皆极精良，亦是人生一乐"。这或许也是当时人们更青睐使用黄纸，认为黄纸更加庄重尊贵的一个辅助因素。

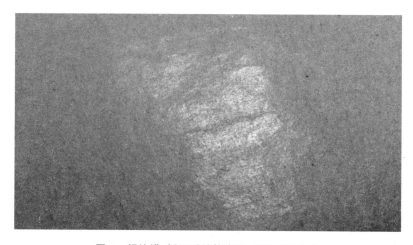

图 4　经染潢、捶研后的构皮纸，纸面平滑光亮

四、黄白籍制度见证简牍到黄纸的过渡

根据《太平御览》卷六百六引《晋令》中的记载："郡国诸户口黄籍,籍皆用一尺二寸札,已在官役者载名。"这里的"札"指的就是木牍,木材的本色就是黄色,用一尺二寸的木牍来登记户籍,成为当时官方制定的规范[20]。

2010 年甘肃张掖临泽新出土的 27 枚《田产争讼爰书》木牍,也提到当时的黄籍制度。这批木牍记载了一起发生于西晋愍帝建兴元年(313)十二月间孙氏兄弟争讼田产的民事纠纷案件[21],当中有这么一句:"会皆民盛,论列黄籍,从来四十余年。"需要指出的是,这是当时西北地区的一份民事文书,由此可以看出自《晋令》颁布以来,上至国政,下至县民,以黄籍登记的户口政策,推行得非常好,这时候黄籍的载体主要是简牍。

魏晋时期,随着造纸术的发展传播,纸张的使用越发普遍,与简牍处于并行混用的状态。在民间纸张使用较多,官方文书主要还是简牍,但也不乏用纸的记载。如曹操的《掾属进得失令》就鼓励僚属上书使用纸张,《三国志》卷十四《魏书·刘放传》也记载了明帝时"以黄纸授放作诏"。

两晋之际,衣冠南渡。当时以北方士族为主的东晋政权,把户籍分为两种:一种是登记北方迁来的侨姓之人,在当时算是临时户籍,以白纸书写,叫作白籍;一种是登记南方当地的土著居民,叫作黄籍[22]。关于此时户籍所用书写材料,亦有其他史料可供佐证:在《通典》卷三《食货·乡党》中记载梁武帝尚书令沈约的一段上疏,提到苏峻叛乱时烧掉了一批中央官署保存的户籍,由于简牍时代的户籍并不入中央保存,北师大张荣强教授据此认为当时的户籍应该是书写在纸上[23]。后来东晋皇室推行土断,将白籍逐渐编入黄籍。显然这里不难看出"黄籍"比"白籍"更加正式,这种黄白地位的区别,反映了黄色简牍所代表的正式性已逐渐向黄纸转移。到南朝时,"黄籍"一词就专指纸质户籍了,隋唐之后,"黄籍"也成为户籍的专称。

从简牍"黄籍"逐渐演化为纸质"黄籍",由竹木材料过渡为外观颜色、尺寸形制比较接近的"黄纸",既完成了旧的书写材料到新材料的过渡,也尽可能沿袭了旧材料的名称、形制、和使用习惯。

五、结语

综上,通过对纸张染潢的起源,文献史料中关于早期纸张染潢的相关记载

进行梳理和分析,并结合纸张染潢的实际防虫效果,后世文献对染潢纸张的记载与应用,可以初步形成以下结论:

纸张染潢大致起源于魏晋时期,唐以前的文献史料尚未发现有关染潢防虫的表述,将早期纸张染潢的主要原因归于防虫避蠹缺乏依据。尽管今天广泛认为纸张染潢是为了防虫,但并不能说明这项技术最初是为防虫而生。现有文献中染潢避蠹的说法最早见于唐高宗时期,可能来自唐人在实践中的经验总结,唐以后染潢防虫的说法才逐渐流行起来。

早期纸张染潢的主要原因,或与两个方面的因素有关:一是源于对简牍颜色的沿袭,是简牍时代形成的书写材料形制与审美习惯的一种延续;二是与古人以外观颜色区分文件类型的规制有关,黄色蕴含庄重、尊贵的特殊意义,在形式上与写经、公文及诏书等文件表达庄重的内涵相吻合。此外,染潢还有助于提升纸张的质感和书写性能,也可能成为人们青睐染潢纸张的重要因素。

（易晓辉,国家图书馆副研究馆员）

参考文献:

[1] 江苏新医学院编.中药大辞典:下册[M].上海:上海科学技术出版社,1986:2032.

[2] 栾成显.明代黄册制度起源考[J].中国社会经济史研究,1997（4）:34-43.

[3] 潘吉星.中国造纸史[M].上海:上海人民出版社,2009.

[4] 钱存训.钱存训文集:第二卷[M].北京:国家图书馆出版社,2012.

[5] 王国强,孟祥凤.中国古代文献保护方法发展的基本特征[J].图书馆论坛,2010(6):280-283.

[6] 刘仁庆.古代黄麻纸的发明者——葛洪[J].纸和造纸,2003（5）:75-76.

[7] 王淑珍.古代织绣品的保管及预防性保护——以北京艺术博物馆藏品为例[J].收藏家,2019（5）:92-94.

[8] 林明.中国古代纸张避蠹加工研究[J],图书馆,2012（2）:131-134.

[9] 唐一新,邵金耀.档案防虫草药黄柏的性质和作用[J].档案学通讯,1998（6）:55-56.

[10] 国家药典委员会.中华人民共和国药典:2015年版二部[M].北京:中国医药科技出版社,2015:875.

[11] 杨玉飞,张文良.日本古写经的研究现状与展望[J].世界宗教文化,2019（2）:

134-139.

[12] 桑丽娜. 黄蘖染纸防蠹研究与实践 [D]. 山东艺术学院,2020.

[13] 邓咏秋. 历代简牍形制特点概述 [J]. 河南图书馆学刊,2000（2）:89-92.

[14] 潘吉星. 中国科学技术史·造纸与印刷卷 [M]. 北京:科学出版社,1998:587.

[15] 李零. 简帛的形制与使用 [J]. 中国典籍与文化,2003（3）:4-11.

[16] 李致忠. 中国古代书籍的装帧形式与形制 [J]. 文献,2008（3）:3-17.

[17] 韩树峰. 汉晋时期的黄簿与黄籍 [J]. 史学月刊,2016（9）:18-33.

[18] 富谷至. 木简竹简述说的古代中国——书写材料的文化史 [M]. 刘恒武,译. 北京:人民出版社,2007,129.

[19] 欧秀花. 古代档案用纸——黄纸的复原及其性能的初步研究 [J]. 档案管理,2015（5）:32-35.

[20] 丁海斌,李晶晶. 中国古代"黄籍"一词源流考 [J]. 北京档案,2019（12）:7-11,20.

[21] 杨国誉. "田产争讼爰书"所展示的汉晋经济研究新视角——甘肃临泽县新出西晋简册释读与初探 [J]. 中国经济史研究,2012（1）:121-129.

[22] 雷震. 黄、白籍问题与"土断" [J]. 汉中师院学报（哲学社会科学版）,1992（1）:32-38.

[23] 张荣强. 中国古代书写载体与户籍制度的演变 [J]. 武汉大学学报（哲学社会科学版）,2019（3）:92-106.

古籍纸张无损检测方法的研究进展

The Development of Studies of Non-destructive Tests for Ancient Paper

王　旭

摘　要：古籍是独特的、珍贵的文献资源。让古籍活起来并且传承下去，开展对古籍纸张的研究和保护工作是必不可少的。一些纸张检测方法对纸张是有损的，不适合古籍，无损检测方法适用于古籍纸张的检测。本文介绍一些无损检测方法，如红外光谱法、拉曼光谱法、X射线荧光光谱法、质谱分析法、微区分析法、太赫兹光谱法和高光谱成像技术等，并对这些方法的应用进展进行分析，以便为古籍纸张的研究和保护提供思路和方法。

关键词：古籍；纸张；无损检测

2022年，中共中央办公厅、国务院办公厅印发《关于推进新时代古籍工作的意见》，要求完善古籍工作体系、提升古籍工作质量、加快古籍资源转化利用等。中华传统文化是中国独有的文化资源，从古籍中可以获得珍贵的文化知识和历史史料，要让古籍活起来并且传承下去，对古籍的保护和研究是必不可少的。对古籍纸张的材料、墨迹、染料、填料等的研究分析是开展古籍保护的重要基础工作。古籍纸张研究一方面可以获得纸张的性能，从而对古籍采取切实可行的保护措施；另一方面可以从纸张性能等信息关联到古籍的年代、地域等，为获取古籍的版本信息提供帮助，建立古籍纸张性能与版本之间的关联关系。

对古籍纸张进行研究分析的时候，一般先用与古籍纸张相似的现代手工纸或者模拟纸张进行研究，对现代手工纸和模拟纸张进行研究分析相对容易，可以对纸张进行各种仪器检测，无须考虑样品量，无须担心损坏样品。但是对相似纸张的研究不能代表古籍纸张的真实情况，还是需要对古籍纸张开展研究分析。对古籍纸张进行研究分析重点需要考虑检测方法不能损坏古籍，甚至微损分析也尽量避免，以免对古籍产生不可逆转的损失，因此古籍纸张研究分析优先考虑无损检测方法。

一、红外光谱法

红外光谱法是指用一定频率的红外光照射被测物质，被测物质的分子对不同波长的红外辐射吸收程度不同，从而产生不同波长、强度和形状的吸收峰。红外光谱法可检测的物质广泛，无机、有机、高分子化合物都可检测，因此广泛应用于物质分析中。古籍纸张的主要成分有纤维素、半纤维素和木质素，红外光谱法能直接反映出这三种组成物质。傅里叶变换红外光谱法具有检测灵敏度高、精度高、检测速度快等特点，成为古籍纸张检测的主要红外光谱法。特别是衰减全反射（ATR）附件的应用，这种附件不需要对样品进行任何处理就可以进行检测，也不会对样品造成任何损坏，适合对古籍纸张进行无损检测分析。

张旭等对复旦大学图书馆藏 8 部《诗经》类古籍进行红外光谱无损检测，获得红外谱图与二阶导数谱图，通过与已知纤维种类的现代手工纸的红外谱图和二阶导数谱图进行对比，初步判断古籍的纸张纤维种类[1]。易晓辉等采用近红外光谱分析方法，选取 100 张具有代表性的古籍纸张及修复用纸，获得近红外光谱图，建立预测模型，发现使用近红外光谱分析技术对纸张 pH 值、纤维聚合度、高锰酸钾值进行无损检测是可行的[2]。王敏等对几种皮纸和竹纸的红外光谱进行分析，并用一阶导数、二阶导数和四阶导数对数据进行处理，获得区分皮纸和竹纸的有效依据[3]。

古籍非常珍贵，对古籍的保护相当严格，将大量古籍提取出书库并在实验室进行无损检测分析有困难，因此便携式红外检测仪适用于在书库里对古籍纸张进行原位无损检测。张晓丹等介绍手持式傅里叶变换红外光谱仪，并配有单次反射 ATR 探头，适用于古籍纸张无损检测领域[4]。

由此可见，红外光谱法操作简单、快速，灵敏度高，准确率高，不需要对样品进行预处理，是很好的古籍纸张无损检测方法。尤其是手持式仪器，方便对古籍纸张进行原位无损检测。但是红外光谱法需要专业人员进行解谱。

二、拉曼光谱法

拉曼光谱是一种散射光谱。它是基于拉曼散射效应，对与入射光频率不同的散射光谱进行分析得到分子振动、转动等方面信息，并应用于分子结构研究。拉曼光谱测量只需少量样品，无需样品准备，样品直接通过光纤探头或者通过玻璃、石英和光纤对样品进行无损检测。

蔡梦玲等对西藏档案馆藏清朝圣旨所用的蜡笺纸进行拉曼光谱分析，结果表明纸张正反面的颜料均为铅丹，铅丹为主要着色成分，在一定条件下不太稳定，少部分变色生成了铅白和二氧化铅[5]。李涛等将拉曼光谱应用于清代和近现代手工纸涂层和涂料鉴别，拉曼光谱分析揭示了清代黄色蜡笺纸所使用的白色涂料、黄色染料以及表层蜡的成分，黄色蜡笺纸先经过藤黄染色，之后在两面涂布铅白形成涂层，最后上蜡[6]。张婵等对一张清代通草水彩画的颜料进行显微拉曼光谱分析，通过分析拉曼光谱的特征峰，初步判断红色颜料为铅丹，蓝色颜料为合成群青，并对其他颜料也进行了成分分析。群青和巴黎绿为人工合成颜料，首次合成时间分别是1830年和1814年，由此推测水彩画的年代为清代中晚期以后[7]。

出于对古籍安全的考虑，古籍不方便移动，便携式拉曼光谱仪适用于古籍纸张颜料、填料等的原位无损检测。徐文娟等用便携式拉曼光谱仪检测西藏博物馆藏普度明太祖长卷的绘画颜料，绘画材料以传统矿物颜料石青、石绿、朱砂等为主[8]。

该方法操作简单，能够高效、无损地检测古籍纸张颜料、填料和涂料等物质的成分。尤其是便携式仪器方便对古籍纸张进行原位无损检测。但是拉曼光谱法容易受到纸张本身荧光和其他物质荧光的影响，对拉曼光谱信号产生一定程度的干扰，导致拉曼光谱法应用的局限性。

三、X射线荧光光谱法

X射线荧光光谱法利用初级X射线光子激发待测物质中的原子，使之产生荧光而进行物质成分分析和化学态研究的方法。它是确定物质中微量元素的种类和含量的一种方法，具有分析快速、灵敏度高、无损检测、能同时对多元素进行分析等特点。X射线荧光光谱法适用于检测古籍纸张上颜料、填料、涂料和墨迹等物质的成分。

高路月等对清末一份奏折的材质和染色工艺进行了检测分析,使用 X 射线荧光光谱法对奏折的颜料进行了元素分析,黄色颜料检测出含量较高的 As 和 S 元素,朱批处含有相当量的 Hg 和 S 元素,进一步佐证奏折使用雌黄进行染黄,使用朱砂进行批示[9]。向雄志等对一幅创作于 1955 年的油画作品"穿着晚礼服的女士"通过 X 射线荧光光谱法进行了全区域颜料的材料成分分析,构建了油画主要元素的成分分布图,推断出颜料主要以无机矿物颜料为主,也有少量自制颜料以及有机颜料的采用,分析得到与油画时间、生产技术等相关的信息[10]。张学津等研究印谱文献中印蜕变色的机理,通过 X 射线荧光光谱分析发现,在发生印蜕变色的印谱中均含有铅元素,而未变色的样品中不含有铅元素,通过红外光谱分析为硬脂酸铅,从而分析印蜕变色是印泥中油脂老化后,与铅丹颜料反应形成硬脂酸铅,硬脂酸铅不稳定,易变色,最终导致印蜕变色[11]。

便携式 X 射线荧光光谱仪适用于对不方便移动的古籍进行原位无损检测。裔传臻等利用便携式 X 射线荧光光谱仪对民国时期纸币的颜料进行检测,X 射线荧光光谱仪可以检测出纸币上颜料的元素信息,结合拉曼光谱分析结果,推断出红色部分普遍使用有机合成染料,而蓝色、绿色、棕色部分普遍使用了普鲁士蓝、铅铬黄和炭黑等颜料[12]。

X 射线荧光光谱法无须对样品进行预处理,适合无损检测古籍纸张中的微量元素,灵敏度高,可以对纸张上的微量元素全面扫描,构建元素分布图。便携式仪器方便对古籍纸张进行原位无损检测。该方法需要注意的问题是,不同部位元素分布不均匀会对检测结果造成影响[13]。

四、质谱分析法

质谱分析法是一种测量离子质荷比(质量－电荷比)的分析方法,使样品中各组分在离子源中发生电离,生成不同荷质比的带电荷的离子,进入质量分析器,从而得到质谱图来确定其质量。通常将分离技术与质谱法相结合使用,从而高效快速地分析混合物成分。质谱分析法具有高特异性,高灵敏度,样品用量少,分析速度快,广泛地应用于化学、医药等多个领域。

气相色谱是用气体作为流动相的色谱法,是一种分离效率高、分析速度快的分离分析方法。气相色谱与质谱分析法联用适用于鉴别不同物质,尤其适用于对复杂混合物的定性和定量分析。丁莉等用气相色谱－质谱联用技术对国家博物馆藏《江友渚等七挖书画轴》天头用纸散发的气体进行了采集、分离和分析，天头纸样散发的挥发性有机化合物种类较多，有与纸张降解相关的化合物，有樟脑等挥发性有机物，还有大量沉香生物标记物[14]。这种方法可快速无损地采集古籍纸张散发的挥发性有机物成分，能够反映古籍纸张降解过程中发生的物质变化，为古籍纸张老化过程提供证据，但是对样品有一定要求，如果没有挥发性气体产生，则不能使用该方法进行检测。

原位质谱法是一种新型质谱方法，可以进行无损检测，其中大气压固体分析探针离子源－质谱技术可在大气压条件下实现样品的原位离子化，再进行质谱检测。魏乐等将原位质谱无损检测方法应用于纺织品文物的染料鉴定中，测试时只需将探头的玻璃毛细管一端轻触待测样品，痕量的样品信息即可加载到毛细管上，然后经过加热电离导入质谱进行分析。通过对故宫博物院馆藏文物马鞍坐垫上的染料进行检测，确定主要物质为靛蓝[15]。这种原位无损的痕量质谱检测方法可以尝试应用于古籍纸张染料的鉴别中。

质谱分析法中还有一种方法是 ^{14}C 加速器质谱法，可以对古籍纸张进行年代鉴定，但是加速器质谱法需要对古籍纸张进行取样，样品量为毫克级，不属于无损检测方法。李昭梅等采用 ^{14}C 加速器质谱法测定一幅明代山水画的年代，校正后的结果显示，所测古画为明代早期，与古画内容描述的时期一致[16]。

该方法检测快速，灵敏度高，特异性高，解谱相对容易，只需知道物质的分子量即可，但是质谱仪器比较昂贵，需由专业人员操作仪器。气相色谱－质谱联用技术对样品有一定要求，如果没有挥发性气体产生，则不能使用该方法检测。原位质谱法可实现对物质的痕量检测，但是只能检测小分子物质，大分子物质无法进行检测。加速器质谱法可以检测纸张年代，但是需要对纸张取样，不属于无损检测范畴。

五、微区分析

微区分析是指用微束或者微探针在样品表面 1 微米的面积内进行成分分析的技术，随着技术的发展，微区分析向纳米尺度延伸。微区分析常与光谱技术相结合，出现了微区红外光谱分析、微区拉曼光谱分析、微区 X 射线荧光光谱分析等，并逐渐应用于文物保护研究。微区分析方法分辨率高，扫描快速，不会破坏样品，可用于古籍纸张的无损检测。

郑利平等汇总了微区光谱联用技术在文物颜料成分分析、颜料降解褪色分析、保护效果评价等方面的应用,如微区 X 射线荧光光谱分析可以进行元素分析,微区光谱技术具有精准定位和扫描快速的特点[17]。何秋菊等对首都博物馆藏四件明代银器的锈蚀物使用微区拉曼光谱、微区 X 射线衍射仪进行了检测。微区拉曼的特征峰位说明银器表面有硫化银或氧化银等,还可能有残留的有机污染物。微区 X 射线元素分析灰黑色锈蚀物为辉铜银矿,褐色土锈为方解石碳酸钙等,为银器锈蚀的去除和防护提供依据[18]。高守雷等对德辅博物馆藏矿物颜料进行微区 X 射线荧光光谱分析,通过面扫描得到元素分布图,从而确定样品为磁铁矿[19]。

微区分析方法定位精准,扫描快速,灵敏度高,可对样品微区进行精确分析。微区分析与光谱技术联用可以消除光谱法的测量干扰,提高分析准确性,但是微区分析方法仪器比较昂贵,操作人员需掌握专业理论知识。

六、太赫兹光谱法

太赫兹光谱通常指的是频率在 0.1THz-10THz 之间的电磁波,属于远红外波段,包含着丰富的物理和化学信息。太赫兹光谱频率低、能量低,照射在古籍纸张上,不会对古籍产生任何损坏,属于无损检测方法。太赫兹光谱具有一定的穿透性,分辨率高,可以对检测物品层析成像,作为一种新兴技术广泛地应用于生物、医药、军事等多个领域。

闫春生等介绍了太赫兹吸收光谱,讲述太赫兹光谱在书画颜料、添加剂和纸张检测方面的应用[20]。孟田华等综述了太赫兹技术在文物无损检测中的研究进展,绘画类文物可以利用太赫兹光谱区分不同的颜料,还可以识别粘合剂。太赫兹技术还可以对绘画类文物进行层析成像,揭示涂层结构和材料类型。太赫兹仪器逐渐发展出现便携式仪器,方便对不可移动的文物进行现场检测[21]。杨静等讲述了太赫兹技术在绘画类文物上的应用,绘画材料太赫兹光谱数据库的建立对绘画材料鉴别有重要作用。太赫兹光谱不仅可以鉴别无机颜料,还可以鉴别有机颜料,太赫兹成像技术可以提供绘画类文物的绘画准备层、底稿层等的细节信息[22]。

太赫兹光谱法具有低能量、高分辨率、高穿透性、无损检测等优势,适合检测古籍纸张上的颜料、染料等,还可以对绘画纸张层位成像,今后在古籍纸张的无损检测中有着很好的应用前景。但是太赫兹波易被空气中的水分子吸收,信号受环境湿度影响较大。

七、高光谱成像技术

高光谱成像技术是基于众多窄波段的影像数据技术,将光谱技术与成像技术相结合,探测物体的二维几何空间信息,获得高光谱分辨率的连续、窄波段的图像数据。高光谱成像技术是一种新型的、非破坏性的、先进的光学技术,融合了传统的成像和光谱技术的优点,可以同时获得被检测物体的空间信息和光谱信息,因此不仅能检测物体的外部特征,还可以检测到物体的内部特征。在古籍纸张的无损检测中,高光谱成像技术可以提取隐藏的字迹、识别模糊的印章、鉴别颜料种类、得到颜料的浓度面分布等。

侯妙乐等用高光谱影像对中国近现代书画《捕鱼图》中的霉斑进行研究,提取霉斑丰度图,通过一系列技术实现书画表面霉斑的影像虚拟修复,为书画霉斑的清洗提供参考[23]。李广华等使用高光谱成像技术和 X 射线荧光面扫描技术对故宫所藏的两幅中国书画进行分析,通过高光谱成像技术提取了两幅画的底稿线信息,书画的底稿线和画面内容基本一致,还通过高光谱成像技术鉴别颜料种类,得到颜料朱砂、石青等的浓度面分布[24]。杨琴等用高光谱成像系统对中国国家博物馆藏宋元书画的印章进行分析,利用印章增强技术对模糊印章进行提取,提高了印章辨识准确性[25]。戴若辰等基于高光谱成像技术研究受狐斑侵染的纸质文物模拟样本,通过图像处理、特征波段提取、数据建模等过程,可以高效准确地识别纸质文物的狐斑,实现对狐斑的无损检测[26]。

高光谱成像技术结合了光谱技术与成像技术,扫描速度快,可以同时获得图像和光谱,得到古籍纸张的空间信息,适合于提取古籍纸张印章信息、隐藏信息等。但是高光谱成像技术采集的数据量巨大,对数据处理和计算能力要求较高。

八、结语

随着科技发展,出现各种新型检测手段,开发出新型检测仪器,陆续有新型检测方法应用到古籍纸张检测分析中,助力古籍纸张检测走向高精度、高质量、高分辨率,有效帮助古籍纸张性能研究,探索保护古籍的方法。尤其是非接触式无损检测分析方法的出现,带给古籍纸张检测分析多种选择。无损检测方法不损坏古籍,操作简单,快速高效获取检测结果,是古籍纸张检测的最优方法。无损检测分析在古籍纸张性能研究、古籍修复、古籍保护等方面发挥着重要作用。

　　每种无损检测方法有优势也有劣势,有各自适用范围和局限性,在选择检测方法之前需综合考虑各方面因素,选择适宜的无损检测方法。在古籍纸张性能检测分析过程中,可以考虑将几种无损检测方法联合使用,弥补单一检测方法的局限性,不同检测方法之间结果相互印证,确保检测结果的科学性、合理性。

　　对于珍贵的馆藏古籍,不方便移动,不方便在实验室进行各种检测分析,这时候各种手持式、便携式无损检测仪器的开发适用于进行古籍纸张的原位无损检测,可以将检测仪器带入书库进行移动式检测。例如:红外光谱、拉曼光谱、X射线荧光光谱、太赫兹光谱等检测方法都开发出便携式仪器,仪器方便小巧,便于携带,操作简单,具有高灵敏度和高分辨率,适用于古籍纸张的原位无损检测。

（王旭,北京大学图书馆副研究馆员）

参考文献:

　　[1]张旭,闫玥儿,杨光辉,等.8部《诗经》类古籍的红外光谱无损检测研究[J].复旦学报(自然科学版),2021,60（5）:655-664.

　　[2]易晓辉,龙堃,任珊珊,等.近红外光谱无损检测技术在古籍纸张性能分析中的可行性研究[J].文物保护与考古科学,2018,30（3）:21-32.

　　[3]王敏.傅里叶变换红外光谱在纸张材质鉴别中的应用初探[J].文物鉴定与鉴赏,2021,199（4）:82-84.

　　[4]张晓丹.手持式傅里叶变换红外光谱技术的特点及其在无损检测方面的应用[J].现代科学仪器,2013（4）:269-272.

　　[5]蔡梦玲,张美芳,张大海.西藏档案馆藏清朝圣旨所用纸张的检测与分析研究[J].档案学研究,2022（2）:130-135.

　　[6]李涛,刘闯,谷舟,等.无损鉴别古纸涂层及涂料的新方法[J].中国造纸,2019,38（12）:27-34.

　　[7]张婵.清代通草水彩画颜料的原位无损分析[J].光散射学报,2019,31（1）:60-65.

　　[8]徐文娟,褚昊,裔传臻,等.西藏博物馆藏普度明太祖长卷的调查和科学研究[J].文物保护与考古科学,2022,34（3）:19-28.

[9] 高路月,沈灵,张娟,等.清末奏折染色工艺的无损光谱分析[J].光谱学与光谱分析, 2023,43（4）:1063-1067.

[10] 向雄志,钟荣驱,高施韩,等.油画"穿着晚礼服的女士"XRF 的全域成分分析[J]. 光谱学与光谱分析,2022,42（12）:3913-3916.

[11] 张学津,陈刚.印谱文献中印蜕变色机理的相关研究[J].复旦学报（自然科学版）, 2023,62（1）:90-101.

[12] 裔传臻.中华民国三十四年中央银行纸币印刷颜料无损研究[J].文物保护与考古 科学,2021,33（3）:58-64.

[13] 龙堃.纸质文献无损检测方法的研究进展[J].中国造纸,2019,38（3）:78-81.

[14] 丁莉,杨琴,李郑.固相微萃取－气相色谱－质谱在《江友渚等七拉书画轴》挥发 性有机化合物分析中的应用[J].文物保护与考古科学,2022,34（4）:105-113.

[15] 魏乐,王然.ASAP-MS 无损检测技术在靛蓝染纺织品文物鉴定中的应用[J].北京 服装学院学报（自然科学版）,2021,41（2）:1-6.

[16] 李昭梅,李文琳,孟安欣,等.古代字画加速器质谱 ^{14}C 测年研究[J].广西师范大学 学报（自然科学版）,2019,37（2）:38-43.

[17] 郑利平,王丽琴,赵星.微区光谱分析技术在文物颜料保护中的研究进展[J].光谱 学与光谱分析,2021,41（8）:2357-2363.

[18] 何秋菊,王显国.首都博物馆藏四件明代银器锈蚀产物分析及防护探讨[J].博物 院,2022,35（5）:6-14.

[19] 高守雷,张童心.德辅博物馆馆藏矿物颜料的科技分析[J].吉林师范大学学报（人 文社会科学版）,2020（1）:46-52.

[20] 闫春生,黄晨,韩松涛,等.古代纸质文物科学检测技术综述[J].中国光学,2020, 13（5）:936-964.

[21] 孟田华,赵国忠,王浩航,等.太赫兹无损检测在文物保护领域的研究进展[J].太 赫兹科学与电子信息学报,2023,21（2）:157-175.

[22] 杨静,邱杰夫,姜辉,等.太赫兹技术在绘画类文物上的应用与展望[J].红外与毫 米波学报,2022,41（1）:218-229.

[23] 侯妙乐,王庆民,谭丽,等.基于丰度反演及光谱变换的书画霉斑虚拟修复[J].文 物保护与考古科学,2023,35（2）:8-18.

[24] 李广华,陈垚,段佩权,等.中国书画文物研究中的自动高光谱扫描系统应用[J]. 中国博物馆,2021（S2）:180-185.

［25］杨琴,丁莉,姜鹏,等.基于高光谱成像的书画模糊印章信息增强研究［J］.中国国家博物馆馆刊,2023,228（7）:136-147.

［26］戴若辰,唐欢,汤斌,等.基于高光谱成像的纸质文物"狐斑"检测方法研究［J］.光谱学与光谱分析,2022,42（5）:1567-1571.

基层公共图书馆古籍修复面临的问题及措施

——以天水市图书馆古籍修复为例

The Problems and Measures of Restoring Ancient Books in Grassroots Public Libraries: Tianshui Library as an Example

魏琪曼

摘　要:全国古籍普查工作的结果显示,各公共图书馆的古籍存藏都有一定的藏量。由于基层公共图书馆的保存条件有限,所藏古籍亟须得到保护。随着国家对古籍保护事业重视程度的提升,基层公共图书馆的古籍修复也提上日程。有条件的基层公共图书馆已开展古籍修复工作,但在修复之初会遇到一些具体问题。本文结合工作实践,通过对修复之初出现的问题进行分析,提出相应的对策,以供基层公共图书馆开展古籍修复时进行参考。

关键词:古籍保护;古籍修复;人员素质;天水市图书馆

2022 年 4 月印发的《关于推进新时代古籍工作的意见》对古籍保护工作提供了全面系统的指导性意见,充分体现了国家对古籍保护以及古籍开发利用的高度重视。古籍是承载中华优秀传统文化的重要载体,经历了千百年的岁月洗礼,每一部古籍都是不可再生的文化资源,都是古人劳动智慧的结晶,能留存至今尤显珍贵。随着近年来国家对古籍保护工作的重视,基层公共图书馆也开展了大量的古籍保护工作。古籍修复是古籍保护的一个重要组成部分,许多基层公共图书馆古籍藏量都超过万余册,有些图书馆还被评为全国古籍重点保护单位,部分图书馆设立有古籍修复技艺传习所。基层公共图书馆作为中华典籍的主要存藏单位,宜充分挖掘古籍中优秀传统文化遗产,将破损严重的古籍加以修复,延长古籍的使用寿命,为后来者保留更多的优秀的传统文化作品,为今后古籍的整理开发和利用提供原始文献资料。以天水市图书馆古籍部为例,本馆现有馆藏古籍六万余册,2011年底在全省率先完成了馆藏古籍的普查工作,2014年10月被原文化部授予"全国古籍保护工作先进单位"的称号,2017年在甘肃省古籍保护中心指导下设立古籍修复传习所。笔者作为一名修复师,在近几年的古籍修复保护工作中,感触颇多。因此本文将结合自己的修复实践经历来具体分析一些古籍修复工作中的问题,以利于其他将开展古籍修复的基层图书馆在同等条件下,少走弯路,更好地完成古籍修复工作。

一、基层公共图书馆古籍破损概况及存在问题

基层公共图书馆由于受经费、馆舍条件所限,古籍主要以藏为主。以天水市图书馆为例,自建馆之初就有一部分珍贵古籍存藏。这些古籍得之不易,馆员倍感珍惜,为寻找好的保管场所,几易其址,1995年才从原城隍庙的平房搬到新盖的大楼里。当时的古籍保存现状不容乐观,馆藏古籍存在不同程度的损坏,主要表现有:(1)部分古籍破损严重。书皮封底残破不全,书叶霉变、酸化、虫蛀、鼠啮、水渍、污渍、烬毁、缺损、絮化、断线、书口开裂等现象;(2)古籍保管不善。基本以藏为主,无人整理,部分古籍又受到人为因素的破坏,如搬移腾挪、整理倒架、翻阅书籍等不小心都会造成脱页撕裂,从而对古籍造成损坏;(3)古籍书库保管条件欠佳。书库在平房,较为阴暗潮湿,多数是开放式书柜,没有防尘防虫、恒温恒湿的设备及防紫外线设施。有一年夏天发大水,雨水还淹进了书库,致使一部分古籍沾满了泥浆。现在图书馆的保管条件比起二十几年前是好多了,但搬到新馆古籍也未彻底整理,只是换了新的书柜存放。2011年通过在全国古籍普查平台登记古籍信息,我们才摸清了家底,但同时也发现馆藏的古籍有一部分破损严重,急需修复。我们又面临新的问题:(1)古籍酸化、絮化越来越严重。随着时间的流逝,部分受损古籍亟待修复;(2)修复室面积及设施不足。因为场地所限,我们的工作室既是陈列室又是修复室,而且连基本照明条件都不符合要求;(3)经费不足。没有经费购买所需用具,没有种类较多的纸样库,未配备先进的仪器检测设备;(4)古籍修复人员缺乏。真正参加过古籍修复培训只有两人。即使有修复人员,也因古籍修复方面的经验不

足不敢下手;(5)修复之前没有制定详细的修复方案。修复用具较为落后。修复师边干边学,这就使得修复出来的古籍和想象中的结果有差距。

二、基层公共图书馆古籍修复前期准备

基层公共图书馆必须根据古籍修复的四项原则为指导思想,依据本单位的实际情况,循序渐进地来开展古籍修复工作。先解决经费、设备、人员的问题,再解决技术方面的问题,边干边摸索,逐步积累经验以开展古籍修复。

如果修复刚开始不知该怎么选择所要修复的古籍,也没有修复经验,我们可以在拿到一部古籍后,先查询全国古籍普查登记基本数据库,对版本进行鉴定,判断是哪个朝代的版本,是普本还是善本。先选择普本来修复,选轻度破损,纸质较有张力,书叶较少的普通古籍先练手。我馆开始修复第一部古籍时,没有经验,挑选了破损比较严重,有烬毁、虫蛀、撕裂、折页、絮化、圆角等问题的《易经体注大全》卷二残卷一册,把这部书均分五份,每人二十叶。由于疫情影响,我们断断续续修复了两三个月的时间,从不敢下手,到敢于下手,再到出现问题,解决问题,纠正错误,总结经验,终于修复完毕。期间我们得到了甘肃省古籍保护中心何谋忠老师的亲临指导,从浆糊的制作要求,到如何选配纸张,用茶水染纸,用毛刷亲自示范,细到补纸搭口不超过2毫米,溜口溜边纸的裁法,补纸纹帘的一致,小到装订用的丝线选用和做旧,褶皱书叶的喷水抚平等,何老师无不详细地讲解示范,为大家答惑解疑,指出我们修复过程中出现的问题。我们也总结经验,将修复不合格的书叶重新返工,错误得到及时纠正。随后我们陆续修复了《高王观音经缘起》(修善堂)、手抄本88句《大悲咒》、三大家训之一的《王丰川家训节要》、雕刻精美的残卷《读书录》卷一至卷四、秦州张士英重刊的《大学章句或问》、油印本《庚子都门秋感十首》《太史张天如详节春秋纲目左传句解》残卷、善本《宋人小说》《楚辞评注》《渔洋诗话》等20余部古籍。

在熟练了整个修复流程,有了一定的修复经验后,我们再循序渐进增加修复难度,选择那些价值较高且急需抢救的古籍。在掌握了古籍修复基本技能后,有条件有能力的基层公共图书馆就可以正式开展古籍修复工作。按以下步骤进行:(1)首先联系省古保中心的专家做技术指导,提建议意见,建立纸样库,配备的一些修复用纸及修复工具,就可以开展简单的古籍修复。(2)制定修复方案计划和时间,要有计划和检查,不能让一部书的修复拖延太久,既浪费时间又浪费精力。多拍些照片留下图文档案,最好是每天都记录,也算是经

验的总结。（3）挑选破损不是很严重的古籍来修复,等技术熟练后再选择破损严重有文献价值的古籍修复。古籍修复开展一段时间后,再及时联系省古保中心的专家指导工作,及时发现问题马上解决问题,不至于一错再错。在修复古籍的过程中,如果再发现问题,可以利用现在的微信视频,联系专家做视频指导。（4）培养储备专业的古籍修复人才,选派人员到上级业务部门跟班学习古籍修复,以老带新形式,或招收有关古籍修复相关专业的毕业生。（5）在古籍保护经费逐年增加的情况下,陆续增添古籍修复用设备,做好长期古籍修复的准备工作。

三、基层公共图书馆古籍修复具体流程

基于以上情况,我们认为必须对古籍修复工作有所了解后,才能开展古籍的修复工作。经过近几年的修复实践工作,笔者进行了一些针对性实验,在此把经验分享给大家:

（一）建立修复档案

在修复一部古籍时必先建立完善它的修复档案,选用怎样的修复纸,制定怎样的修复方案,这是古籍修复的第一步。有了修复前的档案记载和修复后的图例对比,不仅让修复过程有据可依,还可以为后来修补者提供经验和依据。在修复的"四项基本原则"指导下,对待古籍不同的破损情况,采取相应繁简之分的修复措施,对普通版本的古籍要求"整旧如新",对善本珍本则要求"整旧如旧",以保持其自身的文物价值。

1. 拍书影

尽可能全面地拍摄书影,包括古籍的正面、侧面、反面、天头、地脚、书衣、书口、书脊,及书中泛黄脆化破损明显部位也要拍摄,将所拍书影修复前中后图上传至修复档案。

2. 填写修复档案

建立本单位的古籍修复档案,最好是能有纸质和电子版的修复档案,包括所修书籍的册数、版本、尺寸大小、装帧形式、书叶、护叶、纸张材质、厚度、酸碱度、破损情况、修复用材料及针对具体问题的修复方案。

3. 保留实物材料

包括修复用的纸样片,修复过程中从古籍上取下的各种实物材料,如丝线、纸捻、书皮、补纸等信息。尽可能多地保留古籍信息,包括书中所夹的纸条,

散落无处安放的残叶，只字碎片，不能因小而丢弃，旁边放小塑料袋，把零碎纸片都收集在一起，最后随书入库永久保存。

4.修复经验总结

主要填写此次修复得失经验总结，这也是非常重要的一步，前人对这部古籍的修复方法，后来人可以一目了然，也可用于古籍修复完毕后的整理验收。

（二）具体修复流程

古籍修复需要一个藏量较为丰富的纸样库，纸样库的建设主要是指修补古籍用的手工纸的收集建库。为保证古籍修复用纸的质量和数量，尽量满足有纸可用、有纸可选的条件，制订修复用纸标准，建立纸样库尤为重要。造纸原材料必须是纯天然植物原料，无论竹纸、皮纸、绵纸等，要求原材料都是纯植物，不添加任何化学成分；其次，在制作工艺上，也要求全程采用传统古法手工制作。

1.补纸宁浅勿深

先要认识纸张帘纹，这在初学者中最容易出错。有些修复初学者不认识帘纹，或认识帘纹修补书叶时也不对照帘纹，以为补丁在纸背，没有人看见就随意按破损的形状将其补上。殊不知帘纹的错位会影响到纸张遇水收缩的张力，从而影响纸张修补的效果。要修补好书叶，选配到合适的纸张是关键。借助纸张厚度测定仪、纸张酸碱度测仪、纸张亮度测仪、纸张纤维仪的测量数据，通过先进仪器匹配选择颜色接近的补纸，宁浅勿深。如果没有合适的配纸，可以通过国画颜料赭石、花青、藤黄或红茶、槐黄、栀子、橡碗子、板栗壳、墨汁等调色来染纸。

2.去污除尘

一部待修古籍拿到手里，先用毛刷拂去表面的浮尘，用镊子剔除书叶中的杂质异物，还可用揉好的面团粘掉灰尘。对于污渍，还需区分污渍、油污、水渍、墨渍、狐斑、霉菌斑等，针对具体问题用不同的方法。

3.补洞

古籍在以往的使用过程中，经受了磨损、絮化、霉蚀的伤害，特别是书根和书口最容易形成空洞。由于虫蛀、火烧、香烧等形成的残破大小不一，选定合适的补纸后就可开始补洞，此时需要具体问题具体分析。补书法主要针对虫蛀和鼠啮严重的古籍，修补残缺书叶时，要选合适的补纸对准帘纹，撕出缺损的大致图形，再涂上浆糊，搭边处以不超过 2 毫米为佳。以往修复时遇洞必补，如果是虫眼太多,可以只补半叶,这样对折以后看不出虫眼,而且修补后的书叶不至于太厚。

4. 注意线眼和纸钉眼

拆开后的古籍,线眼和纸钉眼都破损较大,有的甚至超过 1 厘米。如果搭边不超过 2 毫米,对书脑上的线眼和纸钉眼进行修补,势必造成修复时施浆过多,修复后又需加大锤平力度这两大弊端,特别是后者直接破坏了古籍纸张纤维,降低了纸张拉力,这对古籍又是一次机械性的损害。原则上对破损较小的线眼和纸钉眼可以不去补它,用水的张力使它舒展复原即可。如果是向内已破损到边栏、向外已破损到书背的线眼和纸钉眼就应该修补,或者修补单面书叶的线眼。

5. 喷水压平

书叶在修补后晾干时容易收缩而出现皱痕,特别是空气干燥时,这时就需在书叶上喷点水放上吸水纸,约三四张为一层,再盖上吸水纸。喷水的多少要根据具体情况,补破多的书叶就多喷点水,补破少的就少喷点水。总之喷水不宜过多,做到潮润即可。将书叶夹在硬板之间用石板或用压平机压实。

6. 齐栏墩齐

经过修补、折页后将书口和栏线对齐,通常以地脚处的下栏线为准,即使天头空白处大,上版栏线有点乱,也不会很难看。有少数古籍没有边栏,齐栏时取线标准应以书叶近书口处末的一个字脚为基准,在齐栏后把书口墩齐即可,墩齐时需注意不要在过硬的木板上墩,在上面垫一些纸,以防将修补好的书口墩伤。

7. 书叶锤平

书叶修补好后搭茬的地方会厚很多,锤平就是把 20 叶左右一沓墩齐书口和下脚,放到小铁台或石板上在上面垫一层吸水纸,用小圆锤或木锤在厚的地方锤平,边锤边用左手摸书叶,如发现仍有凸出的地方就继续锤平,直到平整为止。锤书也需注意力度不要过大,以不损伤书叶为准。

8. 装订

修复完的书叶经过压平、折叶、齐栏后用纸捻草订,将修补过程中参差不齐的书叶进行裁切,以保持书边的整齐和美观,前后加上护叶、封皮、封底依原装帧形式装订,在封面左上角贴上一条长方形签条。珍贵的古籍还须配上函套,以更有利于保存。

（三）水的使用

目前多数采用纯净水对书叶进行水洗，喷洒书叶，也可以在纯净水中加入脱酸的化学物质，必须注意的是，有些化学物质的处理会对书叶带来危害。我国古代有过关于洗书的记载。早在唐代的《历代名画记》中的《论装背褾轴》中，就提出了"古画必有积年尘埃，须用皂荚清水数宿渍之，平案扦去其尘垢，画复鲜明，色亦不落"的方法。我们也可借鉴古法尝试洗书，但洗书有风险，操作需谨慎。

经过试验对比，洗过的书叶有些会长于原书叶 1 毫米左右，需后期裁剪修整。对书叶进行清洗的目的可以概括为以下四点：

1. 去除或减少可溶于水的变质物质，如酸或有色成分。

2. 使得纸张更柔韧，增加纤维间的结合力。

3. 移除纸上粘贴物或粘合剂上的残留物。

4. 冲洗掉纸上的残留化学品或其他杂质。

这个过程中要注意，纸上的撕裂处、破损处、褶皱处、发霉处或其他类型的受损区域，在水洗中要格外小心，防止纸张洗涤移动时造成破裂。

（四）浆糊的使用

浆糊的制作方式不再累述，制作好的浆糊可以存放在小冰箱里，最多可存放一星期，根据修补的用纸调制稀稠。在修复过程中浆糊的浓度为 1%—3% 粘接效果最佳。稀了补出来的纸张粘性不够容易开裂，稠了修补完的纸张衔接处发厚发硬，容易出现褶皱，表面凹凸不平。对于浆糊的使用我们应该注意以下几点：

1. 浆糊的浓度要根据纸张薄厚区别对待，纸张厚的用稍稠点的浆糊，纸张薄的用稍稀一点的浆糊。

2. 对一些破损严重的书叶大多采取湿补的方法，这样可避免纸张张力不同造成修复后的平整不一，因此湿补时所用的浆糊相对稠一些。

3. 有些书叶破损不是很严重就采用干补的方法，调制的浆糊相对稀一些。

4. 有些书叶涂上浆糊易形成新的水渍，这时可采用湿补法，或在水渍处用毛笔蘸水，用吸水纸快速覆上，可淡化渍痕。

（五）古籍修复常用工具和设备

古籍修复工具细算起来有近 30 种，修复用工具有毛笔、鬃刷、排笔、尺子、针、锥子和敲锤、丝线、晾纸架、塑料薄膜、纸、镊子、针锥、浆糊碗和浆盆、竹起子、剪刀、喷水壶、裁纸刀、裁板、压书板、抹布、纸张酸碱度检测仪、亮度仪、厚度仪、高倍放大镜、压书机等。最好能有专门的古籍除尘台，古籍书叶、封皮上往往存在有大量的病毒和细菌,因此古籍应先在专门的除尘台上除尘。工作时要养成良好的习惯,使用自己的配套工具,例如镊子,有人习惯用弯头,有人习惯用尖头,有人习惯用平头;竹起子不能过于尖锐锋利,要圆头有一定的弹性;毛刷、毛笔要全羊毛的柔软且不掉毛;鬃刷须经煮沸打磨,使之韧而有劲,每次用完把自己的工具打理干净。

（六）古籍修复人才队伍建设

目前基层图书馆的古籍修复人才还是比较紧缺,年龄偏大。以我馆为例,现有古籍修复人员 5 名,其中 3 名中级职称,2 名初级职称,平均年龄 47 岁。我们没有具体的分工,古籍编目、古籍普查、古籍函套制作、古籍修复都一起干。现有的 5 名人员在古籍部待了最短也有 15 年以上,熟悉古籍工作,也有强烈的责任心和保护古籍的使命感。但是面对经费紧张、财政困难、业务培训机会少等困难,我们也是心有余而力不足。自 2022 年以来,在市委宣传部及上级部门的重视领导下,我馆积极主动向政府申请专项经费,争取地方财政支持的基础上,面向社会公开招聘专业的古籍修复人员,从历史学、古典文献学、文物修复与保护专业的毕业生中遴选人才。今后还应加强对古籍保护工作人员的培训,增强古籍修复人员队伍的稳定性。每年可定期或不定期地派员参加古籍修复培训班,只要有机会无论线上线下都应动员古籍修复人员参与学习,这也是向同行学习交流经验,提高业务水平的过程。

古籍修复人员还应注意以下问题:

1.古籍修复人员具备工匠精神,古籍修复是个良心活,"修合无人见,存心有天知",古籍修复人员需有强烈的责任心,以尽职尽责的奉献精神投入到古籍修复当中。

2.古籍修复人员需具备古典文献学、历史学、篆刻书法知识,具有基本的古籍鉴定常识,判定古籍的珍藏价值,断定古籍的版本形式。古籍修复人员还需不断地学习新知识和新的修复技能,加强与同行之间的学习和经验交流。

3.古籍修复人员需做好自己的防护。古籍书库危害工作人员建库的因素主要有灰尘、空气、细菌、霉菌、螨虫、防虫药物等污染,需做好古籍书库的通风,制定古籍书库杀菌消毒制度。据了解,很多古籍修复人员都有不同程度的鼻炎、皮炎、皮肤过敏等疾病。因此,修书之前的除尘很有必要,工作人员还须戴好口罩,修完之后做好双手的清洁消毒,工作服应定期清洗消毒。

为了培养古籍修复人才的后备,还须依托当地高校,以院校合作办学培养古籍修复后备人才，以图书馆丰富的馆藏古籍资源，为学生们提供古籍修复实习基地，使学生们得到实践操作锻炼，真正将所学知识应用到实践中，为将来古籍修复人才储备中坚力量。

四、结语

基层图书馆要做好古籍修复须处理的问题远不止上述这些。一部完整修补好的古籍，凝聚着古籍修复师的心血和汗水。万事开头难，"不遇良工，宁存故物"，这是古人对古籍修复者的要求。可是每一名修复者都是从最初的不会到会，从不熟练到熟练，不能因为害怕自己做不好而不去做，也不能因为求快而粗制滥造，而应该潜心钻研技术，努力学习技能，由浅入深，由易到难，向同行学习；还可利用互联网在网上学习，有机会参加培训班学习，在具体的实际操作中，在总结前人的经验基础上由"拙工"蜕变为"良工"。古籍的损坏和老化是不可逆的变化，古籍修复人员只有一边提高修复效率，一边学习用科学先进的仪器和设备对古籍进行保护，防止人为和自然灾害对古籍的损坏，才可以有效延缓古籍衰老变质的速度，才可以使古籍长久地保存下去。

道阻且长，行则将至，行而不辍，未来可期。我们每一个基层图书馆的古籍工作者都应立足本职工作，增进古籍保护意识，使古籍得以传承，为今后古籍的开发利用打好基础，充分挖掘古籍中的优秀传统文化遗产，发挥好基层公共图书馆在当地文化建设主阵地中的引领带头作用。

（魏琪曼，甘肃省天水市图书馆古籍部馆员）

一部喜乐斯藏书修复纪实

A Repair Record of *Lexicon Caesarianum* from the Hilles Collection

张垣帛

　　摘　要：《剖腹产词典》（*Lexicon Caesarianum*）出版于 1887 年，是一部专业词汇字典，共计三卷。该书早年收藏于哈佛大学拉德克利夫学院图书馆，后由哈佛大学无偿捐献给中山大学图书馆，为喜乐斯专藏文献之一。该字典装帧形式及破损特征具有典型性。本文从藏书概况、破损情况、修复材料及修复过程等方面进行论述和纪实，以期为同类型西文文献的修复工作提供参考。

　　关键词：西文古籍；古籍修复；喜乐斯藏书

　　喜乐斯藏书是美国哈佛大学哈佛学院图书馆于 2004 年捐献给中山大学的一批文献，约 12 万种，15 万余册。其中英文文献为主，少量其他语种文献，很多珍贵文献如今已无法购置[1]。《剖腹产词典》（*Lexicon Caesarianum*）共三卷，是一部拉丁文专业词汇字典，装帧形制为四分之一皮质精装书，金属活字印本，是喜乐斯藏书中较为少见的小语种工具书。封面板环衬贴有拉德克利夫学院图书馆藏书票，十分精美，下方手写 "The gift of Edgan Scott"（捐赠人爱德格·斯科特）。拉德克利夫学院建校于 1879 年，位于美国马萨诸塞州，是一所专门招收女子的本科院校，也是美国七姐妹学院之一，1999 年全面整合到哈佛大学。拉德克利夫学院创办初年，以教师留给学生的教学参考书为基础逐步建立了学院图书馆[2]。由于捐赠人爱德格·斯科特（Edgan Scott）的信息难以考证，所以笔者大胆推测本次修复对象可能为当时学生或教师的捐赠书籍。

一、藏书概况

（一）基本信息

《剖腹产词典》（*Lexicon Caesarianum*）出版于 1887 年，皮质精装书，书脊、书脑及封面板四角由棕褐色牛皮纸包裹，其余部位为咖色冲皮纸。书芯大致保存完好，书页为机制纸，光泽度不强，触摸及肉眼观察，可明显感受到文字有轻微凹陷或凸起，判断为金属活字印刷，纸张酸化，触碰易碎。书脊皮面有烫金花纹，由于年代久远，纹样信息已丢失。书口及天头、地脚处均印有蓝色岩脉状大理石纹装饰，具有浓郁的西方文献装帧特色，现藏于中山大学图书馆，是集收藏价值、学术价值及艺术欣赏价值于一体的一部专业文献。

（二）破损情况

因文献出版年代较久，又几经辗转流传至国内，磨损十分严重。笔者在正式开展修复工作前，对文献的各处结构及破损情况进行统计，为下一步制订修复方案提供依据，具体如下：

封面板：材质为灰板，保存相对完好，与书芯完全分离，有轻微变形。书脊、书脑及四处包角的皮料已完全老化皲裂，翻动过程会散落暗红色粉末（即"赤腐病"），书脑、包角处有机器压印的纹理。

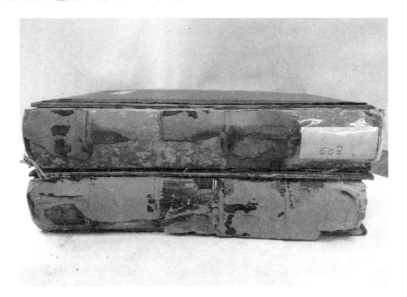

图 1 文献原貌

书脊：书脊信息尽数遗失，仅可隐约看到曾有烫金痕迹，中条板缺失，有 4

条假竹节。

书背：书背处有残留背条纸，可看到老化失效的骨胶及残缺的空腔纸，书页由铁钉装订。

环衬：环衬与书芯第一帖缝制在一起，靠近书口处有轻微破损和撕裂。

搭头布：磨损较严重，从外部看不甚明显，拆开书背后可以清晰发现搭头布残余。

书芯：书芯保存良好，少量书页边缘有撕裂。

二、修复方案与材料准备

（一）修复原则及方案

"修旧如旧，过程可逆"是指导中华古籍修复的根本原则，同样适用于西文文献的修复工作。但修复过程中由于部分客观因素的限制，可能无法达到完全还原。本书的装帧是非常典型的西文精装形式，书脊处曾有烫金装饰，书脑和四处包角有机器压印的纹理。因修复设备有限，这两处无法恢复原貌。拆解过程中，可以清晰地看出环衬、竹节、腔背等部位的原始形态，因此在修复过程中要尽可能保留原有处理方式。

此外，正是由于前人在修复过程中使用了不恰当的装订方法，对书页造成了破坏，为二次修复带来了困难。因此，此次修复时，应更加重视修复的可逆性原则。在制订和选择修复方案时，要为今后可能需要的后期修复工作留有余地，最大程度地避免和减轻对古籍的再次伤害。

基于上述原则，最终制订如下修复方案：①在通风橱内进行书籍清理。②揭开书脊，用浓度5%的MC去除骨胶，并拆除书帖上的铁钉。③还原环衬形式，对书页进行补破和加固。④去除老化皮料。⑤更换封面板、书脑及包角处的皮料。⑥制作搭头布、空腔、竹节后，将书芯与封面板重新连接。

（二）修复材料准备

1. 皮料染色

正式染皮前，先裁一小块边角进行颜色测试，晾干后对比原皮料，防止色差。选择皮料时，先检查好纹理，裁切时尽量避开有蚊虫叮咬过或有伤疤的部位，一来便于染色均匀，二来便于后期削皮。染好后在皮料下方垫好报纸，平放在晾纸架上，自然晾干。晾干过程中尽量不要人为借助外力，如电吹风等设备加快皮料干燥速度，原因是一方面有可能造成皮料干燥后颜色不均，另一方面高温加热对皮料本身有一定损害。染皮时采用画圈手法，力度尽量保持均匀，这样染好的皮料才能色泽匀称。

2. 准备补纸

选择染过色的米黄色桑皮纸对书页进行局部加固，用针锥在皮纸上分别划出宽度为 0.6mm 和 0.8mm 两种规格的皮纸条，然后沿线撕下，以便保留纸张的纤维，既美观又增加了对纸张的拉力。

3. 环衬结构复原模拟

在对环衬进行正式修复前，先对原书环衬的装帧形式进行局部模拟，便于后期复原整书结构。将 4 张 B5 打印纸对折作为书芯的第一帖，取一张金色珠光彩印纸模拟环衬，在靠近书脊处回折出宽度约为 0.5cm 的"小耳朵"，另取一条长度与书芯相等、宽度为 2cm 的布条将环衬和第一帖书芯包裹住，用棉线缝合。

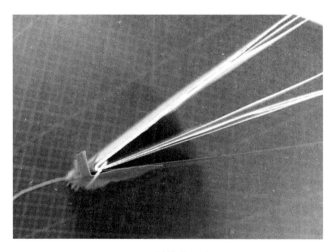

图 2　环衬结构示意图

三、修复过程

（一）书脊处理

清理书背前，先裁取一条与书脊等长的纸条，画好竹节的初始位置，以便后期还原。揭开书背后，发现书帖之间由细密的铁钉装订，铁钉已完全生锈，部分铁钉断裂，纱布腐朽失去拉力。若继续保留铁钉的装订方式，一是会对书页造成进一步污染，二是不更换旧纱布，直接贴上新纱布，会导致新纱布与旧有骨胶之间的贴合力不稳固，造成再次断裂。通过观察纱布、铁钉、亚麻线的位置,以及书芯内的针孔,可以推测最初的装订形式为线装,前人在修复时先用纱布对原有书帖浆背,然后再用铁钉代替亚麻线对书帖进行装订,做空腔,贴假竹节,最后连接封面板。因此,笔者决定先将书脊处的骨胶清理干净,而后拆除铁钉,恢复线装。

图3 拆除铁钉

（二）书芯处理

去胶并拆除铁钉后,用桑皮纸对断裂的书脊溜口,用薄皮纸对破损位置进行修复。重新折好书帖后,分帖锤平,并放入压书机中。

（三）皮料处理

皮料选用植鞣革头层牛皮,厚度为1mm。由于皮革表面经过处理,比较光滑,经过染色后有轻微反光现象,因此要对皮革表面做轻微擦拭。根据书脊宽度裁好皮料尺寸后,在皮料内侧用中性笔画出需要打薄的区域,准备好用于削皮的各类型号的刀具、磨刀板、磨刀膏、光滑的大理石板。削皮时,注意用刀姿势,上身保持正直,由内向外推刀,左手按住皮料,右手用力要均匀流畅,适时用磨刀板打磨刀刃,保持其锋利度,注意避免过度拉扯皮料导致变形。经过削皮和打磨之后,皮料平均厚度约在0.4mm—0.5mm之间,与原始皮料厚度相近。

（四）环衬处理

更换新纱布,需将原有环衬靠近书脊位置揭开约2.5cm的空间。将封面板平放于桌面,环衬向上,表面覆盖一层Gore-tex（戈尔特斯:单向防水透气材料）薄膜,将包有塑料薄膜的热毛巾折叠覆盖在需要揭开的部位,用压铁固定。

根据纸张厚度及透水性，每15—30分钟观察并尝试揭开环衬。

（五）搭头布处理

原搭头布由薄布包裹线条制作而成，由于磨损严重，只残留下书背中的少部分。因此笔者采用丙烯染料对新搭头布进行做旧处理后还原。

（六）封面板处理

拆除封面板上书脑和包角处的皮料，用口腔器将接口处揭开约0.8cm的空隙，再将事先削好的包角用厚浆糊重新包裹。

图4　更换包角

（七）装订（跳帖缝线）

正式装订之前，检查好页码是否错漏，书页是否修复完整。各项信息正确之后，先模拟出跳帖缝线的示意图，按照计算好的缝线位置重新打眼（左右两侧各四眼），开始缝线。由于书帖较多，如果两侧分开缝线会导致先缝合起来的一侧无法翻动，影响另一侧缝线，因此需两人，从左右两侧同时入针缝线。

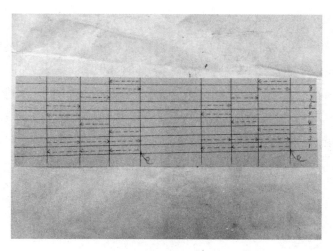

图 5　跳帖缝线示意图

（八）结构还原

　　将书芯夹在整理架上，用厚浆糊浆背，待半干时用锤子敲出需要的书脊弧度。起脊后，依次上好背条纸、搭头布、纱布、空腔、中条板、假竹节。在皮料内侧涂厚浆糊，贴紧书背用骨刀为假竹节塑形。并用亚麻线在整理架上勒出竹节形状。书背固定后，用厚浆将书脑处多余的皮子塞进封面板冲皮纸下方，书头、书脚处皮子回折塞进搭头布与中条板之间的空隙，用口腔器和骨刀辅助，挤出多余浆糊，使皮子与封面板紧密贴合。最后用厚浆糊连接纱布、环衬与封面板。

图 6　圆背效果

图 7　书脊复原

（九）修复效果

通过更换封面板皮料,解决了"赤腐病"问题,可以延长封面板的使用寿命;结构上还原了书籍装帧原貌,达到了"修旧如旧"的要求;加固书页和浆背时所用黏合剂为手打浆糊,使所有环节符合"可逆性"原则;采用跳帖缝线的装订形式,虽然对书芯的缝线方式做了调整,但并不影响原装帧形式,且避免了原铁钉装帧产生的铁锈对书页的污染,有效保护书页。修复后达到延长图书使用寿命的作用,保障有限度的自由翻阅等预期目标。

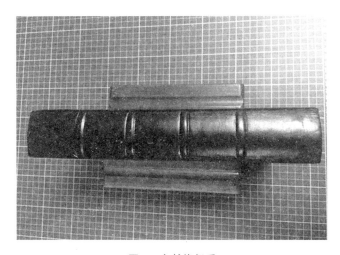

图 8　文献修复后

四、修复难点及经验总结

（一）削皮技巧与常见问题

选皮料时要尽量选择厚度适中,避开蚊虫叮咬、疤痕等有瑕疵的部位,这样才能保证皮料染色后更加均匀。手工削皮时需用力均匀流畅,勤用磨刀板打磨刀刃,保持其锋利度。皮子下方垫质地坚硬的大理石,保持大理石表面的光滑整洁,以防削下来的皮料碎屑在正面留下痕迹影响美观。使用小型削皮机打薄皮料边缘时,要注意拉扯力度,力度越大,重复削皮的次数越多,皮料边缘越容易变形成波浪状。由于皮料本身可能存在厚度不均等问题,在削皮时要随时调整刀片位置,防止刀片割破皮料。

（二）结构复原的要点

旧封面板强度已经大不如前,纸板内部已有松动出现分层,所以在重新上皮时,将书脑处皮料塞进封面板的冲皮纸下方,这一步骤极易出现问题。首先用力要适度,在确保粘贴稳固之后再翻动封面板,如果在半干情况下翻动,极易出现浆糊将上层纸板粘起与下层纸板脱离的情况。上好皮料后,要在涂有浆糊的位置垫好无纺布等可以隔绝浆糊的材料,放置在整理架内夹紧,等待干燥,不可操之过急。

（三）缝线

装订缝线时,要选择粗细适中、强度较好的亚麻线或棉线,重新装订时要尽量保证新线的粗细规格小于等于原来的缝线规格。在书页帖数较多的情况下,为防止重新缝制后的书脊过厚,导致封面板无法还原,可以选择跳帖缝线的装订方式。但这种缝线方式存在以下几点问题仍需解决:一是书帖之间的连接不够牢固,松动性较大,对后期对齐书口造成较大困难。二是重新更换的皮料对封面板的拉力较大,若缝线过松,后期翻阅过程中书芯与封面板容易再次断裂。

（四）经验总结

此次修复的《剖腹产词典》（*Lexicon Caesarianum*）具有西文文献破损的一些常见特点,主要表现如下:

一是书籍结构破损最为严重。尤其是书脊和封面板材料的老化,出现不同程度的"赤腐病",因此在更换皮料时,要选择皮质较好、厚度适中的材料,掌握削皮技巧,避免更换材料后的封面板出现高度差。

二是黏合剂选用骨胶。在去胶过程中要控制好 MC 的浓度及其与书脊接触的时长,控制刮胶时的力度,防止外侧书页被刮破。

三是机制纸易酸化焦脆,翻动过程中要轻拿轻放,补破及加固时应选择颜色、厚度适中的皮纸进行修复。对老化比较严重的书籍,可以制作配套的无酸装具,延长保存寿命。

该文献在前人修复时,将线装改为铁钉装较为少见,这也为今后西文文献的修复工作提供了经验:①选择强度较好、粗细合适的线重新缝帖。②当书帖较多时,常用的锁线装订法会增加书脊厚度,造成封面板无法还原,这种情况下可选择跳帖缝线的方式。③如果修复对象为成套书籍,在修复时要考虑形式的整体统一。

五、结语

通过对《剖腹产词典》（*Lexicon Caesarianum*）的修复,笔者深感西文古籍与中华古籍在装帧形式、纸张材质、破损特点等方面存在诸多差异。在开展此类文献的修复工作前,修复者更应科学严谨,了解西文文献的装帧历史、修复工具、修复材料等,做好充分的准备工作,保证修复效果。同时,也应与中华古籍的修复技巧融会贯通,结合实际情况,适当创新技法,让更多的西方文献在中华大地上焕发生机。

（张垣帛,广东省社会科学院图书馆古籍修复师）

参考文献:

[1]梁益铭,杨静,李久艳,等.远方来客,落地生根——中山大学图书馆喜乐斯专藏推介与利用[J].高校图书馆工作,2020（2）:4.

[2]程焕文,王蕾.喜于斯　乐于斯——哈佛大学喜乐斯藏书的东来及其影响[J].图书馆建设,2008（6）:100-103.

西藏昌都丁青县孜珠寺藏古籍考察记 *

A Survey of the Ancient Books Collected in Zizhu Temple in Dingqing County, Changdu, Tibet

萨仁高娃　王　沛　白　张　王建海

摘　要: 2023 年 5 月 15 日,"古象雄文化遗产调查及抢救性保护研究项目"课题组在西藏丁青县孜珠山(外象雄中心)启动古籍普查及调研座谈活动。本项目由中国经济时报社与国家古籍保护中心合作开展,在"中华古籍保护计划"框架下,对西藏昌都孜珠寺所藏藏文古籍开展调研,旨在深度挖掘古象雄文化遗产的时代价值,探索古籍的文物和文献价值,在古籍普查的基础上进一步做好原生性保护与再生性保护。本文作为"古象雄文化遗产调查及抢救性保护研究项目"成果之一,详尽记录了本次考察的项目背景、考察目的、考察情况,并对文献价值进行评估,提出下一步工作计划。

关键词: 西藏;古象雄;孜珠寺;苯教;古籍

2023 年 5 月 13 日至 17 日,中国经济时报社、国家古籍保护中心共同实施的"古象雄文化遗产调查及抢救性保护研究项目"组成专家团队,前往孜珠寺对寺藏古籍进行现场考察。考察团队由国务院发展研究中心、中国经济时报社、国际数字经济研究院、中国城市发展研究院、人民日报社、中国文化研究中心、国家图书馆(国家古籍保护中心)、西藏图书馆等相关专家组成。

---

* 本文为《古象雄文化遗产调查及抢救性保护研究项目》子课题《古象雄文化遗产及保护状况调查》研究成果之一。

一、考察背景

西藏东部地区,又称藏东地区,主要指昌都地区及林芝地区东部。昌都地区是目前我国苯教寺庙数量最多的一个地区,所辖丁青县、江达县、洛隆县、左贡县和八宿县均有苯教寺庙。其中,丁青县有 31 座[1]320,孜珠寺即其中之一,位于西藏昌都地区丁青县孜珠山山顶处,始建于 3000 年前,由大成就者穆邦萨东创立并传承,至今已传至第四十三代,现任寺主为丁真俄色[2]。

该寺所处琼部孜珠山是象雄王国外象雄辖区,其周围形成了古老的象雄文化圈及苯教文献载体,而孜珠寺在昌都地区苯教寺庙中地位最高,管辖 14 座分寺,其所藏苯教文献和文物更是举世瞩目。

"苯教是青藏高原的本土宗教,是中国境内土生土长的宗教文化传统,也是藏族创造的一种古老的文明体系。"[3]苯教文献是记录苯教文化传统的主要载体,是藏文古籍文献的重要组成部分,"这些文献就成为研究本（苯）教文化之最基本和最重要的资料"[4],其内涵丰富,内容涉及历史、天文、历算、地理、医药、建筑、传记、气功、音韵、绘画、远古神话故事等领域,时间跨度上千年。"研究象雄,苯教文献是无法绕过的珍贵材料,它如同藏族早期文化的百科全书,包罗万象,堪称开启象雄之谜大门的特殊钥匙。"[5]这些内容丰富、历史悠久的典籍在漫长的历史发展过程中逐步形成,既反映了西藏本土古老文明的内涵,又体现着各个历史时期藏族文化发展变化的脉络,是中华民族融合发展的见证。

《苯教大藏经》是藏族苯教文献之集大成者,学界一般分为《甘珠尔》和《丹珠尔》两部分,但早期形成的《苯教大藏经》目录不够完善,18 世纪初的苯教学者贡珠扎巴第一次编写的雍仲苯教《甘珠尔目录》,就无《丹珠尔》部分。此后一个世纪,另一名苯教学者尼玛丹增编写了《雍仲苯教遗训及其释疏目录宏扬辛教日光》[4],才收录了苯教《丹珠尔》部分目录。然而,《苯教大藏经》作为一个整体,在其目录问世以前一直以手抄本流传于世。《甘珠尔》木刻本曾有曲钦版和绰斯甲版两种版本,但均在清乾隆时期攻打金川的战役中被毁[1]65,现所见仅为 19 世纪抄写的瓦琼本,藏于四川新龙县瓦琼寺。

总之,历史上苯教文献多以手抄本形式流传,存世的木刻本相对稀少。随着时间的流逝,许多手抄本文献也濒临失传。西藏昌都丁青县的孜珠寺作为苯教发展史上重要的传承地,其保存的手抄本苯教文献,历史久远,是非常珍稀的藏文古籍,具有重要的历史文献价值,亟待抢救保护。因此,及时开展苯教文献的调研、保护工作,势在必行。

二、考察目的

(一)开展普查登记,进一步摸清家底

全国古籍普查登记工作是"中华古籍保护计划"的首要任务,目的是摸清我国现存珍贵古籍文献的家底,为保护和传承奠定坚实基础。目前,除完成270余万部汉文古籍普查外,也同时普查了1.8万函藏文古籍。特别是西藏地区经过普查,新发现了多部和多家不为人知的珍贵藏文古籍和收藏单位,令学界振奋。据前期了解,孜珠寺藏有丰富的苯教文献及相关文物,但其保存数量、保存状况和价值尚不清晰和明确。因此,此次调研实地了解孜珠寺藏古籍整体情况,为今后开展普查登记及申报省级和国家级珍贵古籍名录,开展系列保护工作奠定了基础。

(二)调研保存现状,为科学保护提供依据

苯教文献产生年代早,时间跨度大,内容丰富,是我国珍贵的文化遗产。2022年底,中国经济时报社与国家古籍保护中心联同才让太等藏文专家共赴廊坊译经院,初步查看了正在翻译中的部分孜珠寺藏苯教文献。但据当时所见几部古籍情况来看,这些古籍具有重要的文献价值,但状态欠佳,其保存状况不容乐观。因此,需要进行现场考察,了解其整体存藏数量、存藏环境、保存状况、破损程度等基本情况后,方可有针对性的在"中华古籍保护计划"框架内围绕保护、修复、数字化、整理出版和宣传推广等工作,制定下一步保护计划。

(三)破解神秘文化

苯教文献是西藏历史上象雄王国时期产生的本土文化载体,一直以来以神秘姿态藏于深山古寺中,与世隔绝,对其状态、内容鲜有了解。开展调研并实施一系列工作,将有助于揭开苯教文献以及象雄文化的神秘面纱。

三、实施考察

孜珠寺所属的丁青县"地形东南低,西北高。有布加、拉则、喝等山峰,最高峰布加岗日,海拔6328米,终年有积雪,有冰川。南部有怒江,北部有澜沧江支流。属高原温带季风气候,日照充足,空气稀薄,日温差大,年温差小。平均气温3.1度,年降水639毫米,无霜期48.9天"[6]37。孜珠寺则海拔4800米左右,是西藏海拔最高寺院之一,也是雍仲苯教最古老、最重要的寺庙之一[6]48。我们

此次考察，主要有以下内容：

（一）孜珠寺藏古籍数量及品种、珍贵程度

1. 数量

据现场目测及丁真活佛介绍，寺藏古籍近 200 函，一部分是寺藏，一部分是周边居民私藏捐赠，均为单行本苯教文献，非《大藏经》，还有个别文献存放在廊坊译经院。

图 1 孜珠寺藏部分古籍（王沛拍摄）

2. 字体

寺藏古籍字体有些完全为象雄文①，有些是象雄文向藏文过渡时期的字体，部分显示有古藏文特征，至少为 13 世纪写本。多为墨笔书写，部分为金汁书写。

---

① 象雄文是所知蕃域高原最古老的一种文字字形，也是后来吐蕃时期形成的藏文的前身。

3. 质地

多为西藏传统的藏纸,还有部分文献为蓝靛纸(羊脑笺)抄写,开本大小不一。另外还有一部桦树皮写经,高约 3—5 厘米,广约 15—20 厘米。

图 2　蓝靛纸古籍(白张拍摄)

图 3　桦树皮文献(白张拍摄)

4. 装帧形制

全为藏文传统的梵夹装,均有经夹板并有皮绳束捆,部分有包经布。部分藏品外挂帘上钤印有" གཙུག་ཕུད་འོད་ཟེར་རྒྱ་མཚོ།祖普俄色孜珠寺典藏"。

5. 版本类型

大部分为抄本,少数几函为刻本。刻本无经夹板,仅用绳子简单捆束。

6. 内容

大多文献为苯教文献,所有文献开头均为"象雄语曰"(ཞང་ཞུང་སྐད་དུ།)或"雍忠神语曰"(གཡུང་དྲུང་ལྷའི་སྐད་དུ།),其后则为"藏语曰"(བོད་སྐད་དུ།)或"人语曰"(མི་ཡི་སྐད་དུ།),极具象雄文化特征,说明其翻译成藏文的底本的确为象雄时期文献。

图 4　以"象雄语中"（ᢀᢁᢂᢃ）开头的古籍特征（萨仁高娃拍摄）

（二）孜珠寺藏古籍保存状况、装具、库房环境等

孜珠寺藏所有古籍保存在该寺喇荣[①]里，处于自然通风状态下，有窗户，但基本照不到户外光线。室内光照为自然电灯，有藏式传统书柜。

（三）孜珠寺藏古籍破损程度

因孜珠寺所处气候环境较为干燥、低温，且多部古籍纸张为传统的藏纸，即含有狼毒草成分，故其所藏古籍整体状况尚可，部分纸张周边破损掉落，多为老化、撕裂，但文字部分基本未受影响，亦无严重的虫蛀、霉变、黏连等情况。为对其纸张进行分析，经丁真活佛允许，本次调研从部分古籍掉落碎渣中提取纸样，作为纸张检测的标本。

（四）孜珠寺藏古籍的整理研究与数字化情况

调研时，孜珠寺藏古籍数字化和编目造册工作尚未开始。据了解，丁青县文物部门曾对孜珠寺藏古籍进行普查，但仅普查 6 种。

（五）举办展览的可行性

根据目测情况，孜珠寺藏古籍状态尚可，在专业包装前提下，无碍运输，具备举办专题展览的条件。该寺同时藏有一些明代文物，主要是反映西藏苯教寺庙诵经、生活等方面的器具，可用于配套展览。前期介绍寺藏可移动土质壁画 4 幅，此次调研见到 1 幅，尺寸约 4—5 平方米，已有裂口等现象存在。建议先行专业评估，再考虑运输问题，以免损害文物。

---

① 喇荣是拉章（ᠪᢁᢂᢃ）的康巴方言。拉章指大活佛居室，为ᠪᢁᢂᢃ的汉文音译。

图5　孜珠寺藏残壁画（萨仁高娃拍摄）

四、孜珠寺藏古籍价值评估

苯教文化是藏族远古文明的"活化石"，它囊括了历史上我国藏族社会早期人文思想、语言文字、生活风俗、意识形态的文化体系。通过此次调研，孜珠寺藏有近200函珍贵苯教文献，这些古籍文献是孜珠寺历代大师和苯教信教群众出资，不同载体、不同墨色和不同字体缮写而成的珍贵苯教文献。从文献学、文字学等多学科角度，对孜珠寺所藏的古籍文献内外部特征进行研究分析之后，可判断文献缮写的年代跨度较大，约为13至19世纪，所涉猎内容为宗教、哲学、文学、艺术、民俗、天文历算和医学等。结合如上实地考察内容，下面从文献史料、艺术美学、学术资料等三方面评估其价值。

（一）寺藏古籍从外观到内容均有较高的文献史料价值

1. 文字方面，寺藏古籍部分文字显示古老。年代较早的苯教鼻祖辛饶米沃传记《斯米经》，其书写方式为极罕见的藏文缩写体，采用很多未厘定之前的古藏文书写方式，普通学者无法拼读，语句晦涩，俗字较多，为研究苯教文化、象雄文字、古藏文缩写等方面提供了一手资料。

2. 字体方面，寺藏古籍字体多为藏文琼赤体。"在有关的历史文献中，对于象雄的历史疆域及区域有三种分法。首先，最普遍的区域划分就是将象雄分为上象雄、中象雄和下象雄。……这个分法中的下象雄实际就是象雄本身，其中又分出三个地理概念，即以琼隆银城为中心的上象雄、以当惹琼宗为中心的中象雄和以琼部孜珠山为中心的下象雄。"[1]4 昌都地区孜珠寺为下象雄，即统称的外象雄中心，是历代诸多知名学者驻锡地，也是不同文化交汇中心。从孜珠寺所藏近 200 函文献书写的字体而言，琼布丁青县一带盛行象雄琼赤体，书写字体优美，纸张质地上乘（康区纸），至今仍保留着原来缮写品相。此象雄琼赤体，现如今不仅是丁青县文化标签，也是市级非遗项目，从而我们不难看出文献的原始性和地域特征。

3. 质地方面，寺藏古籍呈现出质地多样特性，大部分文献除康区纸之外还有蓝靛纸和桦树皮。蓝靛纸金汁《辛饶米沃传记》和桦树皮《苯教仪轨》均为缝缋装文献，从文献发展史来讲极为重要。在孜珠寺发现蓝靛金汁文献，进一步说明了文献内容的珍贵，反映了当时孜珠寺周围文化底蕴和经济状况。更值得一提的是，桦树皮文献是藏区纸张未盛行时最理想的文献载体之一，弥足珍贵。

4. 内容方面，寺藏古籍内容丰富，且均以"象雄斯巴语"或"象雄语"等字开头缮造古籍，昭示其蓝本为古象雄时期形成，为了文化传播和当地信教群众信仰需求，译成藏文流传至今。这就诠释了苯教文献所记载的文献内容的最原始性，它对吐蕃原始宗教、民风、民俗等方面的研究提供了其他任何文献无法比拟的参考资料。其中医学著作，比如《碧天根本意医经》《息灭痛苦能治洁白药本经》《能消痛苦诊治花本经》《所治病症黑本经》，即《象雄医经》（四部医经），毋庸置疑对刚入选世界记忆名录的藏文《四部医典》不同版本最初结集开启了理论先河。这些象雄医学理论不仅诠释了《四部医典》的文化主权，而且呈现出象雄医学理论形成年代久远，历史文物价值厚重，并有现代科学意义。

（二）寺藏古籍中不乏艺术价值极高的特殊符号、扉页画像和护经板等

1. 早期苯教写本文献中出现的特殊符号，是早期文字记录形式。苯教文献中的特殊符号：除雍仲、系绳记事法、首头符号和品卷尾处符号之外，还有苯教仪轨所使用各种图符。这些图案的象征意义，为古象雄文化内涵方面研究提供了最原始的文化符号学资料及更深层次的理论依据。

2. 寺藏部分古籍有精美的扉叶画像。"就扉页画像而言，不同时期的藏文古籍显示出不同的艺术风格。"[7] 苯教文献跟佛教文献一样绘制着精美绝伦的扉叶画像，多以苯教典籍文献内容为依据绘制，人物构造鲜明、突出。

3. 部分文献配置的护经板内外侧有精雕细刻的辛饶米沃、苯教诸神、上师、

供养人像和供品。其中对供养人服饰的刻画极具特色,装饰各种宝石饰物,充分展示出古象雄服饰的特点。这对琼布丁青一带穿着打扮和服饰文化方面的研究提供了重要依据,从美术学、色彩学和造像度量等多学科的领域研究具有重要参考价值。

(三)寺藏部分古籍尾跋记录清晰,极具学术资料价值

古籍文献尾跋题记是了解古代典籍文献刊刻或缮写情况和文献断代最重要的文字依据之一,苯教文献尾跋题记也是如此。孜珠寺藏部分苯教文献的尾跋题记中"此典籍文献是某某伏藏大师在某地掘藏"的字样比比皆是,清晰记录该文献来源的同时,与西藏名胜古迹和山水文化保护利用政策不谋而合,对实施文旅融合、深度挖掘历史遗迹内涵提供学术依据。

图6　古籍上精美扉页画像(白张拍摄)

图7　精美护经板(白张拍摄)

五、对今后工作开展的建议

结合现场调研孜珠寺藏古籍的整体情况和对其价值评估,我们认为:孜珠寺藏古籍体量适中,价值较高,具有从普查、保护、修复、数字化、出版等角度开展全流程保护的可行性和必要性。建议重点从以下几个方面入手:

（一）原生性保护

1. 尽快开展普查登记

根据现行的藏文古籍普查规范和标准,尽快启动孜珠寺藏古籍的普查鉴定,是开展寺藏古籍保护利用工作的首要任务。现场交流时,调研组已与丁真活佛和寺管强调了普查的必要性和工作路径,并提出了相关规范要求。当调研组离开丁青县时,该寺已启动对寺藏古籍的普查登记工作。下一步可在此基础上选择符合条件的古籍适时申报《省级珍贵古籍名录》和《国家珍贵古籍名录》。

2. 因地制宜改善存藏条件

结合孜珠寺所在地理条件和建筑环境进行综合专业评估,改善现有保存环境,依据《图书馆古籍书库基本要求（GB/T30227-2013）》进行必要的改造、配置专用设备等,以期达到标准书库条件。目前寺藏古籍装具情况不佳,建议为其配备适当的包经布、专门书柜。

3. 重点修复破损古籍

设立古籍修复专项,充分利用国家级古籍修复中心、古籍保护科技文化和旅游部重点实验室的先进技术和手段,对破损较重、有持续破损风险的古籍进行科学检测和修复。目前,国家图书馆古籍馆文献修复室已对取回的 13 种纸样进行检测 ①,其中 12 种有狼毒草成分,可确定这批文献所用纸张为西藏本地生产,还有 1 种为桑构皮成分。

（二）再生性保护

1. 启动数字化工作

可开展寺藏古籍数字化工作,一方面加强对古籍原件的保护,另一方面可使数字化数据灵活应用于各项目中。目前,项目组已开展《象雄医经》(四部医经)的数字化,并拟将其纳入"中华古籍资源库"中。

---

① 纸张检测,由考察组成员之一,国家图书馆古籍馆年轻修复师李屹东完成,已成检测报告,亦可成为本子课题成果之一。

2. 加强整理出版工作

可从寺藏古籍中遴选在版本、内容、艺术等方面具有重要价值的珍贵古籍,编纂珍本图录,以用于宣传推广;将《象雄医经》等象雄时期形成的医学著作纳入"中华医藏"①,使藏医学的形成、发展脉络得到更加清晰阐释;从寺藏古籍中遴选天文历算等具有现实意义的珍贵文献,以珍本丛刊形式影印出版,使珍贵文献的价值得到更好的发挥;对寺藏古籍进行整体影印出版,以使濒危古籍化生千百。

3. 加强翻译和研究工作

应在通过对勘而成的可靠版本基础上翻译为汉文,以供不懂藏文的读者阅读、研究,使"古籍里的文字活起来"。同时,从历史学、文献学、宗教学等多学科、多角度开展研究,发掘其丰富的价值内涵。

(三)宣传推广

利用现代化展陈手段、沉浸式展陈体验,举办原件实物与图片相结合的文献展览,系统阐释古老的象雄文化与文明在铸牢中华民族共同体意识中所起到的重要作用。

我国是统一的多民族国家,各民族为中华文明的形成和发展做出了重要贡献,从而使中华文明有了连续性、创新性、统一性、包容性、和平性特征。通过此次调研,以孜珠寺藏古籍整理保护为入手,深入了解少数民族文字古籍保存保护现状,挖掘其价值,有助于进一步在古籍保护工作实际中贯彻落实党和国家民族文化政策,传承和传播中华优秀传统文化,坚定文化自信,增强中华文明传播力影响力,为建设现代文明做出贡献。

(萨仁高娃,国家图书馆古籍馆副馆长,研究馆员;王沛,国家古籍保护中心办公室副主任,副研究馆员;白张,西藏图书馆研究馆员;王建海,国家图书馆古籍馆副研究馆员)

参考文献:

[1] 才让太、顿珠拉杰.苯教史纲要[M].北京:中国藏学出版社,2012:320.

[2] 戚瀚文、汪永平等.西藏苯教寺院建筑[M].南京:东南大学出版社,2019:151.

---

① 此工作已得到《中华医藏》编委会和国家图书馆出版社支持,将被《中华医藏》收入出版。

[3]才让太.藏文手抄本苯教文献的发现及其当代文化价值[J].中国藏学,2021（2）:188.

[4]才让太.苯教文献及其集成[J].藏学研究,1990（2）:87-100.

[5]张春海.苯教文献:解读象雄文明的钥匙——访中央民族大学藏学研究院院长才让太[N].中国社会科学报,2013-8-16（A05）.

[6]戚�污文.西藏丁青县本教寺庙研究——以孜珠寺为例[D].南京工业大学硕士学位论文,2012.

[7]萨仁高娃、白张.拉萨市尼木县切嘎曲德寺古籍普查记——又见元刻[J].中国藏学,2014（S1）:164.

我国民族地区古籍数字化活化利用现状调研

A Report on Digitizing and Activating the Use of Ancient Books in Ethnic Regions of China

郭　晶

摘　要：为推动新时代民族地区古籍数字化以及活化利用工作的高质量发展，本文对"中华古籍保护计划"实施以来的部分民族地区古籍数字化活化利用工作进行调研和梳理，总结工作成绩的同时，找出盲点和难点，并对下一步工作提出建议。

关键词：中华古籍保护计划；民族地区；古籍数字化；古籍活化利用

习近平总书记在党的二十大报告中强调："铸牢中华民族共同体意识是新时代党的民族工作的'纲'，所有工作要向此聚焦。"这一重要论断为做好新时代党的民族工作提供了行动指南和根本遵循，为推动新时代民族地区古籍数字化以及活化利用等工作的高质量发展指明了方向。

我国是一个历史悠久的统一的多民族国家，56 个民族共同创造了灿烂的中华民族文化。在我国境内，除各民族通用汉文外，很多民族在不同的历史时期创制并使用过 30 多种民族文字，产生了灿若繁星的民族文字古籍（以下简称"民文古籍"），这些民文古籍不仅是我国古籍的重要组成部分，更是中华优秀传统文化的重要篇章。

在"中华古籍保护计划"实施的十六年间，国家图书馆（国家古籍保护中心）全面贯彻党和国家的民族政策，把握好新时代民族工作的"纲"，明确让存藏于民族地区的古籍成为铸牢中华民族共同体意识重要资源的工作目标，以推进新时代民族地区的古籍保护事业。

一、调研背景

此次调研以部分民族地区的市、县级中小型存藏古籍的公共馆为主体对象，以摸清存藏于民族地区汉文古籍和民文古籍的数字化工作开展情况为首要目标，次以了解民族地区存藏古籍的活化利用现状。调研内容主要包括古籍收藏单位存藏古籍的种类和数量、古籍保护、古籍数字化、古籍影印出版、古籍宣传利用等情况。以实地调研为主，结合问卷调查、文献调研、网络调查和专家咨询等多种方式，旨在发现工作中的遗漏点和盲点、找出困难和问题所在，探索民族地区古籍数字化的工作规律，加快民族地区古籍数字化工作进程，为今后全国古籍数字化工作的整体提升奠定良好基础。

本次调研主要集中在经济发展相对缓慢的"老、少、边、穷"区域，涉及全国 12 个民族地区的 96 家古籍收藏单位，覆盖文化、文物、教育、民族、卫生、语委和社科院等系统。96 家古籍收藏单位由 21 家全国古籍重点保护单位、51 家市、县级中小型公共馆以及 24 家其他系统的公共馆构成。通过前期问卷的数据分析，遴选出 7 个省区（直辖市）16 个基层单位进行实地调研考察，详见表 1。

表 1　实地调研单位汇总表

序号	省份	市、县区	单位
1	新疆维吾尔自治区	乌鲁木齐市	新疆维吾尔自治区图书馆
2		和田市	和田地区图书馆
3	西藏自治区	丁青县	孜珠寺
4	甘肃省	兰州市	甘肃图书馆
5	北京市	海淀区	中央民族大学
6	内蒙古自治区	巴彦淖尔市	巴彦淖尔图书馆
7	云南省	西双版纳傣族自治州	西双版纳傣族自治州图书馆
8		玉溪市	玉溪市图书馆
9		红河哈尼族彝族自治州	红河州图书馆
10			建水县图书馆
11		丽江市	丽江市东巴文化研究院（云南社会科学院丽江分院）

续表

序号	省份	市、县区	单位
12		成都市	四川省图书馆
13	四川省		凉山彝族自治州语言文字工作服务中心
14		西昌市	凉山彝族自治州图书馆
15			西昌市图书馆
16			凉山彝族奴隶社会博物馆

二、数字化工作调研情况

通过调研发现,随着"中华古籍保护计划"深入,民族地区不同层级的古籍收藏单位,逐步建立健全古籍保护工作机制,工作机构建设得到加强,古籍存藏条件有所改善,古籍保护意识和古籍管理水平得到提升,古籍数字化工作取得一定成效。

（一）21家全国古籍重点保护单位古籍数字化工作情况

本次调研中,有21家全国古籍重点保护单位,20家为民族地区的古籍重点保护单位,1家为中央直属高校,详见表2。

表2　民族地区全国古籍重点保护单位古籍数字化情况（排名不分先后）

序号	单位名称	2013—2022年完成古籍数字化数量（拍）	
		汉文古籍（拍）	民文古籍（拍）
1	中央民族大学图书馆	2500种200万拍	
2	辽宁省图书馆	1086715	13030
3	黑龙江省图书馆	86695	无
4	宁夏回族自治区图书馆	2963	无
5	西北民族大学	无	无
6	新疆维吾尔自治区图书馆	44652	65385
7	贵州省图书馆	106375	无
8	广西桂林图书馆	20000	无
9	广西壮族自治区图书馆	13996	3500
10	广西师范大学图书馆	135000	无
11	云南省图书馆	344070	无

续表

序号	单位名称	2013—2022 年完成古籍数字化数量（拍）	
		汉文古籍（拍）	民文古籍（拍）
12	西双版纳傣族自治州图书馆	无	10000
13	云南师范大学图书馆	165	无
14	楚雄彝族文化研究院	无	1860
15	内蒙古自治区图书馆	50000	170000
16	鄂尔多斯市图书馆	9600	5300
17	巴彦淖尔市图书馆	无	无
18	内蒙古自治区社会科学院图书馆	无	170000
19	青海省图书馆	无	47361
20	甘肃省图书馆	397401	4722
21	四川省图书馆	70000	无

2012 年，国家古籍保护中心启动国家珍贵古籍数字化试点工作，并启动"中华珍贵典籍资源库"项目。在国家古籍保护中心统筹、协调和支持下，很多古籍收藏单位于 2013 年正式开展馆藏古籍数字化工作，大多数全国古籍重点保护单位参与其中。

整体上，除了西北民族大学和巴彦淖尔市图书馆 2 家单位均因无经费支持而未开展古籍数字化工作外，其余 19 家全国古籍重点保护单位对古籍数字化工作进行统一规划，统筹管理，工作方向明确，工作进展顺利，积极推动古籍数字化资源的合作共建，在本地区本领域的古籍数字化工作中发挥了较好的示范带动作用。19 家单位因古籍藏量不同，开展古籍数字化时间长短不一、工作进度不同以及经费投入差距等客观条件制约，导致古籍数字化工作完成量存在较大差异，但先易后难的工作规律是基本一致的，先开展入选《国家珍贵古籍名录》的汉文古籍，而后数字化馆藏其他汉文古籍，最后再开展馆藏民文古籍数字化工作。

（二）51 家市、县级公共馆古籍数字化利用工作情况

本次调研最大的特点就是以市、县级中小型存藏古籍公共馆为主体对象。51 家市、县级公共馆中，仅 22 家单位开展该项工作，其余 29 家单位处于停滞状态，开展率占比不及 50%。

为更清晰地呈现这 22 家单位的古籍数字化工作，特将汉文古籍和民文古

籍数字化情况拆分成为表 3 和表 4,详情如下。

表 3 市、县级公藏单位开展汉文古籍数字化情况（排名不分先后）

序号	省份	单位名称	2013—2022 年完成汉文古籍数字化数量（拍）
1	云南	昆明市图书馆	100000
2		云南古城区图书馆	47997
3		昆明市地方志编纂委员会办公室	12500
4	贵州	遵义市图书馆	1.2 万余
5	黑龙江	哈尔滨市图书馆	5384
6		大兴安岭地区图书馆	2064
7		鸡西市图书馆	238
8	内蒙古	包头市图书馆	2500

表 4 市、县级公藏单位开展民文古籍数字化情况（排名不分先后）

序号	省份	单位名称	2013—2022 年完成民文古籍数字化数量（拍）
1	云南	丽江市东巴文化研究院	13735
2		石林彝族自治县民族宗教事务局	11902
3		迪庆藏族自治州藏学研究院	11733
4		西双版纳傣族自治州图书馆	10000
5		云南人民出版社	7480
6		禄劝县彝族苗族自治县民委民族古籍办公室	6739
7		云南民族博物馆	4583
8		大理白族自治州大本曲（南腔）传习所	2545
9		迪庆藏族自治州图书馆	2278
10		楚雄彝族文化研究院	1860
11		丽江市博物院	1818
12		中峰书画院	1418
13	四川	甘孜藏族自治州图书馆	630
14		凉山彝族自治州图书馆	3000

这 22 家单位中,8 家单位开展汉文古籍数字化工作,14 家单位开展民文古籍数字化工作。整体看,民族地区该类型的公藏单位呈以下特点:其一,单位构成比较复杂,涉及多系统多部门;其二,该类型单位的群体数量在全国公共馆数量中占比较大,但古籍数字化工作开展率不高;其三,该类型单位多存藏民文古籍,主要存藏本民族语言文字的古籍。摸清该类型单位古籍数字化利用工作的死角和难点,能提高其参与率和工作开展率,对提升公共馆整体的古籍数字化进程能起到很大的推动作用。

该类型的公藏单位中,云南省有 16 家单位开展古籍数字化工作,是调研中参与该项工作单位最多的省份,也是民文古籍数字化工作开展中涉及文种最多的省份,主要有东巴文、彝文、藏文、傣文等多个文种古籍。未开展该项工作的 29 家单位其实都有很高的古籍数字化诉求,但拘囿于经费、馆舍、技术和设备等问题,导致该项工作期不得不处于停滞状态。

（三）其他系统公藏单位的古籍数字化利用工作情况

其他系统公藏单位以教育和民委两大系统的图书馆为主,共有 24 家单位,目前只有 9 家单位开展了古籍数字化工作,其余 15 家单位均未开展,开展率仅为 38%。这 9 家单位的古籍数字化工作开展情况详见表 5。

表 5　其他系统公藏单位民文古籍数字化情况（排名不分先后）

序号	单位名称	2013—2022 年完成古籍数字化数量（拍）	
		汉文古籍（拍）	民文古籍（拍）
1	东北农业大学图书馆	225808	406
2	黑龙江大学图书馆	60000	无
3	哈尔滨师范大学图书馆	31398	无
4	东北林业大学图书馆	10767	无
5	宁夏社会科学院	10096	无
6	云南省中医药大学图书馆	4110	无
7	宁夏大学	523	无
8	广西壮族自治区少数民族古籍保护研究中心	无	140000（其中 20000 拍于 2007 至 2012 年间完成）
9	西藏藏医学院图书馆	无	14378

该系统公藏单位中,7家单位开展汉文古籍数字化工作,只有广西壮族自治区少数民族古籍保护研究中心和西藏藏医院图书馆开展民文古籍数字化工作。据统计数据显示,广西壮族自治区少数民族古籍保护研究中心是民委系统里古籍数字化完成量最大的单位,2007至2022年间,共完成民文古籍数字化工作14万拍,主要为古壮字古籍。

参与此次调研96家单位中,西藏自治区图书馆很特殊,虽然不在全国古籍重点保护单位之列,但是一直积极参与古籍数字化工作。自2017年以来,西藏自治区图书馆已完成587函(近4万叶)馆藏珍贵藏文古籍的数字化工作。

三、活化利用工作调研情况

本次调研针对民族地区古籍活化利用情况,特别设置了举办讲座、开办展览和其他推广活动等多项内容,根据实地调研和问卷统计结果显示,新时代民族地区的古籍活化利用工作取得一定成效,呈现以下特点:

(一)古籍活化利用方式异彩纷呈

创新古籍活化利用的方式是新时代古籍工作的独特要求,与传统的古籍整理出版相比,多媒体时代的古籍活化方式一直在创新。通过发挥互联网优势,开发并展示线上的特色古籍资源,举办线下的各类展览活动,制作宣传片、纪录片,用多元艺术手法解读馆藏古籍,让观众沉浸式感受古籍中的文字之美、艺术之美、意趣之美。如昆明市图书馆,拍摄《盛世典藏》系列电视节目;广西壮族自治区少数民族古籍保护研究中心与广西教育出版社合作,共同打造"广西古籍文库"数字平台;遵义市图书馆《集成文献,文耀多彩贵州——〈贵州文库〉》上线。

(二)扎根本土民族文化,发挥地方特色

各民族地区古籍收藏单位立足于本民族特色,深挖民族文献内涵,将本民族元素融入古籍活化利用中,创新了民文古籍的普及传播方式。如辽宁省档案馆在浑南馆区长期设有"清代皇帝档案展",介绍民族历史及传统文化;鄂尔多斯图书馆举办"库玛尔路协领公署卷宗线上展";广西壮族自治区图书馆推出"走读广西"线上古籍推广活动之"古诗中的广西山水""寻找广西'三月三'中的古老记忆"等晒书晒宝活动。

(三)以文塑旅,以旅彰文,促进文旅有机融合

各单位将本土元素、民族基因与现代旅游活动紧密结合,借助旅游的文化

方式和消费形式，强化传统文化、民族特色的保护和传承。在积极探索文旅融合发展的新路径中，呈现出文旅特色的新产品、新服务和新业态。如荔波县档案史志馆与贵州荔创旅游发展有限公司合作，将水书文化植入当地景区，建立水书字典广场、水书博物馆、文创体验中心，开发文创产品，形成了文旅融合发展的良好态势；成都杜甫草堂开设古籍修复技艺展示馆，以"草堂一课"为主题，举办知识宣讲、展柜实物陈列、多媒体动态展示、观众互动体验等活动。

（四）民文古籍整理出版成果累累

民族古籍是中华民族共同体形成的文献印证，民族古籍的创造性转化，既是新时代民族古籍整理工作的要求，也是破解供需矛盾的良策。随着"中华古籍保护计划"的深入，民文古籍研究整理出版成果累累，如西藏图书馆编纂出版《雪域宝典——西藏自治区第一、二、三批国家珍贵古籍名录图录》等 6 部藏文古籍普查保护成果；新疆维吾尔自治区图书馆编纂出版《新疆维吾尔自治区入选国家珍贵古籍名录图录》《新疆地区古籍文献联合目录》；宁夏回族自治区图书馆编纂出版《宁夏回族自治区珍贵古籍名录图录》；内蒙古自治区图书馆研究整理出版了蒙古文《大藏经》、《蒙古学蒙古文文献大系》《内蒙古地方志特色日文旧籍整理与研究》《内蒙古旧日文文献资料的整理与研发》《清宫门禁史料汇编》等。

四、调研结果分析与创新工作举措

总体来说，民族地区古籍数字化、活化利用工作取得一定成绩，但在工作开展过程中，也发现了问题与困难所在。针对部分问题，国家古籍保护中心立足现有工作，一直在尝试一些创新的工作举措来推动工作。

（一）调研结果分析

1.古籍数字化工作

此次调研只针对民族地区的部分古籍收藏单位开展的，在调研中发现参与此次调研的 96 家单位中，50 家单位开展古籍数字化工作，其余 46 单位并未开展。

通过实地走访和问卷调查，发现了一些困难与问题，比如：经费不足，经费支持与古籍数字化工作需求不匹配；专业人才储备不够，人才流失问题日益凸显；相关标准不到位，古籍数字化加工的统一标准尚未出台，导致某些古籍资源无法共享，面临再次数字化的可能；缺乏民文古籍资源发布的统一平台，这是多家单位提到的问题。

2. 古籍活化利用工作

参与调研的 96 家单位，全面开展古籍活化利用工作，整体呈现良好态势。各馆藏单位都能立足本土文化，将本民族基因与当地旅游资源融合起来，创新了古籍的传播方式，丰富了古籍的宣传内容。调研中发现，民文古籍的整理更多停留在影印出版上，缺乏对少数民族语言文字与汉文、英文等多种语言的互译成果以及对民族文献内容的深度揭示，由此再度引发研究民族古籍复合型人才的缺失问题。在活化利用中发现，偏远的民族地区，依然保留着将私藏古籍作为"随葬品"或"供奉品"的习俗，导致很多民族古籍直接消亡，或难以修复、难以识读。

（二）创新的工作举措

针对这次调研及部分问题，国家古籍保护中心结合工作实际，实施了一些创新的工作举措：

1. 鼓励和扶持社会力量参与

经费问题，可借鉴云南省迪庆藏族自治州古籍数字化工作经验，鼓励和扶持社会力量参与古籍工作。如 2021 年由国家图书馆推荐北京苹果基金会投入资金，由云南省图书馆负责实施迪庆藏族自治州"纳格拉洞藏经装具、藏书柜配置及数字化项目"，共完成藏文古籍 4570 拍的数字化工作，为搭建藏文古籍目录数据库和藏文古籍资源库打下了坚实的基础。各单位或可以此为例，尝试引入优质的社会力量和资源，多渠道扩大古籍保护经费来源，多方合作共同推进古籍工作。

2. 加大人才培养力度

人才问题，由国家古籍保护中心针对民族地区某些大语种古籍进行专门的培训指导，比如：在云南建水县开办"第十四期全国少数民族古籍修复技术培训班"，以培养修复藏文和彝文古籍的人员为主。各单位可以此为模式，结合工作实际，加大本地区本民族古籍人才的培养力度。

同时，国家古籍保护中心在云南省图书馆成立"国家级藏文古籍修复基地和技艺传习中心"，为培养民族地区古籍保护高级人才创造了前所未有的发展机遇，也是继续推动民族地区古籍保护的新举措。

3. 完善相关标准

关于民文古籍数字化相关标准问题，目前参照现有的汉文古籍数字化工作规范,后续会与其他系统其他部门群策群力,共同研究制定系列规范的行业标准。今年,国家图书馆与中央民族大学签署战略合作协议。在未来,双方将在各民族语言文字、民族文化相关领域的理论研究与学科建设、文献普查整理及标准研制、科研与学术交流、人才培养、资源共建共享、文创开发等领域开展广泛而深入的合作。

4. 建设民文古籍资源发布平台

今年 9 月 8 日,由国家图书馆（国家古籍保护中心）组织建设的国内首个大型、专业性古籍特藏数字资源共享平台“中华古籍资源库——少数民族文字古籍特藏资源库”,正式对外发布。该平台以铸牢中华民族共同体意识为旨归,植根国家图书馆馆藏少数民族文字古籍资源,秉承科学、安全、开放、共享的服务理念,采用先进的数字影像技术手段,精选 16 个文种、4914 种、33 万拍少数民族文字古籍,以飨读者、服务社会。目前,国家古籍保护中心与云南省丽江市东巴文化研究院（云南社会科学院丽江分院）合作,拟筹建东巴文古籍知识库。

五、调研建议

新时代,民族地区古籍保护工作任重道远,在未来的工作中,我们应巩固已有成果,勇于创新,继续开拓,努力推进民族地区古籍数字化工作的发展,更好地揭示民族地区的多元文化。

（一）完善相关系统相关部门之间的有效协调与配合机制

民族地区主要以存藏民文古籍为主,由于民文古籍本身的不易识读性、独特性以及存藏单位地理分布的特殊性,民文的保护主体主要涉及各级民委古籍办、公共图书馆、博物馆、档案馆,还有大量古籍保存在寺庙以及散藏民间。因此需要跨系统、多部门共同参与及合作,所以有必要加强相关系统和相关部门的通力合作机制,加大各部委各单位之间的沟通合作力度,发挥各自的优势,才能实现最大化的成果共享。

（二）加强经费支持,改善保管条件

各级政府应当保障古籍保护专项经费持续稳定的投入,尤其是要加大力度对“老、少、边、穷”地区的经费保障,以保障民族地区、市级和县级图书馆古籍基本存藏环境的改善,同时积极支持、鼓励和引导各基层单位加强与社会力量合作,争取跨系统支持,多渠道开展民族地区的古籍保护工作。

（三）精准培养民族地区的古籍保护专业人才

民族地区存藏汉文古籍和大量的民文古籍,因此对于民族地区的古籍保护从业人员要求更高,不仅要懂得古籍版本及鉴别版本的能力,还要了解本民族文化及其文献的发展历程。因此各地要因地制宜,结合本地区存藏古籍情况、民族语种、民族文献特色以及研究整理程度,开展精准的古籍专业人才培养,不宜盲从。

（四）多渠道推动古籍数字活化利用工作

从调研看,民族地区古籍数字化工作是先数字化《国家珍贵古籍名录》中的汉文古籍,民文古籍数字化工作并未全部展开。建议未开展相关工作的古籍收藏单位结合自身情况,先开展入选《国家珍贵古籍名录》民文古籍的数字化工作,以点带面来推动馆藏民文古籍的数字化工作;已开展民文古籍数字化工作的单位,应加大力度,努力搭建本民族文字古籍资源的数据库,以推进专题揭示。

民族文献影印出版和整理出版的硕果累累,但是民文古籍深度内涵的挖掘力度不够,主要原因就是缺乏汉文本、英文本和其他文字翻译本。在国内外进行推广,扩大读者群的同时,吸引学界的关注和研究,发挥其更大的作用,让更多的人共享优秀文化遗产。

（五）在古籍的活化利用工作中,严把意识形态安全关

作为古籍保护事业传承者,应结合时代要求继承创新,坚持正确的价值观和舆论导向,严把意识形态安全关,发扬民族文化精华的同时,大胆摒弃其糟粕部分,如不道德、不健康以及不适合在公共场合展示的低俗文化和封建迷信等内容。利用业务工作加强舆论引导,将做好意识形态工作与传播中华优秀传统文化使命任务结合起来,让中华文化展现出永久魅力和时代风采。

（郭晶,国家图书馆副研究馆员）

再生与传播

"古籍图典资源库"建设浅探

A Preliminary Study on the Construction of Ancient Books Illustration Resources Library

武永丽

摘　要: 近年来,古籍再生性保护工作发展迅速,再生性保护方式层出不穷。众多古籍出版机构通过影印、点校、数字化等形式,以实现对古籍的再生性保护。国家图书馆出版社"古籍图典资源库"体现了新时代古籍再生性保护的新思路、新探索,也给出版影印机构以启示:通过转化和传承优秀古籍文献,挖掘古籍的时代价值,为更好弘扬中华优秀传统文化贡献力量。

关键词: 古籍;再生性保护;图典;深度标引

中华民族有着悠久的历史和文化,典籍是重要的载体。如何更好地保护和利用这笔宝贵的精神财富,是一代代人不懈努力和探索的事业。古籍保护主要有原生性保护、再生性保护、传承性保护这三种方式。其中,再生性保护是指对古籍进行影印、数字化整理等保护手段[1]。在科技加速发展的今天,古籍再生性保护的新思路和新探索层出不穷。下面结合国家图书馆出版社"古籍图典资源库"的建设过程,谈谈古籍再生性保护方面的新实践和新探索。

一、"古籍图典资源库"建设的时代背景

2022 年中办、国办印发的《关于推进新时代古籍工作的意见》提出"推进古籍数字化""积极开展古籍文本结构化、知识体系化、利用智能化的研究和实践"等要求[2]。同年习近平总书记在中国人民大学考察调研时强调:"要运用现代科技手段加强古籍典藏的保护修复和综合利用,深入挖掘古籍蕴含的哲

学思想、人文精神、价值理念、道德规范,推动中华优秀传统文化创造性转化、创新性发展。"[2] 如何让古籍以新的形式延续生命,并继续滋养中华民族走向未来? 新时代给我们提出了新课题。

近几年来,各种数字化的新技术推陈出新,古籍再生性保护也出现了诸多创新性的实践。比如:国家图书馆推出的《永乐大典》沉浸式环幕 VR 资源,利用全景视频、三维动画等技术再现了《永乐大典》六百年的沧桑变迁,使观众能够身临其境感受大典的神韵;央视制作的《典籍里的中国》文化节目,利用AR、实时跟踪等技术使得观众能够"穿越"历史去感受《史记》《本草纲目》等古籍的魅力;《2023 中国诗词大会》出现了一位同选手互动的数字人——苏东坡,这是中华书局在古籍文献和数字技术研发基础上制作的国内首个数字人产品。这些数字化新探索在不久的将来必将在文化教育、城市宣传、国际传播等方面发挥其效能。

数字科技不断发展,新技术新手段也不断涌现,数字化探索的广度和深度持续得到拓展。相较于以往数字全文数据库、影印扫描出版等古籍再生性保护措施而言,未来古籍数字化会出现更多新尝试和新可能。

二、"古籍图典资源库"建设的意义

（一）有效解决藏与用的矛盾

图像文献在中国传世文献中数量很大,是中国传统文化的重要组成部分,具有文字典籍无法替代的作用。图籍越珍罕,藏在图书收藏机构秘不示人的可能性就越大。古籍图典资源库有效地解决了藏与用的矛盾,同时填补中国历代典籍文献整理的空白。

（二）有助于传播中国优秀传统文化

"古籍图典资源库"在对中国传统文化的历朝历代图像典籍资源进行搜集整合、分类、核实、精细加工与精确标引的基础上,进行图籍文献的数字化建设[3],将这些图籍图典制作成可供电子阅览、检索的数据库,一方面能够起到弘扬和传播中国优秀传统文化的作用;另一方面,通过这种对图籍图典等不可再生文物资源再生性保护的手段,可以使一些深藏图书馆以及其他藏书机构的珍贵的图文资料得以共享,同时也能为专家、学者提供学术研究的第一手资源,启发他们产生更多有助于文化发展的想法及成果。对于散布在各藏书机构的善本古籍,数字化的实施,也能最大程度地提高文献的使用率,发挥其应有的学术价值。

（三）古籍图像对当代文化创意产业具有特殊意义

中国古代典籍中的插图是古代典籍的重要组成部分，也是现代设计作品的重要创意来源。然而，对现代设计具有重要借鉴价值的传统文化图籍长期缺乏专业、细致和系统化的整理，急需从源头上整理出中国传统文化图籍资源，供现代设计运用。

三、"古籍图典资源库"的建设目标

（一）突破再生性保护的方式

这一项目适应古籍数字化保护的新趋势，以提取和解构古籍文献元素进行文化解析和再创作，是实现古籍再生性保护的又一个突破，也是系统整理、传承和转化优秀古籍文献，挖掘古籍的时代价值，实现古籍古为今用的又一次新探索、新实践。

（二）助力构建中华文化素材库

通过此项目的建设，在传统文化图典领域为中华文化素材库的建设和完善提供助力，进而促进国家文化大数据体系建设；同时，探索新的数据库开发模式，创新销售和盈利的模式，逐步向定制开发、客户深度服务、附加增值服务等方向发展，重新塑造出版社价值链，适应新的环境要求。

（三）推动古籍资源转化利用

当前，在建设国家文化大数据体系的大背景下，我们要利用文化大数据平台的底层关联系统，将解析出的元素与文化大数据的其他系统进行关联，将这些珍贵的古籍图籍资源放在文化大数据平台上进行交易，实现古籍资源转化和利用，服务学术研究的同时实现其商业价值[4]。

四、"古籍图典资源库"的建设过程

（一）启动

2020年国家图书馆出版社启动了国家文化大数据建设项目"古籍图典资源库"的建设。用两年（2021、2022）时间从数万种古籍中搜集古籍插图十万张，对图籍资源进行了图片的整理、分类、标引等加工过程，最终于2023年建设成为涵盖数万张图籍资源的图典数据库并于年内正式上线。

"古籍图典资源库"的建设全程融入国家文化大数据体系的建设当中，在传统文化图典领域,为中华文化素材库的建设和完善提供助力,让中国传统文化图像素材成为中华文化素材库的组成部分。这是对中央《关于推进实施国家文化数字化战略的意见》的积极响应和深入实践。意见明确:"争取到'十四五'期末,建成文化数字化基础设施和服务平台。形成线上线下融合互动的文化服务供给体系。"[5]

（二）资源筛选加工

"古籍图典资源库"是在之前古籍图片类资源积累和产品建设的基础上策划建设的。该数据库以先秦时期到 1911 年为限,涉及到的古籍超过 1000 部。我们注重与相关文献收藏机构的广泛合作,进一步拓展文献来源,重点增加《鸿雪因缘图记》等图像类古籍、版画年画、文学插图,以及样式雷图档、方志（含舆图）、家谱（含人物图像、宗祠图）、印谱、佛道教典籍（含图像、版画）等。

我们注重图籍版本的稀缺性,其中稀见古籍图籍占总量 5% 以上,孤本古籍图籍占总量 1% 以上,如:清代彩绘戏曲扮相谱《庆赏升平》,是一套珍藏在中国国家图书馆善本特藏部的升平署画册,它是国家图书馆所藏的与中国戏剧相关的一本孤本画册。样式雷图档是现存唯一的系统的中国古代建筑工程图档。现在存世的为国家图书馆藏的一万余件。本库收录样式雷图档一千余幅,包含圆明园、长春园、万春园、倚春园的宫殿、园林、坛庙以及御道、河堤、彩画、瓷砖等图纸档案。本库还收录大型类书《永乐大典》门字卷数十幅的插图。

"古籍图典资源库"已于 2023 年上线 5 万张图籍,我们将持续不断进行资源新增和标引加工,最终将建成超过 10 万张图籍资源整理与展示的大型图典数据库。

五、"古籍图典资源库"的创新点

（一）元素的"细粒度标引"

图籍标引参考了大量图片数据库的标引模式,提炼出最适合古籍图片的标引类目,共标引 18 项,其中 11 项为必填项,具体为:图片名称、是否组图（是或者否）、来源书名称、来源书作者、年代（朝代）、分类、地域、图片风格、颜色、应用场景、图中文字。另外 7 个非必填项为组图名称、组图编号、组图中的顺序（此三项为组图的填写项）、来源书版本、公元年（如果有具体公元年可填写）、相关类、图作者。高级检索页面提供丰富的检索条件,可以同时检索图片名称、图片来源书、图片作者、标签词（此为标引结果）。

通过专业标引团队的元素提取和标签词的添加，将蕴含丰富传统文化内涵的元素进行"细粒度"标引加工。例如检索"虎"，带有"虎"元素的所有图片都可以显示出来，既包括名称中有"虎"（包括来源书名称、图片名称等）的图片，也包括所有蕴含"虎"元素的图片，如"汉十二辰镜"图中的十二个属相之一的"虎"，《西清古鉴》书中的图"周文鼎一"图中蕴含的"虎"元素——"虎首纹"等。

（二）利用后控词表标引与检索

古籍图片的标引尽量兼顾大众认知程度和阅读习惯，标签词考虑到通俗性，便于不同行业、不同程度读者的搜索和利用。因此，标引加工人员采用自然语言对古籍图片中涵盖的元素进行识别、标引、定位以及标签词的添加。自然语言进行元素标引具有很大的灵活性和随意性。不同的标引人员对同一个元素标引的自然语言也会有很大的差异性。如，对于不同的古籍图片中"儿童"的标签词一共有几十个，如"孩童""婴童""小娃""少儿""婴孩""小孩""稚童""小儿""幼童"等（去除重复的词）。用户检索时必然遇到因为自然语言标引而产生的检索结果不全的问题。这就需要一个规范词表来指导标引人员和检索人员为同一概念选择一致的语词进行标引和检索。词表的编制方式主要有两种，一种是标引前编制，即预先确定规范处理的术语列表，供标引和检索使用，称为先控或受控词表；一种是标引后检索前编制，为解决标引词中同形异义词、同义词、多义词问题，使得同一概念选择一致的语词进行检索和再标引，称为后控词表。

在配备后控词表的检索系统中，用户只要输入已知的检索词，系统即可利用后控词表自动地把同义词、相关词纳入检索式，从而提高查全率[4]。以检索"儿童"为例，数据库嵌入后控词表之前，检索到的含有"儿童"标签词的元素的图片是 87 张，嵌入后控词表之后，含有"儿童"标签词元素的图片结果有368 张，检索结果中将上述提到的有关"儿童"的标签词的不同表述词全部包含在内了。

另外后控词表提供标引标签词的"代项""用项""组代项""属项""分项""参项"等在语义上与标签词具有上下层级关系的词语。例如在检索框内输入"赫哲族"，下拉框内自动显示出此标签词的［代项］:黑斤人、黑津人、黑金人、黑哲族、赫斤族、赫金族等；［组代项］:清代赫哲妇人、清代赫哲男子、清代赫哲女子等词；［参项］:吉林省、黑龙江省、辽宁等词；［用项］:清代妇女＋赫哲族;［标签词］:清代赫哲妇人;［用项］:清代男士＋赫哲族;［标签词］清代赫哲男子等词。使用者可以选择系统自动出现的这些相关词中的任意一个进行检索得到他需要的图片,从而大大增加了用户的检索范围,显著提高了用户对于图典库古籍插图的使用效率。后控词表的嵌入起到了助力使用者"头脑风暴"的作用,在检索使用上更为方便,在改善图典库的使用体验方面具有创新性,也给文化大数据体系的建设提供了一个参照[4]。

（三）古籍图片分类的独特性

古籍图典资源分类按照题材、风格、地域、颜色和应用场景共五类设置。其中题材共分为 28 个大类 44 个小类,分别为天文历法图、花鸟图、服饰图、科技图、军事图、纹样图、文学诗词图、教化图、宗教图、制度图、游艺图、医药图、武术图、文房图、音乐图、钱币图、礼仪图、器物图、风俗图、舆地图、术数图、故事情节图、书画图、风景图、工具图、人物图、神异图、动物图。其中军事图又分为兵器、布阵、战略防御等小类;宗教分为佛教、道教等几个小类;制度图又细分为度量衡、年表、刑罚图等小类;医药图细分为养生图、药材图、治疗图等小类;音乐类又细分为乐器、舞蹈、乐律和古琴手法图等小类;舆地图细分为海防图、水利图、方位图等小类;书画图分为印章、书法、棋局图等小类;工具图细分为农业、手工业、交通等小类;人物图细分为历史人物、文学人物、神话人物等小类;动物图细分为鸟、兽、虫、鱼等小类。这些分类是我们对金石文献类、史志史料类、人物传记类、艺术类、文学戏曲类以及科技类等古籍以及一些精美的彩印类古籍的图籍资源进行长期研究和对古籍图籍元素进行挖掘和加工的基础上产生出来的。这些分类的设置不仅能够涵盖现有古籍图籍的特点,也更加符合现代搜索习惯,与现代社会进行艺术构想和创作进行了完美的融合。

图片风格分为工笔、写意、水彩画、版画四类,基本涵盖古籍文献插图的绘画风格;工笔和写意主要针对中国画,如"花鸟画""画谱"类图籍;很多古籍版本来源都是刻本,而刻本以版画居多,如明清时期四大名著各种版本以及如《西厢记》《绣像〈义妖传〉》等各种小说。清末国内出现了一些水彩画,如反映清末中国商品贸易状况的图册以及一些外销画等。这样尽可能地将古代图籍资源的绘画风格都进行相应的类别归属。

地域分类是按照我国的行政区划分为十个区域,东北、华北、西北、华东、华中、华南、西南,以及中国台湾、中国香港和中国澳门。我们又将全国的省份按照各个区域的分布进行了细分,如舆地图、建筑图、宗教图等都进行了地域的标注。针对不同行业不同需求的使用者，"古籍图典资源库"都能够尽最大可能提供专业的分类参考。

颜色分类比较简单,古籍中的插图以黑白图为主,所以黑白插图占到图片总数的80%,彩图占20%左右。但是彩色插图基本上都是图库里的精华,如《花鸟图帖》《本草图谱》《庆赏升平》戏曲人物脸谱服饰图、《红楼梦画册》以及晚清民间生活图册等。其中《红楼梦画册》中一幅幅色彩斑斓的人物故事场景帮助读者在阅读文字的同时结合栩栩如生的人物和场景彩图,对小说人物性格和命运产生独特的理解和领悟。清代彩绘戏曲扮相谱《庆赏升平》97幅彩绘戏曲人物脸谱展现了9种不同戏曲演出妆容,精美的彩绘称得上是古籍彩绘中的最高品质。黑白图和彩图对现代设计行业各有其独特价值。

应用场景是将这些古籍图籍的应用行业和场景同现代行业进行了最大限度的联想,并将这些图籍进行勾连和挂接。应用场景分为工业设计、建筑设计、服装设计、装潢装饰、舞美设计、动漫游戏、文化旅游、创意设计、文具用品、文化教育十类,使用者可根据自己的需要检索相应场景的图片,帮助进行艺术构想和创作。使用者还可以将以上各项类别组合进行高级检索,如对进行组合检索颜色为"彩色"、类别为"服饰"、关键词为"凤"、应用场景为"文化旅游"的筛选条件来进行查找,也可以在检索栏填入任意关键词来检索出含有此元素的图片,力争将传统古籍文献插图和现代应用产业相结合,从而产生更符合当代艺术创作需求的新思路、新点子,更好地服务于当代艺术领域的需求。

六、总结与展望

文化的发展与繁荣,以及中华文化的"走出去"的时代要求,都有赖于对传统文化尤其是对历代珍贵典籍的清理与研究。"古籍图典资源库"的建设是对中国传统文化的历朝历代图像典籍资源进行元素挖掘和精确标引的数字化建设,将这些图籍图典制作成可供电子阅览、检索的数据库,为图书馆提供不占过多物理空间的数字化珍贵图籍,最大程度地提高古籍图籍资源的使用率,发挥其应有的学术价值并加快中国传统文化的传播与繁荣。

当前,数字融合发展时代给出版等传统产业的发展提出了挑战,同时也给出版行业进行数字化转型和融合发展带来了的前所未有的机遇。"古籍图典资源库"的建设将使数万种最珍贵、最具学术研究价值的数字化图籍更好服务于现代文化创意产业,将古籍中蕴含丰富传统文化内涵的插图细粒度化,将有潜质的成果商业化。挖掘古籍的时代价值是新时代古籍再生性保护的新使命。新时代我们需要在系统整理和传承优秀古籍文献的同时,做好古籍资源的转化利用,为新时代更好弘扬中华优秀传统文化贡献力量。

(武永丽,国家图书馆出版社编辑)

参考文献:

[1] 张志清.国家图书馆古籍保护的历史、现状和任务[C]//杨牧之.古籍整理与出版专家论古籍整理与出版.南京:凤凰出版社,2008:271.

[2] 新华社.中共中央办公厅国务院办公厅《关于推进实施国家文化数字化战略的意见》[EB/OL](2022-5-22)[2022-8-18].http://www.gov.cn/xinwen/2022-05/22/content_5691759.htm.

[3] 习近平在中国人民大学考察时强调 坚持党的领导传承红色基因扎根中国大地走出一条建设中国特色世界一流大学新路[EB/OL].(2022-4-25)[2022-8-17].http://www.news.cn/politics/2022-04/25/c_1128595417.htm.

[4] 魏崇,王涛.落实文化数字化战略 参与国家文化大数据体系建设的思考[J].出版参考,2022(8):13-15.

[5] 新华社.中共中央办公厅、国务院办公厅印发《关于推进新时代古籍工作的意见》[EB/OL].(2022-4-11)[2022-8-18].http://www.gov.cn/zhengce/2022-04/11/content_5684555.htm.

[6] 张伟娜,符永驰.后控词表在中医古籍检索系统中的示范应用[J].广州中医药大学学报,2011(2):196-197,200.

版本与鉴赏

北京师范大学图书馆藏史部善本古籍未刊题跋续辑

A Supplementary Compilation of the Unpublished Prefaces and Postscripts in the History-related Rare Books Collected in Beijing Normal University Library

程仁桃

摘　要:北京师范大学图书馆藏古籍善本中名家题跋本甚富,此次整理了史部未见刊布的题跋七种,即《三国志》张继跋,《梁书》朱希祖跋,《孙志伊摘抄明史记事本末节本》孙毓修跋,《虎口余生记》王贡忱跋,《超化志》恩华跋,《锡山钱武肃王祠》许汉卿跋,《水经注》冯煦跋,具有一定的文献价值。

关键词:北京师范大学图书馆;题跋;续辑

北京师范大学图书馆馆藏古籍 40 余万册,其中善本 4 万余册,130 种入选《国家珍贵古籍名录》,善本中有诸多批校题跋本,其中不乏名家题跋者。我们在整理古籍善本中,已陆续将这些批校题跋整理发表,今在库中又拣得七种史部未发表的善本题跋,现整理出来,略加注释,供学者研究。

一、《三国志》六十五卷,晋陈寿撰,南朝宋裴松之注,明万历二十四年（1596）南京国子监刻清顺治十六年（1659）重修本

张继跋云:

南监本《三国志》,万历丙申冯梦祯校刊,有清顺治十六年补板,而无康熙卅九及乾隆五十五年之补板,犹清初印本也。继识。二十、八、廿。

按：张继（1882—1947），原名溥，后改名继，字溥泉、博泉，别号自然生，直隶沧县（今属河北省沧州市）人。清光绪二十五年（1899）留学日本，习政治经济学。参与创立华兴会，参加同盟会、南社，参与创办《国民日报》《新世纪》，兼《民报》编辑等。历任参议院议长、国民党中央执行委员、司法院副院长、故宫博物院文献馆馆长、国史馆馆长等职。溥泉幼时随父就读于莲池书院，喜金石、擅书法，晚年曾主持国民党党史和民国史的编纂工作。有《张溥泉先生全集》《张溥泉先生全集补编》《张溥泉先生回忆录·日记》等行世。

南监本，即南京国子监刻本。冯梦祯（1548—1605），字开之，浙江秀水（今属嘉兴）人。明万历五年（1577）进士。万历二十四年丙申，冯梦祯在南京国子监祭酒任上不仅整顿了存放在南监的宋元官刻《十七史》旧板，并重新校刻了《三国志》，故新刻本每卷卷末均有冯梦祯校书题记，版心上镌"万历二十四年刊"。入清，原存南监的宋元旧刻及新刻诸史板片均移至江宁藩库，顺、康、乾三代均有补修，直至清嘉庆十年（1805），江宁藩库毁于大火，诸板片同归于尽。馆藏本共有 14 处版心上镌有"顺治十六年刊"字样，未见有康、乾时刊刻字，故张继定为"清初印本"。

二、《梁书》五十六卷，唐姚思廉撰，明万历三年（1575）南京国子监刻本

朱希祖跋云：

> 夷初尊兄南旋，颇有被褐出阊阖，高步追许由之概，因赠旧本《梁书》一部，以相期不忘古谊云尔。朱希祖谨识。

按：朱希祖（1879—1944），字逷先，又作逖先，浙江海盐（今海盐县）人。清末留学日本早稻田大学。民国时，历任北京大学、北京高等师范学校、清华大学、辅仁大学、中山大学及中央大学等校教授，并任清史馆协修、中央研究院历史语言研究所特约研究员等职。著有《中国史学通论》《汲冢书考》《明季史料题跋》等。朱希祖喜收集古籍，于明清珍刻、宋季野史、南明史籍、地方志乘、抄本秘籍，无不搜求，全盛时期藏书达 25 万册。所藏以明代史料最富。

夷初，即马叙伦（1885—1970），字彝初，更字夷初，号石翁、寒香，晚号石屋老人，浙江杭县（今属杭州市）人。早年入杭州养正书塾，离校后在上海从事报

刊编辑工作,参与编辑《新世界学报》《政艺通报》《国粹学报》等刊,后又执教于广州两广师范学堂、方言学堂、浙江第一师范学校、北京大学等。民国时曾任浙江教育厅厅长、教育部次长等职。1945年发起成立民主同盟促进会。中华人民共和国成立后,历任政务院文化教育委员会副主任、中华人民共和国教育部部长、高等教育部部长等职。马叙伦藏书以清人词集及清代俗文学著作最有特色。1930年,马叙伦将其天马山房藏书共18296册售于辅仁大学。民国初年,马叙伦与朱希祖同在北京大学任教。

"南旋",即指1915年底,袁世凯下令"明年著改为洪宪元年",马叙伦不愿在袁皇帝的"辇毂之下"做事,毅然辞去北京大学、北京医专的教职,南下上海,并拟由沪回杭。《国立北京大学校史略》(1933年编印)载:"袁世凯叛国称皇帝,文科教授马叙伦愤然曰:'是不可久居矣。'即日离职去,一时有挂冠教授之称。"[1]"被褐出阊阖,高步追许由"出自西晋左思《咏史八首》之五。许由是传说时代尧帝时的隐士,尧要把天下让给他,他不肯接受,便逃到箕山之下,隐居躬耕。朱希祖引用此诗显然是赞许马叙伦重义轻利的高洁品行。

三、《孙志伊摘抄明史记事本末节本》不分卷附《各省名臣大儒爵里考》一卷,稿本

孙毓修跋云:

先君子治经之暇,喜读史家,无藏书,多借里中荣咏叔主政、张哲夫外舅家藏本。先君见有嘉言懿行可为法诫者,辄手录之。今皆散逸,惟此摘抄谷应泰《明史纪事本末》尚完好如初耳。

先君子治经之余,喜读史,顾积史部书甚少,今惟有明人《纲鉴会纂》残本数册,尚是先人手泽也。丹黄烂然,遇事之善者,则用圈,不善者则用竖,盖寓褒贬之微意焉。此为先人手抄谷应泰《明史纪事本末》节本,首附《各省名臣大儒爵里考》,则先人所自撰也。毓修奉读有年,纸敝墨渝,大惧散逸,因命工装,补分为二册。凡我子孙当世世爱护,俾无失坠。辛亥十月十六日男毓修志于沪寓。

按:孙毓修(1871—1922),字星如,一字恂如,号留庵,自署小绿天主人,江苏梁溪(今属无锡市)人。清末秀才。清末目录学家、藏书家、图书馆学家、儿

童文学家。曾执教于南菁书院。光绪三十三年（1907）进入商务印书馆。1919年，主持影印《四部丛刊》。著有《中国雕板源流考》《永乐大典辑本考》等。家有"小绿天庵"藏书楼，藏书多来自于明代安国和清代卢址的旧藏，且宋、明刊本颇多，编撰有《小绿天孙氏鉴藏善本书目》。

孙志伊，即孙毓修父亲孙樾，字志伊。少年时上过私塾，后随父在沪经商，"于旧时所学未肯抛弃，暇辄温习经史，间作论文"。他到处借抄，"所读之多，过于所藏什百矣""家藏《禹贡汇解》两巨册，俱所手书，其他抄写百家秘帧，校勘经史诸书，亦多且精"[2]。荣咏叔，即荣光世，为孙毓修母亲的族叔辈。光绪二年（1876）进士，曾官工部水司主事，著有《兰言居遗稿》。荣汝棻《棠荫轩遗稿》卷一有《同怀孝友咏叔季英二荣公传》云："棻马齿少于叔六，……尝与孙姊夫志伊、胡君捷三称及门四弟子，而叔为领袖。"张哲夫，为孙毓修岳父，生平无考。

四、《虎口余生记》一卷《塘报稿》一卷，明边大绶撰；《寻亲记程》一卷《滇还日记》一卷，清黄向坚撰，清末民国抄本

王贡忱跋云：

> 辛未春，得此抄本，披读一过，百感交集。因念世之人偷安旦夕，不顾节义，卒致身败名裂，为天下笑者，何可胜道。须知委曲偷生者，未必得生，其舍生取义者，亦未必不生。小人枉为小人，此言信不诬也。观边先生《虎口余生记》与黄孝子《寻亲记程》类，皆出生入死，几濒于危而绝处逢生，出人意表，亦可见天道至公，不能因人之善于规避而恕其恶，更不能因人之勇于为善而挫其锋。忠孝发于至性，固非成败利害所得而摇也。辑是编者，合二事为一册，殆有深意存焉。济南王贡忱识于止适斋。

按：王贡忱即王寀廷（1877—1952），字拱宸，号贡忱，山东桓台（今桓台县）人。民国时曾任山东省副议长。藏书家，有《止适斋藏书目》。王寀廷曾在济南设旧书店逢源阁，以王茂青为经理人。题记中写明"辛未春，得此抄本，披读一过"，辛未，指民国二十年（1931）。书内钤"杨绍和鉴定"，疑伪。

《虎口余生记》记边大绶奉诏掘李自成祖坟，后被李自成军队擒获，几经周折，终逃脱。边大绶自叙其中种种经历，命名为《虎口余生记》。《塘报

稿》为边大绶任米脂知县时向陕西总督军门汪乔年汇报掘李自成祖坟相关事宜的文书。《寻亲记程》记黄向坚父黄孔昭于明崇祯十六年（1643）携妻赴任云南大姚县令，次年清兵入关，音信断绝。黄向坚于顺治八年（1651）腊月初一启程赴云南寻找双亲，至次年五月十五日到达大姚，见到双亲。《滇还日记》则以月日系事，记载了黄向坚与双亲从云南大姚跋山涉水回到家乡的经历。民国时上海进步书局将《虎口余生记》《寻亲记程》与《滇还日记》合刊出版，但未说明合刊缘由。馆藏本书前王贡忱题记说明因《虎口余生记》与《寻亲记程》所载之事皆出生入死、绝处逢生、出人意表，故合抄为一册。

五、《超化志》三卷，清钱九同撰，稿本

恩华跋云：

> 超化，密县寺名也。隋开皇元年建。明末筑超化寨以避乱，其地有超化村、超化集等名。南淳先生，密人也。旅食于外，以超化为诗。洎水发源地又为宋金元明名流登眺胜迹，作此书以志向往。考南淳，名九韶，后易今名。著有《南淳诗文集》，已梓行。其《河岳集》《研来斋杂记》等藏于家。此志疑亦未梓行者。嘉庆间修《密县志》，于此书不尽采录，或亦未见此书亦未可知。莲痕先生近获原抄本，假读一过，校录数字以归之，信可宝也。乙酉孟夏咏春恩华识（钤印：韵邨）。

按：恩华（1872—1946），即杨恩华，字咏春，又字韵邨，号緘庵、适斋，蒙古镶红旗人，原姓巴鲁特，汉姓杨。光绪二十九年（1903）癸卯科三甲进士，后毕业于日本法政大学，历任江南三江师范学堂提调、学部员外郎、总务司司长、弼德院参议等，民国后任众议院议员、乌里雅苏台都护副使、蒙藏院副总裁、司法部次长等职。喜藏书。著有《八旗艺文志编目》。《超化志》内有浮签校字，按笔迹当即恩华所校（即题跋所言"校录数字"）。

莲痕先生，即陈莲痕，原名燕方，江苏昆山（今昆山市）人。南社文人。室名根香庐。喜聚书，尤好收藏地方志。所藏志书1500多种，共12000余册。1948年全部售于辅仁大学。此《超化志》即其中之一种。

超化，即今河南新密市超化镇。隋开皇元年此地建超化寺，至唐武则天时达鼎盛。超化即因之得名。此志用乌格纸誊录,版心下镌"南淳书屋"。前有乾隆三十四年(1769)钱九同序,末钤"超化村人""太和""九同"。钱九同(1731—1796),又名九韶,字太和,号南淳,河南密县(今属新密市)人。乾隆贡生。工诗,曾作芦花诗,时称"中州钱芦花"。

六、《锡山钱武肃王祠》一卷,清钱泳辑,清嘉庆稿本

许汉卿卷前跋云:

> 此钱氏诵芬述怀之作,梅溪翁楷法尤不易得。癸未嘉平月汉卿记(钤印:许氏汉卿珍藏)。

卷末跋云:

> 梅溪翁书此册时年将望六,然折铁画沙,锋芒犀利,全抚吴兴,兼寓欧虞,墨法浑融,端凝森严,行简疏密,精力充善,过于壮年。揽之庄重,令人生敬,是可知先辈之功力,后生何可及哉!无怪今人钦若泰斗,而仰慕、临抚,虽踵趾不可及,安望项背乎?或谓此册纯乎楷法,端敬严肃,姿态少媚,于吾人把玩似乏兴趣。曰:不然,此盖钱氏之祠志也。倘行草杂出,篆隶纷纭,于展玩则美矣善矣,奈敬祖崇宗之恭意何?

按:许汉卿(1883—1961),名福昀,字汉卿,原籍江苏盐城,生于山东。银行家、收藏家。曾任清政府刑部主事、大清银行济南稽核委员、天津造币厂总收支等职,入民国长期在银行业任职,曾参与筹办大陆银行。中华人民共和国成立后,仍为大陆银行总经理。

钱泳(1759—1844),字立群,号台仙,一号梅溪,江苏金匮(今属无锡市)人。长期做幕客,足迹遍及大江南北。工诗词、篆、隶,精镌碑版,善于书画,作印得三桥(文彭)、亦步(吴迥)风格。著有《履园丛话》《履园谭诗》《兰林集》《梅溪诗钞》等。辑有《艺能考》。

是书载清雍正以来无锡钱氏家族祠堂兴起和管理的有关情况,内分"志载""案卷""祠图""碑记""栗主""祭仪""祠产""杂录"八个部分。

七、《水经注》四十卷,北魏郦道元撰,清戴震校,清乾隆孔继涵微波榭刻本

冯煦跋云：

丙子之冬，有夔州之役。舟中借礼卿仁和赵氏本校一过。经注有两本相歧者，则朱书于右方，字画小差，不悉正也。其异文之繁者，记之别纸。校始十一月二十日，凡一月而卒业。时阻风反嘴已三日，去监利尚百许里，夜大风发于上水，冰雪交下，又雷起西南，而东北声甚迅。非时而雷，不知竟何征也。十二月二十日冯煦志。

按：冯煦（1842—1927），原名冯熙，字梦华，号蒿庵，晚号蒿叟、蒿隐，江苏金坛（今属常州市）人。光绪八年（1882）举人，光绪十二年（1886）进士，授翰林院编修。历官安徽凤阳府知府、四川按察使和安徽巡抚。辛亥革命后，寓居上海，以遗老自居。冯煦工诗、词、骈文，尤以词名，著有《蒿庵类稿》等。

据虞寿勋《冯蒿叟传略》："（蒿叟）至三十三岁时，方中副榜。应四川官府之邀，赴四川主讲于夔州之文山书院。"[3]冯煦首赴夔州事在清同治十三年（1874），即其虚岁三十三。《蒿庵类稿》卷五有诗《轮船中放歌赠高安丁宝馨》云"甲戌十一月，劳劳事西征"，同年又有《于夔杂诗》"于夔之役，中冬首涂"，《甲戌夔州除夕作》"归期莫语巴山雨，乘兴来聒蜀国弦"。"甲戌"即同治十三年（1874），以上诗作可知冯煦于甲戌奔赴夔州，并已有归期，因而跋中所言丙子年（1876）"夔州之役"当是其东归后再次赴夔州，检其该年诗作有《东归别纪三》。"礼卿"，即蒯光典（1875—1910），字礼卿，安徽合肥人。光绪九年（1883）进士，授检讨。光绪二十二年主讲尊经书院，后聘两湖书院监督。光绪二十四年，总办江南高等学堂。光绪三十二年，官淮扬道候补。光绪三十四年赴欧洲，任留学生监督，岁余辞职。宣统二年提调南洋劝业会，旋遇疾卒。冯煦与蒯光典交好，又为蒯光典之父蒯德模的门生。蒯德模卒后，由冯煦撰《皇清诰授中议大夫三品衔补用道夔州府知府随带加二级蒯公墓志铭》，内云："煦事公久，又与光典为同岁生，铭莫煦若。"[4]蒯德模于同治十一年（1872）赴任夔州知府。冯煦主讲文山书院，应是蒯德模的邀约。

（程仁桃，北京师范大学图书馆副研究馆员）

参考文献：

[1] 张中行 . 负暄琐话 [M]// 张中行全集：第 1 卷 . 哈尔滨：北方文艺出版社，2019：31.

[2] 荣汝荼 . 题孙志伊君读书随笔 [G]// 棠荫轩遗稿：卷一 . 无锡：铅印本 .1933（民国二十二年）.

[3] 金坛文史资料：第 11 辑 [M]. 金坛：政协金坛县委员会文史资料研究委员会，1993：67.

[4] 蒯德模，蒯光典 . 蒯氏家集：上 [M]. 蒯文铮，点注 . 合肥：黄山书社，2019：23.

丹麦皇家图书馆努德·冈纳·克林特藏中文古籍考述*

An Overview of the Ancient Chinese Books in the Knud Gunnar Kring Special Collection in the Royal Danish Library

张春燕

摘　要：丹麦皇家图书馆藏汉籍的主要来源之一，是努德·冈纳·克林（Knud Gunnar Kring）旅居中国期间收购的一批藏书，内容涉及经、史、子、集四部。笔者依据丹麦皇家图书馆藏汉籍相关信息，考述克林所藏汉籍的版本情况，并选取其中有代表性的版本，探讨它的文献价值。

关键词：丹麦皇家图书馆；努德·冈纳·克林；藏书；文献价值

　　努德·冈纳·克林（Knud Gunnar Kring，1886—1918），出生于丹麦朗厄兰岛斯诺泽地区，在读书时期，受其表兄弟影响，学习了中文。1906 年，克林被丹麦皇家图书馆特聘为助理，从事汉学相关研究。1908 年，克林来到中国，先后在多家公司任职，并继续他的汉学研究及汉籍收藏。1918 年，克林因西班牙流感，不幸于厦门逝世。克林一共收藏了大约 550 种书，总数量在 10000 册左右，主要是关于中国历史、语言文献等方面。

　　克林的藏书最终由丹麦皇家图书馆收购，由此该馆也成为了北欧国家中拥有最多汉籍收藏的图书馆。丹麦皇家图书馆藏克林旧藏中文古籍 94 部，索书号主要集中在 OA 102–675 至 OA 102–878 之间，且古籍内部未见克林相关序跋以及藏书印章，仅有矩形藏书票：K. KRINGS SAMIANG DET KONGELIGE BIBLIOTEK MVMXX，主要粘贴在首篇序文板框下部，或是封面、内封面背面下部。笔者依据所见藏书信息，按《中国古籍总目》经、史、子、集四部，分类考述。

一、经部

克林所藏经部汉籍 60 部，是其所藏汉籍中占比最大的部分。其中有总类 5 部，易类 7 部，书类 6 部，诗类 6 部，礼类 5 部，春秋类 5 部，群经总义类 5 部，小学类 21 部。克林所藏经部古籍中，大多是清刻本，在此选取其中较有代表性的部分，略作考述。

其一为易类藏书。此类藏书是克林经部藏书中最有文献价值的部分，明万历三十四年（1606）潘师鲁刻本《读易述》十七卷（OA 102-701），明潘士藻辑，2 函 11 册，板框高 20.6 厘米，宽 13.6 厘米，半叶 9 行 20 字，白口，四周单边，单黑鱼尾。版心上镌"洗心斋"，中镌小题及页码。卷端首行题"读易述卷之一"，次题"玉笥山人潘士藻去华父辑"。卷前有万历三十四年焦竑《序》，《序》后题"黄一桂督刻"，次《读易述目录》。

《四库全书总目》云："其书上、下《经》十卷，《系辞》至《杂卦》七卷。每条皆先发己意，而采缀诸儒之说于后。……则所据旧说，惟采《周易义海》《周易集解》二书。然大旨多主于义理，故取《义海》者较多，《集解》所载如虞翻、干宝诸家涉于象数者，率置不录。盖以房书为主，而李书辅之也。"[1]31 潘士藻所撰《读易述》，取材于《周易义海》《周易集解》二书，因其撰写内容侧重于义理阐发，故以房审权《周易义海》所述为主。焦竑《序》云："子师鲁辈不以自私，梓而公诸同好，有能繇诸象数，契其根源出入，以度外内而不惧者，斯其为已易也夫。"又据《中国古籍版刻辞典》："黄一桂，明万历间歙县地区刻字工人，参加刻过《读易述》（潘师鲁本）。"[2]522 由此，此本是明万历三十四年潘师鲁所刻。据《中国古籍总目》，国家图书馆、江西图书馆等五馆存藏，另有上海图书馆藏明刻本，南京图书馆藏清抄本。[3]105

其他易类藏书，基本信息参见下表（表 1）。

表 1　易类藏书版本信息

索书号	书名	著者	版本	函册	行款
OA 102-695	《周易程传》八卷	（宋）程颐撰	清同治五年（1866）金陵书局刻本	1 函 3 册	半叶 9 行 17 字，小字双行同，白口，左右双边，单黑鱼尾

续表

索书号	书名	著者	版本	函册	行款
OA 102-696	《周易本义》附《音训》十二卷	（宋）朱熹撰，（宋）吕祖谦音训，（清）刘世说辑	清同治四年（1865）金陵书局刻本	1函2册	半叶9行17字，小字双行同，白口，左右双边，单黑鱼尾
OA 102-697	《晦庵先生朱文公易说》二十三卷	（宋）朱鉴辑，（清）纳兰成德校订	清同治十二年（1873）广东书局重刻《通志堂经解》本	2函8册	半叶11行20字，小字双行约30字，白口，左右双边，单黑鱼尾
OA 102-698	《雕菰楼易学》四十卷	（清）焦循撰	清嘉庆二十二年（1817）刻本	4函12册	半叶10行21字，小字双行同，黑口，左右双边，无鱼尾
OA 102-702	《问心录周易解》二十二卷	（清）邓子宾撰	清同治十三年（1874）乃则堂刻本	2函10册	半叶11行26字，小字双行同，白口，左右双边，单黑鱼尾
OA 102-703	《水村易镜》	（宋）林光世撰，（清）纳兰成德校订	清同治十二年（1873）广东书局重刻《通志堂经解》本	2函10册	半叶11行20字，白口，左右双边，单黑鱼尾

　　其二为小学类藏书。此类藏书是克林所藏汉籍中数量最多的一类，这与其生活经历及汉学研究方向有关。克林在中国生活多年，先后掌握了至少七种汉语方言，其汉学研究的方向主要集中在中国古典文献方面。此类藏书也是克林学习汉语方言以及进行汉学研究的必备参考书目，主要涉及文字、说文、音韵等方面（参见表2）。

表2　小学类藏书版本信息

索书号	书名	著者	版本	函册	行款	类别
OA 102-848	《新集古文四声韵》五卷	（宋）夏竦撰	清光绪八年（1882）刻《碧琳琅馆丛书》本	1函4册	半叶6行约10字，小字双行约20字，黑口，左右双边，无鱼尾	文字之属

索书号	书名	著者	版本	函册	行款	类别
OA 102-855	《隶韵》十卷附《碑目》一卷《考证》一卷	（宋）刘球撰，（清）翁方纲考证	清嘉庆十五年（1810）刻本	1函6册	半叶5行12字，小字双行约24字，白口，四周单边，单黑鱼尾	文字之属
OA 102-865	《隶辨》八卷	（清）顾蔼吉撰	清同治十二年（1873）涣古山房刻本	1函8册	半叶12行20字，黑口，四周单边，单黑鱼尾	文字之属
OA 102-867	《汉隶字源》五卷附《碑目》一卷	（宋）娄机撰	清光绪三年（1877）归安姚氏川东官舍刻本	1函6册	半叶5行9字，小字双行18字，白口，左右双边，无鱼尾	文字之属
OA 102-878	《选集汉印分韵》二卷《续集》二卷	（清）袁日省撰	清嘉庆二年（1797）至八年（1803）漱艺堂刻本	1函4册	半叶6行，白口，左右双边，无鱼尾	文字之属
OA 102-852	《骈雅训纂》七卷附《补遗》七卷	（明）朱谋㙔撰，（清）魏茂林训	清光绪十二年（1886）虞山后知不足斋刻本	1函8册	半叶12行25字，小字双行同，白口，四周双边，无鱼尾	训诂之属
OA 102-856	《说文解字》三十卷附《六书音韵表》五卷	（东汉）许慎撰，（清）段玉裁注	清同治六年（1867）苏州保息局补刻本	4函4册	半叶9行22字，小字双行同，白口，左右双边，单黑鱼尾	训诂之属
OA 102-857	《说文解字》十四卷	（东汉）许慎撰，（清）段玉裁注，（清）胡积城校	清嘉庆二十年（1815）刻本	3函14册	半叶8行22字，小字双行同，白口，左右双边，单黑鱼尾	说文之属
OA 102-859	《六书通》十卷	（清）闵齐伋撰，（清）毕弘述篆订	清乾隆六十年（1795）刻本	1函8册	半叶8行12字，小字双行24字，白口，四周双边，无鱼尾	说文之属
OA 102-860	《六书通》十卷	（清）闵齐伋撰，（清）毕弘述篆订	清乾隆六十年（1795）刻本	1函5册	半叶8行12字，小字双行24字，白口，四周双边，无鱼尾	说文之属

续表

索书号	书名	著者	版本	函册	行款	类别
OA 102–861	《六书正讹》五卷	（元）周伯琦编注	清同治五年（1866）邵氏惜古斋刻本	1函2册	半叶5行，小字双行20字，白口，四周单边，单黑鱼尾	说文之属
OA 102–862	《说文解字徐氏系传》四十卷	（东汉）许慎撰，（南唐）徐锴传释，（南唐）朱翱反切	清道光十九年（1839）寿阳祁寯藻刻本	1函8册	半叶5行11字，小字双行22字，白口，左右双边，单黑鱼尾	说文之属
OA 102–863	《说文通训定声》十八卷附《分部检韵》一卷《尔雅》十九篇《古今韵准》一卷	（清）朱骏声撰，（清）朱镜蓉参订	清咸丰元年（1851）刻本	2函20册	半叶10行15字，小字双行30字，白口，四周双边，单黑鱼尾	说文之属
OA 102–866	《说文解字》十五卷	（东汉）许慎撰，（南唐）徐铉校定	清嘉庆十四年（1809）阳湖孙氏平津馆刻本	1函8册	半叶10行22字，小字双行同，白口，左右双边，单黑鱼尾	说文之属
OA 102–869	《说文辨字正俗》八卷	（清）李富孙撰	清同治九年（1870）刻本	1函2册	半叶10行21字，小字双行同，黑口，左右双边，单黑鱼尾	说文之属
OA 102–870	《说文通训定声》十八卷附《分部检韵》一卷《尔雅》十九篇《古今韵准》一卷	（清）朱骏声撰，（清）朱镜蓉参订	清同治九年（1870）刻本	1函4册	半叶8行20字，小字双行同，白口，上下双边，单黑鱼尾	说文之属
OA 102–873	《古今韵会举要》三十卷	（元）熊忠撰	清光绪九年（1883）淮南书局刻本	2函10册	半叶11行20字，小字双行同，黑口，左右双边，对黑鱼尾	音韵之属

续表

索书号	书名	著者	版本	函册	行款	类别
OA 102-874	《柴氏古韵通》八卷附《正音切韵复古编》一卷	（清）柴绍炳撰	清乾隆四十一年（1776）刻本	1函8册	半叶8行16字，小字双行同，白口，左右双边，单黑鱼尾	音韵之属
OA 102-875	《四声韵谱》十六卷《切韵求蒙》一卷	（清）梁僧宝撰	清光绪十六年（1890）梁氏家塾刻本	1函4册	半叶4行，白口，左右双边，单黑鱼尾	音韵之属
OA 102-853	《经传释词》十卷	（清）王引之撰	清嘉庆二十四年（1819）刻本	1函6册	半叶10行21字，小字双行同，黑口，四周双边，单黑鱼尾	文法之属

其中《问奇一览》二卷附《补遗》一卷（OA 102-851），清李书云辑，清朱素臣较。清乾隆二十九年（1764）李书云刻乾隆三十一年（1766）汪焘重修本。1函4册。板框高19.1厘米，宽13.3厘米，半叶9行20字，小字双行同，白口，左右双边，单黑鱼尾。版心上镌书名，中镌卷次及文体，下镌页码。卷端首行题"问奇一览"，次题"广陵李书云辑，吴门朱素臣较"，卷前有乾隆三十一年汪焘《叙》，次《问奇一览目录》。

汪焘《叙》云：

> 《问奇一览》暨《音韵须知》，总为书若干卷，广陵李秘园先生所辑，皆有裨小学之书也。……先生之为是书，其论偏旁，则本于豫章张氏，……其讲音韵，则本于高安周氏今，阴阳区清浊而所谓切韵捷法者，则本于槜李陈氏，而其原实出于宋之刘须溪，……余既为之修整而复识以此者，以见先生当日著撰之崖略云。

汪焘从偏旁、音韵、反切、训诂等多方面，论述李宗孔《问奇一览》虽成书较晚，亦有其价值所在，并与《说文》《玉海》等专书对比，总结各书优劣。据《中国古籍总目》，北京大学图书馆存藏[3]1084。

其三，克林所藏经部其他古籍，总类有《通志堂经解》一千七百九十二卷，书类有《禹贡锥指》二十卷,礼类有《五礼通考》一百四十三卷,群经总义类有《六经图》二十四卷,等等（基本信息参见表3）。

表3　经部其他类部分藏书版本信息

索书号	书名	著者	版本	函册	行款	类别
OA 102–680	《十三经古注》二百二十九卷	（明）金蟠辑，（明）葛鼐校	明崇祯十二年（1639）永怀堂刻清同治八年（1869）浙江书局重修本	11函48册	半叶9行25字，小字双行同，白口，左右双边，单黑鱼尾	总类
OA 102–678	《皇清经解》一千四百八卷	（清）阮元辑	清道光九年（1829）广东学海堂刻清咸丰十一年（1861）补刻本	46函360册	半叶11行24字，小字双行同，白口，左右双边，单黑鱼尾	总类
OA 102–691	《群经平议》三十五卷	（清）俞樾撰	清同治十年（1871）刻本	2函8册	半叶10行21字，黑口，左右双边，无鱼尾	总类
OA 102–704	《钦定书经传说汇纂》二十一卷首两卷附《书序》一卷	（清）王顼龄等撰	清雍正八年（1730）内府刻本	3函12册	半叶8行22字，小字双行同，白口，四周双边，单黑鱼尾，无行格栏	书类
OA 102–708	《尚书后案》三十卷附《尚书后辨》一卷	（清）王鸣盛撰	清乾隆四十五年（1780）刻本	2函8册	半叶14行30字，小字双行45字，黑口，四周单边，单黑鱼尾	书类
OA 102–709	《禹贡锥指》二十卷	（清）胡渭撰	清康熙四十四年（1705）漱六轩刻本	2函12册	半叶11行21字，白口，左右双边，单黑鱼尾	书类
OA 102–710	《钦定诗经传说汇纂》十八卷	（清）王鸿绪等撰	清雍正五年（1727）内府刻本	2函13册	半叶8行21字，有耳，白口，四周双边，单黑鱼尾	诗类
OA 102–711	《御纂诗义折中》二十卷	（清）傅恒、孙嘉淦等撰	清乾隆二十年（1755）武英殿刻本	2函20册	半叶8行20字，白口，四周双边，单黑鱼尾	诗类

续表

索书号	书名	著者	版本	函册	行款	类别
OA 102–715	《毛诗补疏》五卷	（清）焦循撰	清嘉庆二十三年（1818）江都焦氏雕菰楼刻本	1函1册	半叶10行21字，小字双行同，黑口，左右双边，无鱼尾	诗类
OA 102–717	《续吕氏家塾读诗记》三卷《絜斋毛诗经筵讲义》四卷	（宋）戴溪撰；（宋）袁燮撰	清乾隆四十年（1775）至四十一年（1776）武英殿聚珍版印本	1函3册	半叶9行21字，白口，四周双边，单黑鱼尾	诗类
OA 102–726	《三礼通释》二百八十卷目录四卷	（清）林昌彝撰	清同治三年（1864）广州刻本	6函48册	半叶10行23字，小字双行同，白口，四周双边，单黑鱼尾	礼类
OA 102–728	《五礼通考》一百四十三卷	（清）秦蕙田编辑	清乾隆十八年（1753）刻本	7函50册	半叶9行21字，小字双行30字，白口，四周双边，单黑鱼尾	礼类
OA 102–737	《仪礼释官》九卷首一卷	（清）胡匡衷撰	清同治八年（1869）研六阁刻本	1函4册	半叶10行21字，小字双行同，左右双边，单黑鱼尾	礼类
OA 102–720	《春秋公羊经传解诂》十二卷	（汉）何休注	清道光四年（1824）扬州汪氏问礼堂刻本	1函2册	半叶11行19字，小字双行27字，白口，左右双边，对黑鱼尾	春秋类
OA 102–724	《春秋繁露》十七卷	（汉）董仲舒撰；（清）凌曙注	清嘉庆二十年（1815）刻本	1函4册	半叶10行21字，小字双行同，白口，左右双边，单黑鱼尾	春秋类
OA 102–682	《经义述闻》三十二卷（存卷1—16，19—32）	（清）王引之撰	清嘉庆二十二年（1817）刻本	2函30册	半叶10行21字，小字双行同，白口，四周双边，单黑鱼尾	群经总义类

续表

索书号	书名	著者	版本	函册	行款	类别
OA 102-685	《七经孟子考文并补遗》二百卷	（日本）山井鼎辑，（日本）物观纂修	清嘉庆二年（1797）仪征阮氏小琅嬛仙馆刻本	3函 24册	半叶9行21字，小字双行同，白口，左右双边，单黑鱼尾	群经总义类
OA 102-686	《古经解钩沉》三十卷	（清）余萧客撰	清乾隆六十年（1795）刻本	2函 8册	半叶10行19字，黑口，四周双边，无鱼尾	群经总义类
OA 102-687	《六经图》二十四卷	（清）郑之侨编	清乾隆九年（1744）刻本	2函 12册	半叶7行17字，白口，四周双边，单黑鱼尾	群经总义类

其中《通志堂经解》一千七百九十二卷（OA 102-677），清徐乾学辑，清纳兰成德校订。清康熙十九年（1680）通志堂刻乾隆三十九年（1774）胡季堂补刻本。共60函354册。半叶11行20字，小字双行同，白口，左右双边，单黑鱼尾，板框高19.6厘米，宽14.9厘米。版心中镌卷次及页码，下镌"通志堂"及刻工。卷前有乾隆三十九年胡季堂《补刻徐氏经解序》，次《新刊经解目录》，次康熙十五年纳兰成德《子夏易传序》。卷后题"后学成德校订"。

此本《经解》版心下镌刻工：蒋天一、宜生、邓世维、季奉生、王允高、王子庚、杨天爵、苟召卿、张仲、孔亮、吴子仁、张进文、张茂、陈君、王玉、朱士、李左、郑孔加、缪用、缪以、周圣西、范震生、王相臣、陈元、潘平侯、潘玉、句公、张永、邓弘。据《中国古籍版刻辞典》，蒋天一等均是"康熙间刻字工人，参加刻过《通志堂经解》（通志堂本）"[2]46-943。而此本卷前有乾隆三十九年胡季堂《补刻徐氏经解序》：

昆山《徐氏经解》刻于康熙十二年，学古之士，用籍津梁，以济渊海，倮指周星。仅过百腊，而传是楼中竹素缣缃荡然羽化。此板归织造府，亦复漫漶残缺，不经刷印有年矣。余常与学使彭公、观察袁公论事及此，念我朝稽古右文，旷轶百代，皇上于制科之外，特征通经之士，优擢侍从，比复德音叠沛，广求遗书，开四库之馆，以成古今未有之巨观。上方赐膳,尚书给札,编纂者百员,缮录者千指,各省督抚承诏购募,凡故家之篋衍,寒畯所传钞,虽郢书燕说,寸纸尺号,莫不装潢投献,重埒琳球。而此《经解》一书,以前辈荟萃之勤,艺苑蓄畜之助,乃听其零落,不复收辑,岂守土者所以佐文明之治,而奖来学之心哉?乃商于尚衣舒公,发藏板,付书院肄业诸生排比校对,缺者补之,蠹者易之,阅数月竣事。费剞劂工三百两有奇,则吾数人镽俸之所出也。

可知此本刊刻于清乾隆三十九年前后,是胡季堂于徐氏传是楼处寻得康熙十九年《经解》残本,同彭元瑞等人校刊修补而成。

二、史部

克林所藏史部汉籍25部,主要集中在编年类,藏8部(参见表4)。

表4 编年类藏书基本信息

索书号	书名	著者	版本	函册	行款
OA 102-781	《资治通鉴》九十九卷	(宋)司马光编集,(元)胡三省音注	清同治八年(1869)江苏书局刻本	1函 1册	半叶10行20字,小字双行同,黑口,四周双边,顺黑鱼尾
OA 102-782	《通鉴释文辨误》十二卷	(元)胡三省撰	清同治八年(1869)江苏书局刻本	1函 1册	半叶10行20字,小字双行同,黑口,四周双边,顺黑鱼尾
OA 102-783	《续资治通鉴》二百二十卷(存卷1—19,202—220)	(清)毕沅编集	清同治八年(1869)江苏书局刻本	2函 13册	半叶10行21字,小字双行同,白口,四周双边,单黑鱼尾
OA 102-787	《资治通鉴目录》三十卷	(宋)司马光编集	清同治八年(1869)江苏书局刻本	2函 10册	半叶8行18字,白口,左右双边,单黑鱼尾
OA 102-794	《御批历代通鉴辑览》一百二十卷	(清)傅恒等撰	清同治十三年(1874)湖南书局刻本	7函 48册	半叶11行22字,小字双行同,白口,四周双边,顺黑鱼尾

续表

索书号	书名	著者	版本	函册	行款
OA 102-818	《建炎以来系年要录》二百卷	（宋）李心传撰	清光绪十一年（1885）仁寿萧氏重校本	6函 60册	半叶 10 行 22 字，小字双行同，白口，左右双边，单黑鱼尾
OA 102-822	《中兴小纪》四十卷	（宋）熊克撰	清光绪十七年（1891）广雅书局刻本	1函 6册	半叶 11 行 24 字，小字双行同，黑口，四周单边，单黑鱼尾
OA 102-1224	《西国近事汇编》四卷	（清）上海机器制造局编译	清光绪三年（1877）刻本	1函 4册	半叶 10 行 24 字，小字双行同，黑口，四周双边，单黑鱼尾

另藏有纪传类 7 部，纪事本末类 2 部，杂史类 2 部，政书类 1 部，金石类 4 部，目录类 1 部。所藏史部汉籍中，多数为清刻本，在此选取部分藏书，略作考述。

其一为纪传类藏书。此类藏书是克林所藏史部汉籍中，文献价值最大的部分，有明天启五年（1625）沈国元大来堂刻本《史记》一百三十卷（OA 102-750），汉司马迁撰，明钟惺批评，明沈国元辑。1 函 20 册。板框高 19.8 厘米，宽 14.0 厘米，半叶 9 行 18 字，小字双行同，白口，四周单边，单白鱼尾。版心上镌书名，中镌卷次及小题，下镌页码。卷一首页下镌"古吴金仁甫麟书，徐奉泉有仁梓"，次页及以后版心下镌"大来堂"。卷端首行题"史记卷第一"，次题"楚钟惺批评"，卷前有天启五年陈仁锡《史记序》，次天启五年沈国元《述语》，次《目录》。卷一首页下镌"古吴金仁甫麟书，徐奉泉有仁梓"，据《中国古籍版刻辞典》可知，"金麟，明天启年间缮写刻字工人"[2]555，"徐有仁，明万历年间的刻字工人"[2]707。

沈国元《述语》中云：

　　夙闻钟伯敬先生有评书数种，吴楚辽绝，空为向往。癸亥春，先生督学八闽，归帆泊姑苏。余前谒而陈所积私，先生欣然启箧出示多种授余。因订曰：予三十年苦心，尽在乎是，嘉子雅意好古，予无为藏山计矣，但须子善所以不贫此者。

明万历三十四年，钟伯敬先生居于南京秦淮阁，沈国元听闻先生评点古本数种,于此上门拜访,共同探讨《史记》评点事宜。其后沈氏将钟伯敬评点《史记》一百三十卷校刊修整,于天启五年成书。据《中国古籍总目》,上海图书馆、浙江图书馆、天津图书馆存藏,另南京图书馆藏清康熙五十二年胡彬抄本,等等[4]21。

其他纪传类藏书,基本信息如下(表5)。

表5 纪传类藏书基本信息

索书号	书名	著者	版本	函册	行款
OA 102-746	《宋史》四百九十六卷	(元)脱脱等修	清同治八年(1869)岭南苑古堂刻本	17函135册	半叶10行21字,小字双行同,白口,左右双边,单黑鱼尾
OA 102-771	《五代史》七十四卷(存卷1—12,65—74)	(宋)欧阳修撰,(宋)徐无党注	清同治十一年(1872)湖北崇文书局刻本	1函2册	半叶12行25字,小字双行约38字,白口,四周双边,单黑鱼尾
OA 102-775	《元史类编》四十二卷	(清)邵远平撰	清乾隆六十年(1795)席氏扫叶山房刻本	2函18册	半叶12行25字,小字双行37字,白口,左右双边,单黑鱼尾
OA 102-776	《明史窃》一百五卷	(明)尹守衡撰	清光绪十二年(1886)东莞邑局刻本	2函18册	半叶11行21字,小字双行同,白口,四周单边,单黑鱼尾
OA 102-778	《诸史拾遗》五卷	(清)钱大昕撰	清嘉庆十二年(1807)刻嘉定钱氏《潜研堂全书》本	1函2册	半叶10行21字,小字双行同,白口,左右双边,单黑鱼尾
OA 102-807	《续后汉书札记》四卷(存卷3、4)	(清)郁松年撰	清道光二十一年(1841)宜稼堂刻本	1函3册	半叶11行22字,黑口,左右双边,对黑鱼尾

其二,克林所藏史部其他古籍,政书类有清乾隆十二年(1747)武英殿刻本《通典》二百卷(OA 102-824),唐杜佑撰。6函28册。板框高22.1厘米,宽14.9厘米,半叶10行21字,小字双行同,白口,左右双边,单黑鱼尾。版心上镌"乾隆十二年校刊",中镌卷次、文体及页码。卷端首行题"通典卷第一",次题"唐京兆杜佑君卿纂",卷前有乾隆十二年弘历《御制重刻通典序》,次李瀚《通典原序》,次《职名》,次《通典总目》。

153

御制《序》云："唐宰相杜佑于为淮南节度书记时，始出己意，搜讨类次，勒成一书，名曰《通典》，为类八，为书二百卷。……朕以其历年久远，颇有残缺，特命重为校正刊刻，以广其传。"《通典》二百卷以《食货》十二卷为首，次《选举》六卷、《职官》二十二卷、《礼》一百卷、《乐》七卷、《兵刑》二十三卷、《州郡》十四卷、《边防》十六卷。《通典》成书于唐代，流传至清代乾隆时，卷内已见残缺。因其成书年代久远，乾隆特命四库馆臣搜集整理，于乾隆十二年校刊完成。据《中国古籍总目》，上海图书馆存藏，另上海图书馆藏宋刻本，国家图书馆藏宋刻宋元递修本，台湾图书馆藏明抄本，等等[4]3117。

史部杂史类、纪事本末类等藏书信息，如下（表6）。

表6　史部其他藏书基本信息

索书号	书目	著者	版本	函册	行款	类别
OA 102-819	《绥寇纪略》十二卷附《补遗》一卷	（清）吴伟业撰，（清）邹漪订	清嘉庆九年（1804）照旷阁刻本	1函8册	半叶9行21字，小字双行同，黑口，左右双边，无鱼尾	纪事本末类
OA 102-823	《圣武记》十四卷	（清）魏源撰	清道光二十二年（1842）古微堂刻本	2函12册	半叶10行21字，小字双行同，白口，四周双边，单黑鱼尾	纪事本末类
OA 102-809	《修史试笔》二卷	（清）蓝鼎元撰，（清）旷敏本评	清雍正十年（1732）刻本	1函2册	半叶9行20字，白口，四周单边，单黑鱼尾，无行格栏	杂史类
OA 102-813	《粤氛纪事》十三卷	（清）夏燮辑	清同治刻本	1函6册	半叶10行22字，白口，四周双边，单黑鱼尾	杂史类

索书号	书目	著者	版本	函册	行款	类别
OA 102-843	《金石萃编》一百六十卷	（清）王昶编	清嘉庆十年（1805）经训堂刻同治十一年（1872）青浦王氏重修本	8函80册	半叶10行21字，小字双行同，黑口，左右双边，单黑鱼尾	金石类
OA 102-844	《积古斋钟鼎款识》十卷	（清）阮元、朱为弼撰	清光绪三十二年（1906）朱之榛石印本	1函6册	半叶12行24字，小字双行同，白口，左右双边，单黑鱼尾	金石类
OA 102-845	《补寰宇访碑录》五卷失编一卷	（清）赵之谦纂集	清光绪十二年（1886）刻本	1函2册	半叶11行21字，小字双行同，黑口，左右双边，单黑鱼尾	金石类
OA 102-847	《续泉汇》十四卷首一卷附《补遗》二卷	（清）李佐贤、鲍康辑	清同治十二年（1873）刻本	1函8册	半叶9行24字，白口，左右双边，单黑鱼尾	金石类
OA 102-828	《钦定四库全书总目》二百卷	（清）永瑢等编	清同治七年（1868）广东书局刻本	14函117册	半叶9行21字，小字双行同，白口，左右双边，无鱼尾	目录类

三、子部

克林所藏子部类书类5部，有明崇祯间刻本《潜确居类书》一百十八卷（OA 102-838），清雍正四年（1726）内府刻本《御定骈字类编》二百四十卷（OA 102-832），清康熙五十年（1711）内府刻本《佩文韵府》一百六卷（OA 102-833），清康熙六十一年（1722）内府刻本《分类字锦》六十四卷（OA 102-836），清光绪十四年（1888）积山书局刻本《增补事类统编》九十三卷（OA

102-839）。按《中国古籍总目》类编之属（通编、专编）、韵编之属，依次各举一例，略作考述。

明崇祯刻本《潜确居类书》一百一十八卷，明陈仁锡纂辑。9 函 34 册。板框高 21.0 厘米，宽 14.6 厘米，半叶 10 行 20 字，小字双行同，白口，四周单边，单黑鱼尾。版心上镌"潜确类书"，中镌卷次及文体，下镌页码。卷端首行题"潜确居类书卷之一"，次题"史官陈仁锡明卿父纂辑"，卷前有陈仁锡《潜确居类书序》，次陈仁锡《类书隐旨》，次《潜确居类书征阅书目》，次《潜确居类书总目》，次《潜确居类书目录》。

陈仁锡《自序》云："此书予十六岁时读书瑶林之潜确居，嘉与博硕，捃拾成帙，而刻成于崇祯庚午六月渡江之辰，续订于辛未九月册封之竣，又明季六月始僝功。……于是随手抄记，益以它书分曹标目，凡三易稿乃就。"《潜确居类书》撰稿始于陈仁锡十六岁之时，即万历二十二年，于崇祯三年六月刻成，其后三次易稿，于崇祯五年刊刻完毕。据《中国古籍总目》，国家图书馆、天津图书馆等 13 馆存藏，另首都图书馆等 3 馆藏明崇祯七年松草庐刻本，浙江大学图书馆等 4 馆藏明崇祯十五年陈智锡继志堂刻本，等等 [5]2022。

《御定骈字类编》二百四十卷，清张廷玉等编。23 函 120 册。板框高 17.0 厘米，宽 11.7 厘米，半叶 10 行 21 字，小字双行同，黑口，四周双边，双顺黑鱼尾。版心中镌卷次，下镌页码。卷端首行题"御定骈字类编卷第一"，卷前有雍正四年胤禛《御制骈字类编序》，次《御定骈字类编凡例》，次《御定骈字类编目录》。

《序》云："分命臣工，夙夜校雠，并皆竣事，而《骈字类编》亦以今秋告成。"此本成于雍正四年秋，由胤禛制序颁行。《四库全书总目》著录："俾与《佩文韵府》一齐尾字，一齐首字，互为经纬，相辅而行。……所隶标首之字凡一千六百有四，每条所引以经史子集为次，与《佩文韵府》同。"[1]1157《分类字锦》成书体例与《佩文韵府》相同，对所引书名、篇名加以著录，且以原文为准。据《中国古籍总目》，国家图书馆、上海图书馆等 5 馆存藏，另北京大学图书馆等 3 馆藏清雍正间刻本，等等 [5]2100。

《分类字锦》六十四卷，清何焯、陈鹏年等撰。9 函 64 册。板框高 18.4 厘米，宽 12.7 厘米，半叶 8 行 24 字，小字双行同，白口，四周双边，双黑鱼尾。版心上镌书名，中镌卷次、文体及页码。卷端首行题"分类字锦卷一"，卷前有康熙六十一年玄烨《御制分类字锦序》，次《职名》，次《分类字锦目录》。

此本成书体例与《御定骈字类编》相同,于御制《序》云:"爰命何焯、陈鹏年等荟萃经史子集,下至说部诸书,采择其字之丽雅者,厘别为四十门,六百一十八类。每类又分成对、备用,共六十四卷,名曰《分类字锦》,阅三载,编纂告成。"《分类字锦》汇集经史子集各部精粹,分为四十门,六百一十八类,成六十四卷,由康熙御定颁行。据《中国古籍总目》,国家图书馆、上海图书馆等 6 馆存藏,另北京大学图书馆藏清康熙六十一年广东刻本,故宫博物院图书馆藏清康熙六十一年朱墨抄本,等等[5]2081。

四、集部

克林所藏集部汉籍 4 部,主要集中在诗文评类、曲类,有明万历间书林余绍崖刻本《新锲精选古今乐府滚调新词玉树英》五卷,明万历间书林刘龄甫刻本《梨园会选古今传奇滚调新词乐府万象新前集》四卷《后集》四卷,明天启二年(1622)金陵聚锦堂刻本《杨升庵先生批点文心雕龙》十卷(OA 102-854),清乾隆间此宜阁刻本《中州全韵》二十二卷(OA 102-877)。

明万历间书林余绍崖刻本《新锲精选古今乐府滚调新词玉树英》五卷,明万历间书林刘龄甫刻本《梨园会选古今传奇滚调新词乐府万象新前集》四卷《后集》四卷,据《中国古籍总目》,仅丹麦哥本哈根皇家图书馆藏孤本,国内现可见上海古籍出版社出版《海外孤本晚明戏剧选集三种》影印本,在此不多作考述。

《杨升庵先生批点文心雕龙》十卷,梁刘勰著,明梅庆生音注,明杨慎批点。1 函 2 册。板框高 20.7 厘米,宽 14.5 厘米,半叶 9 行 18 字,小字双行同,白口,四周单边,单黑鱼尾。版心上镌书名,中镌卷次及页码,卷一首页下镌"天启二年梅子庚第六次校定藏板"。卷端首行题"杨升庵先生批点文心雕龙卷之一",次题"梁通事舍人刘勰著,明豫章梅庆生音注",卷前有内封面题"杨升庵先生批点 / 文心雕龙 / 金陵聚锦堂梓",次万历三十七年顾起元《文心雕龙批评音注序》,次《校刻杨升庵先生批点文心雕龙音注凡例》,次《梁画刘舍人本传》,次《文心雕龙雠校姓氏》,次梅庆生《杨升庵先生与张禹山共书》,次都穆《跋》,次朱谋埠《文心雕龙跋》,次《文心雕龙目录》。

杨慎评点《文心雕龙》十卷是以梅庆生音注本为底本,以其为底本的另有上海图书馆藏明万历三十七年(1609)刻本,复旦大学图书馆藏明天启六年(1626)长山姜午生刻本,等等。梅庆生音注本以明弘治七年冯允中刻本为底本，冯氏本又以元至正十五年（1355）嘉兴刻本为底本。可知，杨慎批点《文心雕龙》本与《文心雕龙》初刻本有密切关系[6]。据《中国古籍总目》，国家图书馆、上海图书馆等15馆存藏，另北京大学图书馆、四川师范大学图书馆藏明万历二十一年（1593）刻本，天津图书馆等3馆藏明天启六年（1626）刻本[7]3166。

《中州全韵》二十二卷首一卷，清周昂辑。1函6册。板框高21.1厘米，宽12.1厘米，半叶8行20字，小字双行同，白口，左右双边，单黑鱼尾。版心上镌书名，中镌卷次，下镌页码及"此宜阁"。卷端首行题"中州全韵卷之一"，次题"平声阴阳遵德清本、去声阴阳参昆白本、上声阴阳此宜阁定，昭文周昂少霞氏辑"，卷前有《此宜阁天籁》，次《十五类切音捷法》，次《三十六字母》，次《切韵六十字诀》，卷末有《中州韵内各韵主音》。据《中国古籍总目》，文化部戏曲研究院、复旦大学图书馆、中国科学院图书馆存藏[7]3859。

五、克林藏书的文献价值

丹麦皇家图书馆藏汉籍中，努德·冈纳·克林的藏书占据重要地位。他的藏书直接推动了丹麦皇家图书馆东方部的建立，也为丹麦皇家图书馆的中国语言、历史和文学研究带来十分有价值的帮助。克林的藏书是丹麦皇家图书馆早期藏书的重要组成部分，是丹麦皇家图书馆藏书的一大特色。

其一，域外所藏的部分汉籍版本，为研究历史人物生平、交游等方面提供丰富的材料支撑。如清乾隆三十九年胡季堂《补刻徐氏经解序》，对研究《通志堂经解》版本以及胡季堂生平、交游等方面提供参考依据；明天启五年沈国元《述语》，丰富对钟惺等人的交游以及《史记》评点本的版本等方面的研究。

其二，克林所藏汉籍中，有6部明刻本，88部清刻本（参见表7）。

表7　努德·冈纳·克林藏书分类统计

刻本／类别	万历	天启	崇祯	康熙	雍正	乾隆	嘉庆	道光	咸丰	同治	光绪	总数
总类						1		1	1	2		5
易类	1						1			5		7
书类				1	1	1				3		6
诗类						1	2	1		2		6
礼类						1				4		5

续表

刻本 类别	万历	天启	崇祯	康熙	雍正	乾隆	嘉庆	道光	咸丰	同治	光绪	总数
春秋类							2	1		2		5
群经总义类						2	2				1	5
小学类						4	5	1	1	5	5	21
编年类										5	3	8
纪传类		1					1	1		2	2	7
纪事本末类								1	1			2
杂史类					1					1		2
政书类						1						1
目录类										1		1
金石类										2	2	4
类书类			1	2	1						1	5
诗文评类		1										1
曲类	2				1							3
总计	3	2	1	3	5	13	13	4	2	34	14	94

其中同治年间刻本比例占藏书总量的三分之一,乾隆、嘉庆、光绪年间刻本数量相近,约占总量的二分之一,康熙、雍正、道光、咸丰年间刻本数量相对较少,不足总量的五分之一。且所藏汉籍中,大多为清代中后期所著,如焦循所著《雕菰楼易学》(《易通释》《易图略》《易章句》),内部有"一套完整的符号系统"[8],是晚清易学中较有代表性的著作,也是晚清易学的一种进步,它的出版,不仅在当时易学史上引起较大的反响,更为现下焦循易学研究提供文献支持。又如阮元《积古斋钟鼎款识》十卷、魏源《圣武记》十四卷、郁松年《续后汉书札记》二卷、吴懋清《毛诗复古录》十二卷等,皆是清代中后期所著,对研究清代中后期文献内容提供版本参照。

其三,国内缺藏的域外汉籍,一方面为研究古籍版本提供实物佐证,另一方面又为研究中国文化提供丰富的文献资料。如明万历间书林余绍崖刻本《新锲精选古今乐府滚调新词玉树英》五卷,明万历间书林刘龄甫刻本《梨园会选古今传奇滚调新词乐府万象新前集》四卷《后集》四卷。这两种戏曲选本是俄罗斯汉学家李福清教授在欧洲发现，后经由李平先生整理编辑，成为《海外孤本晚明戏剧选集三种》的前两种戏剧选本，对研究明代戏剧选本的书坊名号、刊刻体例、插图版画以及戏剧种类等具有重要的参考价值。

（张春燕，山东理工大学文学院、山东理工大学汉籍整理研究中心助理研究员）

参考文献：

[1] 永瑢 . 四库全书总目 [M]. 影印本 . 北京：中华书局，1965（浙江翻刻武英殿本）.

[2] 瞿冕良 . 中国古籍版刻辞典 [M]. 苏州：苏州大学出版社，2009.

[3] 中国古籍总目编纂委员会 . 中国古籍总目·经部 [M]. 北京：中华书局，2012.

[4] 中国古籍总目编纂委员会 . 中国古籍总目·史部 [M]. 上海：上海古籍出版社，2009.

[5] 中国古籍总目编纂委员会 . 中国古籍总目·子部 [M]. 上海：上海古籍出版社，2010.

[6] 郭立暄 . 再论梅庆生音注《文心雕龙》的不同版本 [J]. 图书馆杂志，2009（4）：71-75.

[7] 中国古籍总目编纂委员会 . 中国古籍总目·集部 [M]. 北京：中华书局，2012.

[8] 陈居渊 . 论焦循易学 [J]. 孔子研究，1993（2）：88-95.

国家图书馆藏四部《周易玩辞》考述

Remarks on the Four Editions of *Understanding the Book of Changes* Collected in the National Library of China

周余姣　李　丽

摘　要:《周易玩辞》是宋人项安世的一部易学著作,近年来引起了学界较多关注。中华古籍资源库中公布了国家图书馆藏四部《周易玩辞》的书影,其中有"祖本"之誉的宋刻本,有吴梅后人捐赠的明澹然斋抄本,有作为《四库全书》底本的《通志堂经解》本,还有经朱筠递藏的精抄本。这四部善本多经名家递藏,有重要的文物和文献价值。

关键词:《周易玩辞》;项安世;四库底本

《周易玩辞》是宋人项安世的一部易学著作,近年来受到学界较多关注。项安世(1153—1208),字平甫,又字平父,号平庵,祖籍括苍(今属浙江丽水),后居江陵(今属湖北荆州)。南宋淳熙二年(1175)赐同进士出身,曾任绍兴府教授、成都府教授、潭州教授、秘书省正字、校书郎、实录院检讨官、池州通判等职。项安世于宋嘉定元年(1208)逝世,享年五十六岁,著有《周易玩辞》《项氏家说》《平庵悔稿》等。《周易玩辞》十六卷,卷一至六为《周易》上篇,卷七至十二为《周易》下篇,卷十三至十四为《系辞》,卷十五为《说卦》,卷十六为《序卦》《杂卦》。项安世在序中述其撰作之由:"易之道四,其实则二,象与辞是也。变则象之进退也,占则辞之吉凶也。不识其象,何以知其变? 不通其辞,何以决其占? 然而圣人因象以措辞,后学因辞而测象,则今之读《易》所当反复细绎、精思而深味者,莫辞若也,于是作《周易玩辞》。"前人对项安世的生平及其易学思想已有较多探讨，如赖贵三《项安世〈周易玩辞〉研究》[1]、谭德贵《项安世易学思想研究——〈周易玩辞〉解读》[2][3]等。

该书刻印传世后，版本较多，杜兵曾总结有乐章刻本、项寅孙刻本、徐之祥刻本、韩克庄刻本、抄本、通志堂本、《四库全书》本[4]。1959年问世的《北京图书馆善本书目》曾著录《周易玩辞》两部，一部是吴良士等四先生捐赠的明澹然斋抄本，一部是清康熙纳兰成德刻《通志堂经解》本（四库底本）[5]。1987年出版的《北京图书馆古籍善本书目》在前两部基础上又增加著录了清抄本[6]一部。1989年出版的《中国古籍善本书目》除著录北京图书馆（今国家图书馆）所藏的三部外，另著录中山图书馆（今广东省立中山图书馆）和中山大学图书馆藏清抄本各一部[7]。2016年9月28日，"中华古籍资源库"提供使用，公布了国家图书馆藏四部《周易玩辞》的书影。笔者拟利用已公布的数字化资源，对国家图书馆藏四部《周易玩辞》做进一步的探讨。

一、宋刻本《周易玩辞》十六卷

（一）基本信息

该书编目信息为：《周易玩辞》十六卷，宋项安世撰，宋刻本，八册，线装。行款每半叶10行，行20字。白口，左右双边，双顺鱼尾。卷端题"周易玩辞卷第一"，下题"江陵项安世述"。版心中镌"玩辞"、卷次，下镌叶次。王重民《中国善本书提要》著录版框为20.3×14.9厘米[8]。书中"贞""桢""敦"等字缺末笔。前有宋庆元四年（1198）项安世《周易玩辞叙》和嘉泰二年（1202）重修叙。

该书钤印众多，多处钤有"白石山房书画之记"朱文方印、"醒石图书"朱白文相间印、"读易楼图书记"朱文长印。卷十三卷端钤"俞琰玉吾"朱文方印，卷十六卷末钤"易学传本"白文方印、"俞氏家藏"朱文方印，末叶钤"仲温"白文方印、"子玉图书印记"朱文长印、"俞桢之印"白文方印、"国立北平图书馆收藏"朱文方印。

该书刻印后，在宋代书目中即有著录。陈振孙《直斋书录解题》卷一著录该书："《周易玩辞》十六卷，太府卿松阳项安世平甫撰。当庆元中，得罪时论，居江陵，杜门潜心，起居不出一室，送迎宾友，未尝逾阈，诸书皆有论说，而《易》为全书……盖亦遍考诸家，断以己意，精而博矣。"[9]赵希弁《郡斋读书附志》著录"右平庵项安世平父所述也。自叙于前，其为说曰……其子寅孙刊于建安书院,乐章识于后"[10],即项安世之子项寅孙刻于建安书院之本。其后版本传衍,直至于今。

（二）考述

1. 传承有序

从钤印可看出此书的递藏情况如下：

（1）俞氏读易楼旧藏

俞琰（约1250—1320），字玉吾，自号全阳子、林屋山人、石涧道人，宋末元初江苏吴郡（今属江苏苏州）人。俞琰好易，著述颇丰，撰有《周易集说》《读易举要》《读易须知》《易经考证》等书。室名"存存斋""读易楼"，常见有"林屋山人""俞琰玉吾""易学传本""俞氏家藏""读易楼图书记"等印[11]。

俞仲温，生卒年不详，字子玉，一作子毓，俞琰子。钤印有"仲温""子玉图书印记"等。

俞贞木，生卒年不详，初名祯，字宗本，号立庵、立庵独叟、洞庭外史等。钤印有"俞桢之印"等。叶昌炽《藏书纪事诗》[12]对俞氏祖孙三人均有介绍。

傅增湘先生曾以万金购得海内孤本宋刊本《周易正义》十四卷，该书卷中钤有"俞琰玉吾""石涧""林屋山人""读易楼图书记""俞氏家藏""易学传家""石碉书隐""林屋洞天"诸印[13]，与此本上的钤印多数相同，可知二书均曾为俞氏读易楼旧藏。

（2）张孟兼旧藏

李丽等人曾谓该书为张孟兼旧藏[14]。张孟兼（1338—1377），原名丁，明初浙江金华人，有《白石山房逸稿》二卷行世，藏书印有"白石山房书画之记"等。经比对，此书所钤印与前人所著录的张孟兼之"白石山房书画之记"印蜕[15]为同一印。

（3）李振裕旧藏

李振裕（1642—1703），字维饶，号醒斋，又号醒石，江西吉水人。清康熙九年（1670）进士，官至户部尚书。著有《白石山房文稿》《白石山房诗稿》。钤印有"醒石图书"等。《宋黄庭坚书千文》钤有"醒石图书""李振裕印""白石山房书画之记"等印[16]，亦为李振裕旧藏。李振裕的"白石山房书画之记"之印蜕与张孟兼是否一致，待考。

（4）延古堂李氏旧藏

据王重民《中国善本书提要》可知，该书还钤有"延古堂李氏旧藏"藏书印。延古堂李氏原籍江苏昆山，清康熙年间开始定居天津，其藏书活动主要集中在李士铭、李士鋆兄弟二人。

李士铭（1849—1925），字伯新，又字子香，光绪二年（1876）中举，任户部云南司郎中。宣统年间，就任"顺直咨议局议员""天津议事会议长""宪政协议会会长"等职[17]。李士铭扶弱济贫，力行善事，捐建天津学宫、文昌祠、济良所等处。撰有《国朝名儒学案》《历代名医列传》（未刊行）二书。

李士鋆（1851—1926），字仲儒，又字嗣香。据《延古堂李氏族谱》载，与兄李士铭同年中举，光绪三年（1877）连捷中进士，被钦点为翰林院庶吉士，授职编修。后转翰林院侍读学士，历充文渊阁校理、武英殿提调，协修国史馆纂修。曾任湖南乡试正考官。李士鋆著作较丰，已刊行者有《周易注》《金刚经解义》《楞严经解义》《维摩诘经解义》《三昧录》《御览集》等书[18]，另有《延古斋藏书提要》稿本。

1926 年，随着李士鋆的去世，李家下一代"宝"字辈兄弟分家析产，而延古堂李氏藏书亦在 20 世纪 30 年代开始流散。李氏大部分藏书慷慨赠予南开大学图书馆外，更为精华的一批善本书则出售给了国立北平图书馆。《国立北平图书馆馆务报告》在"采访·购入书"一节中对这批书有介绍："就中宋金旧本、钞校精刻者，无不备具。宋本则有项安石（世）《周易玩辞》，乃元季俞琰'读易楼'旧物，宇内应无第二帙……"[19]1941 年，宋刻本《周易玩辞》随该馆的一百箱善本被运至美国国会图书馆寄存，史称"善本运美"。1965年复转移寄存至台北"国立中央图书馆"，著录为"宋宁宗时江阴项氏建安书院刊本"[20]。该书今藏于台北，其所有权仍属于国立北平图书馆，即今之国家图书馆。王重民在美时拍有缩微胶卷，今人用以转为数字化书影。国家图书馆出版社亦利用缩微胶卷，将此书收入《原国立北平图书馆甲库善本丛书》影印出版。

2. 价值

王重民《中国善本书提要》谓此书："按是书今惟有通志堂刻本，通志堂本翻元大德本，大德本当即从此本出。余持校通志堂本数叶，见其差误甚多，益知此本之善。"[8]可见此书为祖本，具有重要的历史文物和文献资料价值。

民国期间，此书曾被张元济选入商务印书馆景印《国藏善本丛刊》（第一辑），当时提要为："《周易玩辞》十六卷，国立北平图书馆藏宋刻本。宋项安世撰。书成于宋嘉泰二年之秋，兼明象数，于《伊川易传》外别树一帜，传世有《通志堂经解》本。此则元初俞玉吾读易楼旧藏本，宋刻宋印，并世无两，洵秘笈也。"[21] 但令人疑惑的是，"中华古籍资源库"内所见各卷书影均未见王重民《中国善本书提要》中著录的"延古堂李氏珍藏"一印。部分书叶漫漶，当为后印本。

二、吴梅旧藏明澹然斋抄本《周易玩辞》十六卷

（一）基本信息

此部书编目信息为：明澹然斋抄本，善本书号：04303，11 行 22 字，白口，线鱼尾，四周双边，八册。版心下题"澹然斋"。每一册书衣有"苏州吴梅，字瞿安，别号霜厓，188 □①——1939 藏书"长印（第七册卷前亦有），书衣后有"献书人吴良士、见青、涑青、南青捐赠"（第七册卷末亦有）。前有元虞集《周易玩辞序》，下钤"北京图书馆藏"印。次有元大德丁未（1307）徐之祥、元马端临序，次有宋项安世序。卷一卷端题"周易玩辞卷第一"，下题"江陵项安世述，鄱阳马廷鸾点校"。卷末有宋嘉定辛未（1211）乐章跋，钤有"北京图书馆印"。

此书天头有部分批校文字，辑录如下：

卷一：《龙德而隐章》标题旁有"正中"二字，天头处批有"此处疑脱一小段，'龙德而隐章'一段"。

卷二：《或从或锡》篇天头处批有"此处疑有阙文"。

卷六：《独立不惧，遁世无闷》篇天头处批有"以下卷六，前缺大畜、颐、大过二十九段"。

卷八：《九五》篇天头处批有"'若治家之法'下有脱文三段"。

卷十二：卷末有浮签，题曰："第七行'若治家之法'下有大段缺文，据《通志堂经解》本'若治家之法'下有缺文二十七行。"

全书有前人圈阅痕迹。卷一、二、八、十三抄有完整卷端，或为省抄写篇幅，卷三、卷四、卷五、卷七、卷九、卷十、卷十四、卷十五、卷十六不再抄写卷端上下题，只在天头处标"以下卷某"，卷六漏标。装订也较随意，未按整卷分册。

（二）考述

1.序跋较多

此书所载序跋较多，除项安世序（叙）外，现对序跋者略为介绍。

---

① 此钤印最初可能不明确吴梅的生年，最后一个数字空缺，今可知吴梅生年为 1884 年。

虞集（1272—1348），字伯生，号道园，世称邵庵先生、青城樵者、芝亭老人。著有《道园学古录》《道园遗稿》等。虞集序中谓："项公以其玩于辞而得之者笔于书，使后之学者因其言皆有以玩于前圣之辞而得焉，此项氏著书之意也。"乃为知言。

徐之祥，生卒年不详，字麒父，号方塘，元德兴（今江西德兴）人。著有《读易蠡测》，祖周敦颐、邵雍之说以言象数，宗朱熹、朱震之说以言辞变。《新元史》《宋元学案补遗》有传。徐之祥在序中述其刊刻始末："予幼嗜易，祖程《传》，宗《本义》，诸儒训解中，取平庵项氏《玩辞》熟读精思……予过梧翁先生马公老①学，得所藏本，乃咸淳乙丑礼部贡院所点校，敬锓诸梓，（与）②朋友共，使家藏而人诵之，予之志也。"可见其好项氏之学，因而刻其书。

马端临（1254—1340），字贵与，号竹洲，饶州乐平（今江西乐平）人。右丞相马廷鸾之子，宋元之际著名的文献学家，著有《文献通考》《大学集注》《多识录》等。马端临在序中谓："平庵项公《玩辞》之书，义理渊源伊洛，而于变象③之际，绅绎尤精。明畅正大，无牵合傅会之癖。公尝谓必遍通五经而后归老于《易》，且自言窥其门墙，而未极奥窔，今将尽心焉，则是书必暮年所著。家有善本，先公尝熟复而手校之，方塘徐君掌教初庵，以是书录梓学舍，俾赘语其编尾，辄诵所闻。"因其父马廷鸾（1222—1289）点校此书，马端临自有一种特殊感情，为此作序。

乐章，生卒年不详，与项安世为同时人。其跋谓："平庵项公，昔忤权臣，摈斥十年，杜门却扫，足迹不涉门限，耽思经史，专著述成书数编，此其一焉。逮兵端既开，边事告急，公被命起而独当一面，外御冯陵，内固根本，成就卓然，是皆书之功用也。则知公动而玩占，措诸事业应变不穷，盖动静不失其时者矣，岂直曰玩其辞而已哉？"可见，乐章认为《周易玩辞》有大用！不仅仅是拓深易学研究，还可助人在事功上有所成就。

2. 澹然斋抄本

澹然斋，《中国古籍版刻辞典》谓"明浙江武康人骆从宇的室名。从宇字乾沙，万历三十二年进士，历仕词林迄典礼，有《澹然斋存集》。抄本有：宋项安世《周易玩辞》16卷，明张明道编《嘉靖己丑科进士同年便览录》1卷"[22]。

---

① 他本作"考"。

② 他本有"与"字，此本无此字。

③ 他本作"象变"。

明澹然斋抄本《周易玩辞》亦曾著录于《现存宋人著述总录》[23]。骆氏澹然斋抄本《嘉靖己丑科进士同年便览录》今藏上海图书馆①。清吴焕文亦有斋名为"澹然斋",并著有《澹然斋别体杂诗》一卷,藏浙江省遂昌县图书馆。

3.吴梅旧藏

从书衣上所题写的吴梅及其四子的捐书信息看,此书为吴梅之旧藏。吴梅(1884—1939),字瞿安,号霜厓,江苏吴县(今属苏州)人。著有《中国戏曲概论》《曲学通论》。藏书处有"百嘉室""奢摩他室"等,藏书印有"瞿安眼福"等。吴梅之旧藏,由其子吴良士等四人捐赠给北京图书馆。《北京图书馆善本书目》著录"吴捐"有170余种[24]。冀淑英曾记述吴梅旧藏捐赠的情形:"解放初,他的儿子决定把他苏州的藏书捐给北京图书馆,我们接受他的书,大批的分了两次。一次是八十种,后来又捐了一批,是九十二种,除去整的两批,他还零星的捐过,是他们家后来又找出来的。他有四个儿子,一个是吴良士,一个吴见清,一个叫吴涑清,一个叫吴南清,藏书是以四个儿子的名义捐出来的。这些戏曲书跟我们入藏的戏曲书有所不同,其中有很多是有吴梅老先生批校和跋的。"[25]此书虽非吴梅的戏曲书,亦可见出吴梅藏书亦包含经史之类。《瞿安藏书目》可能著录有此书,收入《吴梅全集·理论卷》中,著录在"二十号"下"影钞大德本周易玩辞(精钞,名贵)八本"。此书上的校阅痕迹和批校疑亦出自吴梅之手。

三、清康熙《通志堂经解》本《周易玩辞》十六卷

(一)基本信息

此书的编目信息为:清康熙《通志堂经解》本,善本书号:05497,四库底本。11行20字,白口,左右双边,五册。卷前钤"北京图书馆藏"印。前有宋虞集、元徐之祥、元马端临、宋项安世《周易玩辞序》,宋乐章序。卷末有宋马廷鸾点勘题记。马廷鸾(1222—1289),字翔仲,号碧梧,宋饶州乐平人,为马端临之父,著有《碧梧玩芳集》等。

第一册书衣上题"张宝材令部送,速写交",为卷一至二。卷一卷端上题"周易玩辞卷第一",下题"江陵项安世述",版心下题"通志堂",卷末均有"后学成德校订"。

第二册为卷三至六,书衣上有"汤晟""贾肇瑞"字样,卷前空白处有四库

---

① 复旦大学图书馆藏有明崇祯十年骆从宇自刻本《骆太史澹然斋存稿》六卷。

馆臣所题"钦定四库全书 / ○周易玩辞卷△ / 宋○项安世○撰○○ / 卦图空二格　泰行 / ○○否行 / ○○○泰否二象 / 以天道言之…… / 余俱按廿一格八行照底抄写"。其中，"○"是空格符号之意。

第三册书衣上有"张琴、贾肇瑞"字样，为卷七至九，书衣下有"张琴"字样，并钤有"两江总督采购备选书籍"印。

第四册为卷十至十二，书衣有"罗泽"字样和"两江总督采购备选书籍"印。书衣空白处四库馆臣题有"誊录贾肇瑞今交到《周易玩辞》二本，卷十之十六，缮本乙百七十三页。此卷计五万零五百一十九字，连前计交过乙百四十四万六千七百七十七字"，此为四库馆臣誊录书籍的移交记录。

第五册为卷十三至十六，书衣上有"廉永伦"字样。

（二）考述

1. 刊刻者纳兰成德

周中孚《郑堂读书记》载："《周易玩辞》十六卷，《通志堂经解》本，宋项安世撰。安世，字平甫，一字平庵，松阳人。淳熙二年进士，官至太府卿。《四库全书》著录。《书录解题》《通考》《玉海》《宋志》俱载之……纳喇容若得元刊本，因为序而重梓焉。"[26]可知纳兰容若是据元刻本而重刻的，王重民《中国善本书提要》亦主此说。纳兰成德（1654—1685），字容若，号楞伽山人，满洲正黄旗人。其父明珠，为康熙朝高官。纳兰成德著有《通志堂集》，刻有《通志堂经解》。

2. 四库进呈本与四库底本

四库进呈本即各地进呈之书，在书衣盖有长方形朱色进呈木戳记，于卷首钤翰林院满汉文大方印；四库底本即被用作《四库全书》誊录依据的书本[27]。该书有进呈的木戳记"两江总督采购备选书籍"，但未见翰林院满汉文大方印，从四库馆臣留下的抄写样式和移交记录看，又具有四库底本的特征。《四库全书总目提要》著录"两江总督采进本"，《中国古籍善本书目》与国家图书馆均著录为四库底本。此书被收入罗琳编《四库全书底本丛书》[28]经021-022出版。

3. 四库誊录人物考

（1）贾肇瑞，四库誊录监生。今在《文渊阁四库全书》中的《孟子集成》《古乐经传》上均可看到"誊录监生臣贾肇瑞"之署名。贾肇瑞曾于乾隆五十四年（1789）二月署任德安府典史[29]。王大帅称其参与四库书经部1部，出现3次[30]80，其实不确，从以上可看出贾肇瑞至少参与誊录经部书3部。

（2）廉永伦，《宁河县志》载："廪生。以誊录议叙布政司理问，分发陕西，借补大荔县丞。署岐山、富平两县知县。为政不贪财、不害民、不留讼、不阿势，清风峻节，囊橐一空。卒于官，不能回籍，士民敛金三百，始扶榇归。百姓设祭，陈于道左，群送出境，观者咸太息焉。"[31] 从此可以看出，廉永伦为官颇受人钦敬。廉永伦参与《四库全书》誊录经部 1 部、史部 1 部、集部 1 部[30]87。

（3）罗泽，监生，参与《四库全书》誊录经部 1 部、史部 2 部、子部 1 部、集部 2 部[30]91。

（4）张宝材，其职责为"绘图"，参与《四库全书》誊录子部 1 卷，出现 1 次 2 卷[30]119。

（5）张琴，监生，参与《四库全书》誊录经部 1 部，史部 2 部[30]121。

目前汤晟信息未能查到，暂不详。

3. 学术价值

此本最为常见，后人多通过此本了解项安世之易学，亦被收入《四库全书》。项安世之易学，后人评价不一。四库馆臣在《四库全书总目提要》中对项安世的《周易玩辞》和《项氏家说》进行了评价，称"合观两书，安世之经学深矣，何可轻诋也"[32]。杨洪升的《〈四库全书〉经部易书七种底本考》[33]《〈四库全书〉经部易书十种底本考》[34] 都未收录此四库底本《周易玩辞》，或以后还可继续加以研究。

四、清抄本《周易玩辞》十六卷

（一）基本信息

此书编目信息为：善本书号：13063，四册，行款：10 行 20 字，无格。前有虞集《周易玩辞序》，钤有"大兴朱氏竹君藏书印""北京图书馆藏"印。次有项安世《周易玩辞叙》。版心上题"周易玩辞"，中为卷次、叶次。卷一卷端下题："江陵项安世述，华山王弘撰学，鄱阳马廷鸾点校"。但其他卷之卷端下只题"江陵项安世述，鄱阳马廷鸾点校"。第一册为卷一至二；第二册为卷三至七；第三册为卷八至十一；第四册为卷十二至十六，后有马廷鸾"咸淳乙丑被命典举，以花朝日点毕于礼部贡院"题记，并抄有元徐之祥跋、元马端临跋、宋乐章跋①，卷末亦有"北京图书馆藏"印。部分天头有水渍痕迹。

---

① 内容与前同，因在书后，按"前为序，后为跋"的原则称为跋。

（二）考述

1. 王弘撰申说

由卷一卷端下题"王弘撰学"，可知此书王弘撰亦曾参与其中。王弘撰（1620—1697后），明末清初陕西华阴人，字无异，一字文修，号山史、待庵，著有《周易筮述》《周易图说述》《砥斋集》《待庵日札》等。可见王弘撰是精研过《周易玩辞》等著述，并进而在易学上继续深耕的。

2. 朱筠递藏

据"大兴朱氏竹君藏书印"印，知该书为朱筠旧藏。朱筠，字美叔，又字竹君，号笥河，大兴人。乾隆甲戌（1754）进士，改庶吉士，授编修，历官侍读学士，奏开四库馆。著有《笥河集》，有"汲古通经"之誉。藏书楼有"椒花吟舫"，藏书达3万卷。

五、结语

自2007年"中华古籍保护计划"实行以来，古籍的再生性保护成果日渐增多，古籍数字化为学术研究带来了极大的便利。国家图书馆"中华古籍资源库"所公布的大量书影，无疑会极大的地推动学术研究的发展。本文对"中华古籍资源库"所公布的国家图书馆藏四部《周易玩辞》予以初步揭示，其中有珍贵的"祖本"宋刻本，有精善的明澹然斋抄本，有文献价值极高的四库底本以及经名家递藏的精抄本。每一部书的身上，都留有历史遗留的深刻印记。这些珍贵的古籍，在强调古籍"活化"的今天，还有待于更进一步的研究。

（周余姣，天津师范大学古籍保护研究院副教授；李丽，重庆大学图书馆特藏部助理馆员）

参考文献：

[1] 赖贵三. 项安世《周易玩辞》研究 [M]. 台北：花木兰文化出版社，2007.

[2] 谭德贵. 项安世易学思想研究——《周易玩辞》解读 [D]. 北京师范大学，2009.

[3] 谭德贵. 项安世易学思想研究 [M]. 北京：中华书局，2017.

[4] 杜兵. 项安世《周易玩辞》研究 [D]. 福建师范大学，2009：6-8.

[5] 北京图书馆. 北京图书馆善本书目 [M]. 北京：北京图书馆，1959：10.

[6] 北京图书馆. 北京图书馆古籍善本书目 [M]. 北京：书目文献出版社，1987：20-21.

[7] 中国古籍善本书目编辑委员会 . 中国古籍善本书目·经部 [M]. 上海:上海古籍出版社,1989:54-55.

[8] 王重民 . 中国善本书提要 [M]. 上海:上海古籍出版社,1983:2.

[9] 陈振孙 . 直斋书录解题 [M]. 上海:上海古籍出版社,2015:24.

[10] 孙猛 . 郡斋读书志校证 [M]. 上海:上海古籍出版社,1990:1090.

[11] 吴芹芳,谢泉 . 中国古代的藏书印 [M]. 武汉:武汉大学出版社,2015:146.

[12] 叶昌炽,王欣夫 . 藏书纪事诗 藏书纪事诗笺正 [M]. 桂林:广西师范大学出版社,2021:169-170.

[13] 王玥琳 . 中国古代藏书印小史 [M]. 北京:中国长安出版社,2015:236.

[14] 李丽,周余姣 . 天津延古堂李氏藏书考略 [J]. 印刷文化(中英文),2022(2):39-47,58.

[15] 何鸿 . 浙江历代书画鉴藏及鉴藏家印鉴 [M]. 杭州:中国美术学院出版社,2010:108.

[16]《四库提要著录丛书》编纂委员会 . 四库提要著录丛书 子部第八册 石渠宝笈四十四卷总目四卷(一)[M]. 北京:北京出版社,2010:105-106.

[17] 孟宪宁,李弢 . 老城故里 [M]. 天津:天津教育出版社,2017:266.

[18] 中国人民政治协商会议天津市委员会文史资料研究委员会 . 天津近代人物录 [M]. 天津:天津市地方史志编修委员会总编辑室,1987:149-150.

[19] 国立北平图书馆 . 国立北平图书馆馆务报告(民国二十二年七月至二十三年六月)[M]. 北平:国立北平图书馆,1934:5.

[20]"中央图书馆"."国立中央图书馆"典藏国立北平图书馆善本书目 [M]. 台北:"中央图书馆",1969:1.

[21] 张元济 . 张元济全集:第 10 卷 [M]. 上海:商务印书馆,2010:291.

[22] 瞿冕良 . 中国古籍版刻辞典 [M]. 苏州:苏州大学出版社,2009:955.

[23] 刘琳,沈治宏 . 现存宋人著述总录 [M]. 成都:巴蜀书社,1995:3.

[24] 王安功 . 书归何处:近代以来藏书文化与社会 [M]. 北京:新华出版社,2022:335.

[25] 冀淑英 . 冀淑英文集 [M]. 北京:北京图书馆出版社,2004:382.

[26] 周中孚 . 郑堂读书记 [M]. 上海:商务印书馆,1940:35.

[27] 陈先行 . 陈先行讲古籍版本鉴定 [M]. 上海:上海科学技术文献出版社,2023:55.

[28] 罗琳 . 四库全书底本丛书 [M]. 北京:文物出版社,2019.

[29] 赓音布 . 德安府志校注本 [M]. 武汉:湖北人民出版社,2015:491.

[30] 王大帅 . 文渊阁四库全书誊录群体研究 [D]. 河南大学,2016.

[31] 天津市地方志编修委员会办公室等 . 天津区县旧志点校 宝坻县志 宁河县志 [M].天津:天津社会科学院出版社,2008:139.

[32] 永瑢,纪昀 . 四库全书总目提要 [M]. 海口:海南出版社,1999:21.

[33] 杨洪升 .《四库全书》经部易书七种底本考 [J]. 图书馆杂志,2011,30（1）:76-79.

[34] 杨洪升 .《四库全书》经部宋人易书十种底本考 [J]. 图书馆杂志,2012,31（9）:89-94.

内蒙古自治区图书馆藏《满蒙八旗装备图》考论[*]

A Research on *The Illustration of the Military Hardware of the Manchu and Mongolian Eight Banners* Collected in the Inner Mongolia Library

冯丽丽

摘　要:《满蒙八旗装备图》是一部地方古籍,记载了清代绥远城驻防八旗官兵配备的各种军器装备的图样和形制。为确定该书的版本,可从书中记载的佐领、兵丁、旗纛的数量以及人名四个方面加以考证,判定其为清乾隆三十七年至四十三年(1772—1778)间彩绘本。该书有非常重要的学术和文献价值,对探究绥远城驻防制度和清代武器装备形制具有重要意义。

关键词:绥远;驻防;军器;装备

绥远城是清政府为加强对西北地区的统治而建立的军事驻防重地,是清朝北方长城沿线驻防链条中最为重要的一环,曾对北疆防御和蒙古地区治理起到重要作用。目前,对清代绥远城驻防研究主要依赖于两部驻防典籍,其一是《绥远城驻防志》[1],该书以抄录和编辑有关档案为主,是一部关于绥远城驻防八旗事务的资料汇编;其二是《绥远旗志》,该书也汇编了部分清代绥远城八旗军政事务资料。除此以外,还有一部典籍因未被披露、整理、研究而不为学术界所知,即《满蒙八旗装备图》。

---

* 本文系内蒙古自治区社会科学基金项目"清代绥远城驻防新史料《满蒙八旗装备图》整理与研究"(项目编号2022EY08)阶段性成果之一。

一、《满蒙八旗装备图》简述

《满蒙八旗装备图》现藏于内蒙古自治区图书馆，原书封面、序跋、卷前、卷后部分书页缺失，无法获知作者及版本年代。内蒙古自治区图书馆馆员结合内容在编目时拟定题名为《满蒙八旗装备图》，沿用至今。

全书残存 73 幅彩绘图，其中旗帜图 39 幅，盔甲、武器等图 34 幅。旗帜有骁骑纛、骁骑小旗、鸟枪纛、鸟枪小旗、前锋小旗 5 种；装备有盔甲、绵甲、手枪、铃铛、麻绳、帐房数种；武器有弓、腰刀、撒袋、批箭、梅针箭、长枪、赞巴拉忒鸟枪、子母炮、九节十成铜炮、冲天铁炮及配套装备等。正文前图后文，图画部分采用墨线勾勒、涂色填充的画法展现该装备的形象；文字部分约 15000 字，无讳字，基本按照从上到下、从大到小的顺序详细介绍该装备名称及各部件形状、颜色、尺寸、重量等信息。文中或夹缝处钤满汉合璧印 20 余处，分别为绥远城八旗满洲协领图记 8 种，以及"绥远城左翼蒙古协领图记""绥远城左司之关防"等。

从《满蒙八旗装备图》的钤印和内容推断，该书与清代绥远城驻防八旗军队有关。首先，书中钤盖了 2 种 10 枚绥远城驻防机构及官员的印鉴。其中"绥远城左司之关防"是掌管绥远城吏、刑、兵三部事宜左司的印鉴，其职能有办理八旗军队马匹的出城牧放事宜，协助将军调遣右卫、归化城官兵事务，负责协领、佐领等官员提拔、补选，负责八旗兵丁操演、考试、军器保管和数目统计等；8 枚绥远城八旗满洲协领图记及"绥远城左翼蒙古协领图记"是清代绥远城驻防协领的印鉴，协领位处将军、副都统之下佐领之上，在八旗驻防官制中居于承上启下的地位，职责主要是专辖各自旗分的旗务，同时兼管将军、副都统署内的各司关防、参与督办地方事务等。其次，《满蒙八旗装备图》的内容与《绥远城驻防志》"军器数目"一节极为接近，两部文献记载的武器、装备的名称、种类基本相同，其中骁骑纛、骁骑小旗、鸟枪纛、鸟枪小旗、前锋小旗、赞巴拉忒鸟枪、子母炮、九节十成铜炮、冲天铁炮、小子母炮、大子母炮的数量完全相同。两者最大区别是《满蒙八旗装备图》的文字更加详细并且配有图像，如《绥远城驻防志》中鸟枪纛条目仅"鸟枪纛八杆"5 个字[1]116，而《满蒙八旗装备图》对应了 8 杆鸟枪纛的图样以及各 200 余字的文字描述。

按照清政府的军器管理制度，各省将军、都统、副都统到任后要对所管辖军队的军器装备进行盘点并造册送部察覆，每年年终还要组织人员核查军器是否残损、短缺，以便及时修补。中国第一历史档案馆收藏着几十通历任绥远城将军查验军器的奏折,如清嘉庆二十四年(1819)将军禄成《奏接任绥远将军例查官兵训练及库储等情形折》、清光绪三年(1877)将军瑞联《奏查绥远城地方库储银两军械等项折》等。在这种管理制度下就诞生了《满蒙八旗装备图》一类的档案文献,记载历次核验的各种军器、装备信息。

《满蒙八旗装备图》中没有题名、题记等可考证作者身份的信息,书中所绘图像比较简洁,不需要高超的绘画技巧,绘图者和撰写文字的人有可能为同一人。由于左司有负责军器统计和保管档案的职能,所以笔者推测该书的作者可能是左司翼长,也可能是左司内掌管文书事务的笔帖士。

二、《满蒙八旗装备图》版本考

《满蒙八旗装备图》版本年代不详,根据书中多次出现"现有""现实有""现在"文字可以判断该书记录的是当时历史时期的内容,成书年代即为版本年代。笔者根据书中佐领、兵丁、旗纛的数量以及人名逐步考证《满蒙八旗装备图》的成书年代在乾隆三十七年到四十三年之间。

(一)从佐领数量考证

《满蒙八旗装备图》中多次出现"满洲蒙古八旗二十个佐领"字样,为确定该书版本年代提供第一个线索。《绥远城驻防志》等文献记载从乾隆二年(1737)到乾隆四十三年,绥远城满洲、蒙古佐领数量有8次变化,详见下表:

表1 清代绥远城驻防佐领数量变化表

时间	满洲佐领	蒙古佐领	实有数量	兼管数量
乾隆二年	19名	8名	27名	27名
乾隆六年	24名	8名	32名	32名
乾隆十二年	24名	4名	28名	28名
乾隆三十年	16名	4名	20名	20名
乾隆三十五年	15名(协领兼管1名)	4名	19名	20名
乾隆三十七年	14名(协领兼管2名)	4名	18名	20名
乾隆四十一年	13名(协领兼管3名)	3名(协领兼管1名)	16名	20名
乾隆四十三年	12名(协领兼管4名)	3名(协领兼管1名)	15名	20名

从上表可以看出，绥远城实有满洲、蒙古佐领20名的年份是乾隆三十年（1765）至乾隆三十五年（1770）；若兼管协领的数量也统计在内，则20名佐领数量从乾隆三十年一直延续到清末。根据佐领数量这个线索来推测，《满蒙八旗装备图》的成书时间上限在乾隆三十年左右，下限或为乾隆三十五年或为清末。

（二）从兵丁数量考证

《满蒙八旗装备图》多次出现"满洲蒙古八旗二十个佐领下前锋、领催、马步、养育兵二千七百名"的记载，说明该书编纂时绥远城八旗满洲蒙古兵丁数量是2700人。根据《绥远城驻防志》《清实录》等文献记载，清代绥远城兵丁的数量有7次变化，见下表：

表2　清代绥远城驻防官兵数量及成分变化表

时间	官兵数量	内部结构	民族成分
乾隆二年至十一年	3900	热河兵1000名、家选兵2400名、右卫蒙古兵500名。	满蒙汉
乾隆十二年至二十七年	3200	热河兵1000名、右卫蒙古兵500名、满洲兵1200名、八旗闲散兵500名。	满蒙汉
乾隆二十七年	3543	新增北京派出驻防兵343名。	满蒙汉
乾隆二十九年至三十三年	2000	领催、前锋、马甲1500名，步兵、养育兵各250名。	满蒙
乾隆三十三年至六十年	2700	领催、前锋、马甲2000名，步兵400名，养育兵300名。	满蒙
乾隆六十年至嘉庆十一年	3000	领催、前锋、马甲2000名，步兵700名，养育兵300名。	满蒙
嘉庆十一年至清末	3300	领催、前锋、马甲2000名，步兵700名，养育兵600名。	满蒙

从上表可以看出，从乾隆二年到清末，绥远城驻防兵丁数量和成分都发生了较大变化。一方面兵丁数量从最高的3900名到最低的2000名又恢复到3300名，起伏较大；另一方面兵丁成分从多民族、多来源变得相对稳定。从乾隆三十三年（1768）清政府增调右卫满蒙官兵驻防到乾隆六十年（1795）扩增养育兵之前，绥远城满蒙官兵数量为2700人。据此推测，该书成书时间在乾隆

三十三年至六十年之间。

（三）从旗纛数量考证

由于清政府军器管理制度的改革以及武器装备的自身消耗，绥远城驻防官兵的武器装备数量也处于不断变化之中。中国第一历史档案馆藏《为核议绥远城将军题请现有绵甲分给绥远城右卫归化城三处兵丁应用其额余铁甲军械等项变价归入正项事折》记载了乾隆三十七年绥远城甲胄改造以及裁汰其他军器的经过，其中改革前后旗纛数量的变化为考证《满蒙八旗装备图》版本年代提供新的依据。

改革前"新旧鸟枪骁骑纛六十杆、鸟枪骁骑前锋旗三百九十二杆"，改革后多余军器或留存或拨发、或变价处理，留存"骁骑纛二十杆、旗一百杆、鸟枪纛八杆、旗五十二杆、前锋旗三十二杆"。改革后的各种旗帜数目与《满蒙八旗装备图》和《绥远城驻防志》中记载的旗帜数量完全相符。据此推断，《满蒙八旗装备图》的成书年代在乾隆三十七年之后。

（四）从人名考证

《满蒙八旗装备图》仅有一处标记人名，正红旗满洲骁骑纛条下标注小字："内有佐领多付太现在军营带去一杆"。"多付太"的史料非常有限，中国第一历史档案馆藏乾隆四十三年（1778）《题为遵议绥远城佐领多福泰乌里雅苏台病故在其借支俸银请豁免事》的奏折中绥远城佐领"多福泰"与"多付太"名字同音且职位相同。另外，《满蒙八旗装备图》常规武器和装备条目中有多处小字"内有军营带去 × 件"字样，经统计这些军器装备对应的人数为 50 人。《清实录》《绥远城驻防志》等文献记载，自乾隆二十一年（1756）开始绥远城选派部分官兵赴乌里雅苏台换防，起初设置 100 名换防官兵，乾隆二十六年（1761）减少至 1 名佐领、1 名骁骑校带领马甲 50 名。乾隆二十六年以后的换防队伍与《满蒙八旗装备图》中的 50 名马甲数量相符。换防地点相同，兵丁数量相同，名字同音，据此推断"多福泰"与"多付太"为同一人。

根据于敏中的奏折，多福泰在乾隆四十三年或者之前去世。《满蒙八旗装备图》原文是"多付太现在军营带去"，从字面意思可以看到作者统计正红旗骁骑纛数量时，多付太应该在世。假如多付太去世后，驻防佐领以及换班佐领都要更换人选，不可能还保留多付太的名字。据此推测，《满蒙八旗装备图》的成书时间在乾隆四十三年之前。

虽然在《满蒙八旗装备图》中无法找到有关作者和版本年代的直接记载，

但根据书中记载的佐领数量、兵丁数量、旗纛数量以及人名，我们逐步缩短该书的版本年代范围，最终确定其成书于乾隆三十七年至四十三年之间。

三、《满蒙八旗装备图》的研究价值

《满蒙八旗装备图》内容翔实，体例严谨，不仅分门别类地对绥远城驻防八旗官兵配备的武器装备进行梳理，还保留了大量不见于传统政书和地方文献中的史料，是研究清代军器制度和绥远八旗驻防必不可少的历史文献，有着较高的史料价值。除文本本身外，其研究价值体现在三个方面。

（一）在清代绥远城驻防文献中的价值

《满蒙八旗装备图》比《绥远城驻防志》《绥远旗志》的成书年代早 100 多年，是现存最早、内容最丰富、最权威的绥远城驻防典籍，有许多记载不见于其他绥远城驻防文献，是相关研究的重要史料来源。

1. 记载了换防兵丁的组成和配备的武器装备数量。

《绥远旗志》《绥远城驻防志》仅简略记载乌里雅苏台换防经过及官兵数量，却未记载兵丁的成分和携带武器的种类和数量。经笔者梳理，《满蒙八旗装备图》记载了赴乌里雅苏台换防官兵配备的武器装备有 7 杆旗纛、50 副盔甲、22 杆手枪、88 个铃铛、22 条麻绳、各 50 件弓腰刀撒袋、250 支批箭、3020 支梅针箭、12 架帐房、20 杆赞巴拉忒鸟枪。根据书中记载的武器配给制度推断，换防官兵一共 50 名，其中有 22 位前锋、28 位马甲，这一发现对研究绥远城换防制度极具史料价值。

2. 呈现了清代鼎盛时期绥远城驻防管理制度的基本面貌。

《满蒙八旗装备图》记载的军器数量与官兵数量基本相符，极少出现兵器短缺或残损的情况。如腰刀、帐房数量和官兵数量完全相符，撒袋和弓各少一件，盔甲和绵甲相加比现有官兵数略多，批箭、梅针箭短缺的数量也仅为总数的千分之七。而《绥远城驻防志》《绥远旗志》记载各种兵器缺损情况较为严重，盔甲和绵甲相加仅为 2400 余件，撒袋、帐房也仅供 2400 余人使用，腰刀、弓数量略多，但也仅满足 2600—2700 名官兵使用。可以看到，乾隆时期对军器的使用和监管制度较为严格，而到了清末驻防管理日渐废弛，军器也不敷使用。

3. 记载了绥远城驻防八旗的组成结构和各旗马甲数量。

从乾隆三十年开始，绥远城由满、蒙八旗联合驻防。《满蒙八旗装备图》记

载绥远城驻防八旗不是满洲、蒙古各八旗,而是满洲八旗和镶黄、正黄、镶白、镶红蒙古四旗;另外,根据驻防兵丁佩戴的盔甲数量,我们可以看到八旗马甲大致数量为镶黄旗 210 人、正黄旗 210 人、正白旗 145 人、正红旗 135 人、镶白旗 215 人、镶红旗 380 人、正蓝旗 245 人、镶蓝旗 115 人,镶红旗人数最多,正蓝旗次之,镶黄、正黄、镶白旗三旗人数相当,正白、镶蓝两旗人数较少。这一记载对深入研究绥远城驻防兵丁组成、来源具有重要价值。

（二）在传统史料文献中的价值

由于存世实物不够集中、多样,清代军器装备研究主要依靠各类政书中的史料,如大清五部会典、各部则例以及《皇朝礼器图式》《唐土名胜图会》等文献记载了清代武器装备形制、制作方法、应用、管理沿革,从制度、法律层面记载清代不同时期武器管理制度的演变。《满蒙八旗装备图》不仅比传统史料文献的内容更为具体丰富,还补充了上述文献缺载的 10 余种军器装备的图像和形制,为相关研究提供了极为珍贵的文字、图像资料。

1.《满蒙八旗装备图》补充了上述文献缺载的重要军器装备的信息。

如旗纛中的骁骑纛、鸟枪纛、鸟枪小旗、前锋小旗、骁骑小旗;盔甲中的清代早期铁叶甲、绵甲,均不见于传统史料文献中。《满蒙八旗装备图》不仅保存了这些军器装备的图像,还全面地描述其形制,为相关研究提供了极为珍贵的文字、图像资料。

2.《满蒙八旗装备图》记载的相同的武器装备可以与传统文献相互印证。

如盔胄,《满蒙八旗装备图》失载了盔胄遮眉、舞擎、盔椀、盔枪构件的信息,但记载了《大清会典》失载的遮耳、盔尾的数据,对《大清会典》等文献有补充作用。

3.《满蒙八旗装备图》还对装具、配件等容易被传统文献忽略的内容进行了刻画。

如旗纛图上绘制了荷包;盔甲后描绘了盔套和甲包;火器部分描绘了包括弹药装具、苫布、清理工具、固定工具在内的 20 多个种类的配件图像,弥补了传统文献的不足。

（三）在同类驻防文献中的价值

随着清代八旗驻防制度的建立和发展,专门记载驻防八旗事务的书籍也随之应运而生,统称为八旗驻防文献。这类文献主要有两类,一类是史志,如《福州驻防志》《京口八旗志》《荆州驻防八旗志》等;一类是档册,如《驻防太原正蓝镶蓝满洲蒙古四旗造送乾隆四十八年四十九年兵部来文抄案册》《编审驻防热河等处官兵等壮丁三代清册》《驻防广州各旗协领造报升迁调补清册》等。《满蒙八旗装备图》属于图册，在驻防文献中比较少见。《满蒙八旗装备图》与史志文献相比，在军器形制方面的记载更为详细全面；与档册文献相比，更直观、立体、生动、丰富、完整。

绥远城是清代北疆驻防重地，从乾隆二年开始到清末的近 200 年的时间里，一直有大批官兵驻扎于此。清代绥远城驻防制度是清代八旗制度、驻防制度、军事制度研究的一个缩影。由于自拟的题名没有体现出与绥远城的关系，《满蒙八旗装备图》一直未被学术界所知悉和重视。本文对《满蒙八旗装备图》的内容、成书年代、作者、价值等方面进行探讨，不仅为绥远城驻防研究提供一个新的文本，同时将清代绥远城驻防史料的年代提升至清中期，为清代呼和浩特地区历史、政治、军事、民族关系、文化等方面研究提供更新更早更权威的史料，对弘扬优秀传统文化，增强民族自信，增进民族团结，振奋民族精神，促进社会和谐都具有一定的现实意义和历史意义。

（冯丽丽，内蒙古自治区图书馆副研究馆员）

参考文献：

[1] 佟靖仁 . 绥远城驻防志 [M]. 呼和浩特：内蒙古大学出版社，1991.

魅力千年宋版书：东亚传布与美国特藏

The Thousand-year Charm of the Song Edition Books: East Asian Dissemination and the Special Collections in the US

沈津讲述　郭明芳整理

摘　要：2023 年 5 月 29 日沈津先生应中国台湾嘉义中正大学东亚汉籍与儒学中心之邀，为该中心主办"书籍史与知识环流：东亚汉籍云端讲座系列"做两小时讲座。先生以《魅力千年的宋版书：东亚传布与美国特藏》为题，讲述宋版、东亚汉籍与美国特藏三大主题。先生演讲生动，穿插不少掌故、知识，娓娓道来，《美国特藏》一节未能畅谈，实为遗憾。现予以整理，以供学界参考。为便于阅读，以先生所讲，析分为七个部分。

关键词：宋版书；海外存藏；文化传播

一、宋版魅力所在 [①]

（一）古书的魅力

宋代建政至今千有余年，雕版印刷也是从宋代开始作为出版方式，所以说宋版书至少有千年历史。从年代来看，宋版书具有独特魅力。魅力指吸引力、迷惑力。辞典中"魅"字有两种解释，一是作名词解，有鬼怪之意，一为作动词解，有诱惑、吸引之意。以人为对象，人有各种喜怒哀乐等，都有其魅力。另

---

① 2019 年 7 月《藏书报》公众号分别刊载沈津先生两篇文章，一为《沈津先生讲述中华古籍魅力》，一为《沈津先生谈宋本魅力》。这两篇文字与先生演讲相近，可看看。

外在其他各种情境下，艺术、自然等也有不同魅力，当然图书也是一样。常人言"书中自有黄金屋，书中自有颜如玉"，又有形容勤学的"书不释手"，又有形容知识丰富的"书富五车"（或"学富五车"）等，还有形容读书声清琅的"书声琅琅"等等，至于有关读书的成语亦多，如"凿壁借光""韦编三绝""囊萤映雪""负薪读书"等，又如《汉书·董仲舒传》有"三年不窥园"，就是指专心读书之状，这在在说明书的魅力也是特别诱人的，尤其是指古代典籍。

宋版书有着秀美的字体，装帧精致，更是一种诱惑。因此，如能在这方面继续钻研，则可发现在书中所蕴含的知识是无底的，有着吸引人的无穷魔力。我自踏入此行以来，经眼善本达 2 万部以上，普通古籍亦复如此，但仍认为自己是探索者。盖以古书来说，目录学和版本学领域的知识，是学者们终其一生也无法穷尽者。而古书中的版本鉴定、校勘、整理与研究等学问，均是古往今来学者取之不尽、用之不竭的资源。在哈佛燕京图书馆门前可以见到两幅法书，右边写的是"丈夫拥书万卷何假南面百城"。那是民国学者罗振玉（1866—1940）于 1936 年所书，其句出自《魏书·李泌传》，又有"拥书权拜小诸侯"法书，以形容书籍之多。另外左面则为饶宗颐（1917—2018）所书"雅达广览"。饶先生说此句出自《周礼正义》卷前语，"广览"原作"广揽"，不仅有广采，也有博观之意。读书要博，而图书馆藏书数量和质量，对读者来说也是一种魅力所在。

中国古籍善本到底有何魅力，能让历代藏书家，或版本鉴定者如此珍爱？换句话说，是否所有中国古籍都是好的，都是具有魅力的？随着时代推移，藏书家们对"善本"的界线是逐渐向后移的。例如说宋版书，自宋代起算，至明末则已届 680 余年，有近 700 年；而明末至民国间，亦已近 400 年，明刻本也逐渐进入旧刻行列。而 20 世纪中期以后，乾隆刻本也已近 150 年，因此说乾隆以前的刻本，都已是旧刻，不论其是否残缺，均可列入善本之列。善本书的断限，多以年代来划界，美国各地东亚图书馆也是以乾隆六十年（1795）年为断。盖乾隆之前为清朝盛世，从年代来看也是 200 余年，当然是有资格进入善本之列的。

（二）宋版书的魅力

而古籍真正之所以有魅力，应该就是其中的善本。这不仅是因着眼于其历史文物或书的内容，而且也包括了科学研究价值。明末毛氏汲古阁主人毛晋（字子晋，1599—1659）就是一个例子。

子晋为钱谦益（1582—1664）弟子，亦信佛，自称佛弟子，钱氏有《大佛顶首楞严经疏解蒙钞》，后来就是毛晋出资刊印①。毛氏的事业就是从事刻书的出版家，约万历至清初，其一生刻书为600种左右，这种数量超过当时任何书坊或公私家刻书。他也是著名藏书家，根据荥阳悔道人撰《汲古阁主人小传》说他"世居迎春门外之七星桥。父清，以孝弟（悌）力田起家。当杨忠愍公涟为常熟令时，察知邑中有干识者十人。遇有灾荒工务，倚以集事，清其首也。晋少为诸生，萧太常伯玉特赏之，晚乃谢去。以字行，性嗜卷轴，榜于门曰：'有以宋椠本至者，门内主人计叶酬钱，每叶出二百，有以旧抄本至者，每叶出四十，有以时下善本至者，别家出一千，主人出一千二百。'于是湖州书舶，云集于七星桥毛氏之门矣。邑中为之谚曰：'三百六十行生意，不如鬻书于毛氏。'前后积至八万四千册……"②云云。这说明毛氏对宋刻、旧钞的看重，其以叶计酬，非以册，这也是宋刻魅力，对毛氏来说重于一切。

历来藏书家最重宋版，不外宋版行款、装潢、纸张、字体、墨色、刊印等均属上等，为后世刻书不及之缘故。而世所形容"宋本"，或称"密行细字"，或称"大书巨册"，无不具有动人美感。明高濂《遵生八笺》中《燕闲清赏笺》有云："宋人之书，纸坚刻软，字画如写，格用单边，间多讳字。用墨稀薄，虽着水湿，燥无湮迹。开卷一种书香，自生异味……"这段是对宋本书非常细致的刻画、评价。民国间张元济在《宝礼堂宋本书录序》也说"余喜蓄书，尤嗜宋刻，固重其去古未远，亦爱其制作之精善，每一展玩，心旷神怡"。因此说，宋版书在历来藏书家眼中是受到最多珍爱的，常常以"秘不示人"，或视之"镇库宝""传家宝"相待，可见一斑。

宋版书不仅在价值、传世稀少等因素上获得藏书家的喜爱，尚有其内容接近古本，也是较诸宋以后刻本为佳，以其与后刻之本两两对勘，可正后刻本讹误。但是这些宋刻珍本往往在近千年来的水灾、火灾等自然灾害中，或因为兵燹及政治上的禁毁等人为因素，逐渐消亡。故有谓"宋版存世者十不及一"之说，又有说宋版书乃"物以稀为贵"。

就因为宋版书的珍贵稀觏难得，从明代、清代，以迄近现代以来，各藏书家费尽气力，莫不以能收藏宋版为光荣，纵使一部半叶亦然。清代乾嘉间学者

---

① 另可参沈津撰《钱谦益与〈大佛顶首楞严经疏解蒙钞〉》，收入《书林物语》，另此书日人有翻刻，先生曾撰《日本贞享刻本〈大佛顶首楞严经疏解蒙钞〉》，收入《伏枥集》。

② 引见明毛晋、清王士禛等撰，潘景郑、陈乃乾等校《汲古阁书跋重辑渔洋书跋》。

兼藏书家黄丕烈（1763—1825）以藏宋版书百种，故自号"百宋一廛"。至民初，袁世凯（1869—1916）次子袁克文（1890—1931）亦以藏宋版两百种自豪，他曾以陆心源（1838—1894）的"皕宋"重命之。民国间学问家章钰（1865—1937），有四当斋藏书，多实用之书，但《章氏四当斋藏书目》亦著录有宋版《晋书》《周书》《南齐书》与《大般若波罗密多经》四种。其他的藏书家，更别说像后来的周叔弢（1891—1984）、陈澄中（1894—1978），所藏宋版书亦有相当数量，质亦可观。

毕竟宋版书不可多见，偶有图书馆或民间藏书家得有一种，纵是不全之本，或是一、二残叶，也都会认为是某种荣耀。例如曾任广东省中山图书馆副馆长的王贵忱（1928—2022）就曾说过想为广东省立中山图书馆觅得一部宋版书，可惜未果。后来该馆获得两部宋刻元修版古籍，视为珍宝，每每有展览必是场上展品。又如深圳藏书家邹毅（1960—　），以专藏活字印本与活字实物著称，并著有《验证千年活版印刷术》（中国社会科学出版社，2010 年）。我曾与中山大学图书馆特藏部同仁前往观书，邹氏举以曾在深圳旧肆检漏残宋本《资治通鉴纲目》一册示之。在深圳有一藏家，多年欲觅宋本未果，遂以"宋景书屋"自号斋名。上海某藏书家曾以 360 余万元人民币购得宋开宝藏残叶一叶。以上均可说明宋版书在藏书家心目中的地位。

我在图书馆工作了一甲子的生涯，以能有机会进出中国、美国各东亚图书馆古籍书库或善本书库随意浏览，最为惬意。能见到常人所未能见的好书、异书，这种感受对普通研究者来说也是相同的。我所经眼宋版不过三四百部而已，以前撰写的随笔，或善本书志也不多，仅仅零头而已，真正原因是有价值且值得写的宋版书并不多。这里说的价值，主要还是指学术价值。

而在宋版书中，也有上下之分。一般来说，北宋刻本去古未远，又少见于世，是最好的，尤其是蜀刻本；南宋以后诸本，不论在时代，还是校勘，均略逊于北宋。而南宋刻本中又有官刻、私刻与坊刻三种类型。官刻之书，常经校勘，刻工是招募的精熟雕手，官府又不计成本刻印，其质量最为好。私家则以校勘较精著称，则又次于官府刻本。坊刻诸书则以闽麻沙所刻最下。盖书坊刻书以牟利为主，目的不同，刻书亦有差。因此同是宋本，其价值亦因此有差。宋版之中，以宋刊宋印最好。宋刻书版在久经刷印致磨损，元明以后续有补修、递修的本子，虽原版是宋刻，但版面漫漶，其价值又稍差。美国国会图书馆所藏宋本就有不少是明代修本。

宋刻流传至今鲜少，多毁于兵燹。民初藏书家傅增湘在《藏园群书题记》提及北宋刊递修本《史记集解》，乃海内孤本，数百年来不见于著录。现今传世者多为南宋刻本，也有不少递修本。宋本的存量少，一般多以"宋元"并称，日本《昭日新闻》1977年6月28日晚刊曾有报道，据日本书志学者阿部隆一调查，宋元版本在日本有约890部620种，中国大陆地区有1500部1000种，中国台湾地区则有840部500种①，以上均不包括宋版藏经。阿部隆一是日本的重要文献学者，供职于庆应义塾大学斯道文库，自1960年起开始调查中国善本情况，其所编著的《增订中国访书志》（东京：汲古书院，1983年）是对台湾、香港、旧平图藏善本②进行访查，撰写书志，最为详尽。阿部隆一所调查宋元版数字应估算所得，就当时而言，中国国家国图书馆所藏者就有1600部，上海图书馆约800部，北京大学约400部，日本600部，欧美则在30部左右，而对大陆所藏如想要更精确的数字，只要将《中国古籍善本书目》著录之书一一摘出，大概也就可以得到，而这个数字不出上述所列。

二、四种特色宋版书介绍

我曾在"中研院"史语所傅斯年图书馆与台湾大学等图书馆看过不少善本书，也有一些心得，但限于时间，仅先介绍四种宋版书。

（一）宋版《群玉集》《碧云集》

傅斯年图书馆所藏宋版有宋监本《史记集解》《南华真经》与残宋本《文苑英华》等书，现介绍该馆镇库之宝《群玉集》《碧云集》两书③。两集皆南宋临安陈解元宅书籍铺所刻。当时在馆中阅览古籍必须依规定戴口罩、手套④，颇有不便，后来馆方特为我开"绿色通道"，直接移往书库观览二书。

---

① 台湾所藏宋版书，据吴哲夫先生所指导淡江大学汉语文化暨文献资源研究所硕士陈怡藏的硕士论文《台湾公藏宋板书调查研究》（淡江大学汉语文化暨文献资源研究所硕士论文，2009年）统计，目前台湾公藏宋版有四百六十七部，过去疑为宋版，今改元本（或明版，或日本汉籍）者七十六部。陈氏论文后收入《古典文献研究辑刊》第廿八辑第一种。

② 旧平图书为抗战时，国立北平图书馆将珍贵甲库善本打包装箱，运往美国避难。美方曾进行摄制胶卷，提供各馆购置典藏。其原书乃于1965年由迁台的"中央图书馆"向教育部交涉运回（时美方以台湾当局为中国政府代表），运回台后度于"中央图书馆"，编有书目，后再运藏台北故宫博物院至今。这批藏书始末，昌彼得、钱存训等人有专文可参阅。

③ 见沈津撰《傅斯年图书馆的镇库之宝——〈群玉集〉〈碧云集〉》。

④ 关于阅览善本是否需要戴口罩、手套，详见沈津撰《看书要戴手套和口罩》一文。

　　《群玉集》是唐李群玉（？—约862）的著作集，有傅增湘（1872—1949）、邓邦述（1868—1939）的手跋，目前所见已装为金镶玉，亦是目前所见李群玉诗集最早刊本，其内容不少比其他旧抄更好，甚至有抄本所无之内容。是书曾经黄丕烈藏，有印与题记。黄丕烈对此书情有独钟，光题跋就有六篇，其中有跋云："越日不寐，晨起未起时，先有枕上吟四绝句，随意口占，稍纵即逝，故急起书之，大旨言此书之欢喜无量也。"（见《黄丕烈藏书题跋集》）

　　《碧云集》则为南唐李中著作集，内亦有黄丕烈、邓邦述跋。黄丕烈初见此书，甚惊骇，后曾取以毛氏汲古阁本校，发现毛氏本有不少缺失。其跋有云："《碧云》《群玉》两集皆刊入《八唐人集》中。向偶见其他集，此二种却未之收过。《群玉》尚有诸家所藏旧钞本，《碧云》绝无抄本。昆山徐氏《书目》载宋刻二集，今见卷中有徐氏印，信即其旧藏也。余得此书，适过西山堂，为余言修绠山房有不全《八唐人集》，遂访之。两李却有，然《群玉》无后集五卷，未知曾全刻否，抑此刻仅存此三卷也？晁《志》止载《群玉集》三卷，无《后集》，并《碧云》亦无之，知《碧云》更秘矣。毛刻未知何据，今校宋本，有宋本不缺而毛刻反缺，甚至字句有极可笑者，知所据非古刻，宜此书之无汲古阁印也。毛刻《李群玉》大异宋本，所分三卷同，其次第……"又有跋云："……忽见书堆添宋版书两部，其一即此宋版《碧云集》一套，开函视之骇甚，何意竟真，且非特《碧云》，兼有《群玉》，珍如双璧，喜出非常……"（见《黄丕烈藏书题跋集》）

　　此二书字体清整、刷印清朗，纸张也佳，乃真正宋刻宋印之书。黄丕烈得此《群玉》《碧云》二集，命其子刻有"碧云群玉之居"印一方，此印多用于书札。

　　宋版书在明代就逐渐珍稀，因此藏书家或文人学者十分看重，过去有以明珠、骏马易书故事。王世贞（1526—1590）为明末重要学者，其诗文独领骚坛数十年，后官至南京刑部尚书。他曾以庄园易宋版《汉书》。此《汉书》为元赵孟頫家旧藏，其字大如钱，罗纹纸印，前有赵孟頫戴斗笠画像，明时为松江陆深所得，后再为王世贞以庄园易归。此书明末为钱谦益以千二百金所得，再质于毛晋，后归宁波谢氏，最终此书被收入清宫（《天禄琳琅书目》卷二著录），惜嘉庆二年（1797）乾清宫失火，天禄所藏付之祝融。

　　按，王世贞跋云："最后班、范二《汉书》，尤为诸本之冠，桑皮纸白洁如玉，四旁宽广，字大者如钱，绝有欧柳笔法，细书丝发肤致，墨色精纯，溪潘流沈……"又钱谦益跋："余以千金从徽人赎出，藏弆二十余年，今之鬻之四明谢象三，床头黄金尽，生平第一杀风景事也。此书去我之日，殊难为怀，李后主去国听教坊杂曲'挥泪别宫娥'一段凄凉景色,约略相似。"又跋云:"京山李维柱……尝语余:'若得赵文敏家《汉书》,每日焚香礼拜,死则当以殉葬……'"又跋云:"赵吴兴家藏宋椠两《汉书》,王弇州先生鬻一庄得之陆水村太宰家,后归于新安富人,余以千二百金从黄尚宝购之。崇祯癸未,损二百金,售诸四明谢氏。"(见于敏中等编《天禄琳琅书目》)又与王世贞同年的朱大韶(1517—?)亦有美婢换《后汉纪》,此事见于《逊志堂杂钞》。

(二)宋版《注东坡先生诗》

我研究翁方纲(1733—1818),曾编过《翁方纲年谱》与《翁方纲题跋手札辑录》。翁氏是清乾隆间重要学者,他曾见张埧家藏董其昌真迹,欲仿朱大韶例获之而未果。其后得有宋刊《注东坡先生诗》四十二卷,视若珍宝,还将其斋室改称"宝苏斋"。

此书著录为"宋嘉定六年淮东仓司刊本",存十九卷。东坡诗最著称版本即此宋嘉定刊本。此本钤印满满,然见有火烧修补之迹。此书流传至乾隆三十八年为翁方纲所得,遂改斋号为"宝苏斋"并绘翁氏四十岁小像置前。同时并邀请乾嘉名流为之题跋,印记累累。每至东坡诞辰之日,翁方纲必焚香设案,与同道共论此书。往后两百年内,书七易其手。清光绪间湘潭袁伯夔(即袁思亮,1879—1939),以三千金易归,甚宝爱,后贮之内室失火,殃及此书。幸而抢救若干残本。这些被抢救回来的书多被烧掉一部分,变成今日面貌。另,此书藏书家韦力(1963—)亦有一册残卷。

顾廷龙先生过去曾抄录原书的有题跋,现书虽亡,跋尚仍存其全,此或可见乾嘉时"寿苏""拜苏"盛景。

(三)宋版《唐女郎鱼玄机诗》

《鱼玄机诗》,南宋临安陈氏书籍铺刊本。鱼玄机(844—871),唐陕西西安人,貌美而好书。此集版本存其诗四十九首、十二叶,是目前收录其诗最齐且刊印最早的本子。该本开眼所见,字体即属宋代杭州地区风格,亦曾是黄丕烈旧藏,黄氏并将之改为蝶装,传历至今,黄跋云:"既而五柳主人云有《鱼玄机集》,亦宋本也。余闻其名,急欲一睹,适五柳主人出吊海宁,迁延不获见所谓《鱼玄机》者,方怅然若有所失,忽从他处遇之,即此《唐女郎鱼玄机诗集》也。书仅十二叶耳,索白银八金……"(见《黄丕烈藏书题跋集》)是书民国间归袁克文,时或有翻刻,其原本今归中国国家图书馆。其书凡见题字者28人,钤印亦有128方之多。有关鱼玄机诗集故实,可参见张波所著《〈唐女郎鱼玄机诗〉史话》。

（四）宋版《王文公文集》

此集为南宋绍兴龙舒郡斋刊、公文纸印本。王安石集版本不少，但此版本乃目前最佳且最有研究价值的版本。王集原百卷，此上海博物馆所藏者，存七十五卷。缺卷部分，虽见近年有上拍，但仍未配全。此书珍贵之处在于乃以宋时公文纸刷印。这部书所见公文纸有780余叶，字体也十分清晰，包括有62人书信318通、53件文书，书信中所见诸人，多未详，于宋史可稽查者亦凤毛麟角。这些数据可以作为研究宋代政、经、军、文等方面第一手材料。我曾统计宋代公文纸印本仅十余种，也撰写过两篇揭示明代公文纸印本的文章，即《明代公文纸印本——〈重刊并音连声韵学集成〉》与《明代公文纸抄本两种——〈明文记类〉〈观象玩占〉》。

此书初现于抗战中，1940年7月20日郑振铎给蒋复璁函谈及此书，云："……又北方有《王文公集》残本，即罗叔蕴所谓天壤间秘宝，曾据另一残本辑出荆公遗文不少者，现或可得到。此书为南宋初年刊本，尤有北宋版气息，且纸背均为宋人手札，尤可宝。（此事正在进行，乞秘之。）……"（引自陈福康整理《为国家保存文化——郑振铎抢救珍稀文献书信日记辑录》）1940年8月12日致蒋氏复管理中英庚款董事会函亦云："接奉七月廿日大函……又北方有《王文公集》残本，即罗叔蕴所谓天壤间秘宝，曾据另一残本辑王荆公遗文不少者，为南宋初年刊本，有北宋版气息且纸背均为宋人手札，尤可宝。此书正在进行中，或可得到……"后此书未为文献保存同志会所购，闻为王姓人士购入并携往香港，1985年复归上海博物馆。

三、中国古籍的东亚传布

中国古籍的东亚传布，主要指在日本传布的中国古籍，包括中国于宋、元、明、清、民国诸朝代刻本、稿本、抄本、活字本、套印本、版画等。这些书多透过海上丝绸之路的贸易交换，或是学人间往返赠与，或是在华文化人携回东瀛，或是日人在侵略战争中所掠夺。而这些图书中不乏珍贵稀见的国宝或文化财。

我首次知晓"文化财"一词，乃是1973年经由诺奖物理学得主杨振宁（1922—　）教授所赠《日本の国宝》一书。这部书中介绍有不少中国宋刻本，或被日本列入国宝，或被列入文化财。那时国人对日本所收藏善本古籍消息十分贫乏，不若今日透过网络搜寻所得信息方便。由此可知，日本所藏有关中国典籍或与中国文化相关书籍十分丰富，甚及于中国文化各个方面，是研究中国历史、文化重要资料。而这些典籍应该视为中国文化一部分，可称为"收藏在日本的中国典籍"。而日本或韩国称这些典籍为"汉籍"，"汉籍"的"汉"，即指中华民族。"域外汉籍"则指中国周边国家，例如韩国、日本、越南等国，翻刻有关中国传统文化及中国学者著作的统称。翻刻本的版本著录，则分别称日本刻本为"和刻本"，韩国刻本则又称"高丽本"或"朝鲜本"，越南刻本或称"安南本"等。目前有研究者也将"域外汉籍"演绎为中国历史上流散到海外的汉文著作。

中日一水之隔，近代以来，国人赴日访书者不少，杨守敬（1839—1915）、董康（1867—1947）、张元济（1867—1959）、傅增湘、孙楷第（1898—1986）、王古鲁（1901—1958）、傅芸子（1902—1948）等人都曾经访日，他们也对日本所藏汉籍十分重视。他们在日本访书，每每有不少重要发现，也及时撰文向国内学者介绍披露。

杨守敬作为清末驻日公使随员在日本访书，归国后编有《日本访书志》行世。董康于1926至1936年四次赴日访书，并将访书情形逐日记录，归国后编有《书舶庸谭》。张元济亦曾三次访日，最后一次则在1928年，在日本待了三个月，亦有所得。傅增湘则在1929年访日，著有《藏园东游别录》四卷，后来《别录》资料亦被分别收入其《藏园群书经眼录》。1931年赴日的孙楷第，他是专研古典小说学者，到日本寻访不少中国已佚珍稀小说，其所著《日本东京所见中国小说书目》即著录有110部所见小说。1939—1940年间，王古鲁赴日教书兼访书，著《日光访书记》《日本访书记》等（今人整理有《王古鲁日本访书记》），录有在日闻见戏曲、小说等资料。傅芸子则是以研究传统戏剧著称，他在20世纪30年代亦有赴日之行，其访书闻见则有《东京观书记》等。1949年后，顾廷龙（1904—1998）先生曾率团访日，在日本一个月间，参访公私藏馆，所见亦不少（见先生访书游记）。这些学者或官员访日，不仅参访公家、私家藏书文库，也在学校、寺院等地访书，发现不少中土难得一见古籍，尤其是古典小说、戏曲两方面。

中国古籍通过购买、赠送的方式陆续进入日本。1930年以降，日本发动侵华战争，更是从中国掠取不少古籍、文物。据记载中国文献典籍被劫往日本有23675种，尚包括两百余箱不知下落者。虽然战后归还一小部分，但大多仍不知去向。例如说前美国海军武官义理寿（Irvin V. G. Gillis，1875—1948）藏在北平的《武英殿聚珍版丛书》被日军劫掠,至今未知下落。而此书目前大陆所见全帙者仅九套。

美加地区中文古籍都与中文图书都归一类,善本书则另置善本书库。在欧美学者眼中,中国古籍指中国雕版印刷物,或是指用汉字书写的稿本、抄本,不被视为域外汉籍。中日两国文化交流有两千年历史,这种交流者要是透过学者与书籍完成。日本翻刻有关中国传统文化典籍,也被称"日本汉籍",因为书中增添不少便于阅读的假名与各种符号。日本学者大庭修（1927—2002）以为中国古籍加训点后在日本出版的汉籍,称为"和刻本",是日中文化交流最具体的见证物,日本学者长泽规矩也（1902—1980）编有《和刻本汉籍分类目录增补补正版》（东京:汲古书院,2006 年）著录相关和刻本汉籍版刻情形。

中国古籍的东亚收藏,在日本也有数百年历史,近则在欧美也有百余年。现在总合在中土以外中国古籍,不少是中土已经失传者,还有一些日本刻本是赴日的中国刻工所为,重要的如元代闽人俞良甫,在日本刻过不少典籍。

至于和刻本的价值,第一就是保存国内已佚典籍,第二是日本刻印的古籍构成中国古籍另一版刻系统,第三则为大量异本的出现,可供校勘之用,就如明代小说,或是医书等实用图书。

而和刻本据以覆刻底本大致上是以古抄本覆刻,其次则为中国传至日本的宋元明清各种刊本覆刻。蒋复璁在《中日书缘》谈到日本所藏汉籍价值,曾言"中国经籍,散入邻邦,以日本为最多,亦惟日本保存的中国经籍,能补充吾人所不足"。哈佛燕京图书馆除典藏中国古籍外,还有不少日本、韩国所刻古籍。我在哈佛燕京服务时,曾调查馆藏日本善本有 3600 种,包括日刻汉籍与日人校注解、编著、评点等著作,但不包括明治以降出版品,其中有 600 多种是日人翻刻中国古籍,偶有国内已失传者。而韩国刻本,包含大量活字印本,约有 3800 部,其中难得之本亦不少,冷僻之书,时而可见。中土未见、少见之传本,数量之大,往往可见,在中国大陆省市一级图书馆亦不可望其项背。而燕京所藏这些珍贵馆藏,很多在国内多不知晓,亦不得其门而入,或有少数访问学者,虽有所获,但无法全窥,而徒有望洋兴叹之感。我在燕京服务期间,曾将馆藏日本刻本翻阅一通,并编有《馆藏日本据中国翻刻图书目录》,著录约 600 多部,但因时间与学识不允,无法再将释家佛教类经书约 1200 部一一编入。这些佛教书,很难分辨是国人所为,抑或日僧,因缺乏工具书查检,暂未编入。我怕这批日本刻本的价值就此被埋没,很想编一系列日本汉籍系列丛书。例如说哈佛燕京所藏《新编水浒画传》九编、《通俗西游记绘本》（原四编，存前三编，第一编有缺卷）、《通俗三国演义》八编等书[①]，这些绘本虽是江户后期所刊，但其绘图多为浮世绘画家葛饰北斋（1760—1845）所绘，栩栩如生。由此亦可见中国传统文化在日本被翻刻、翻译的加工情况。

我曾与南京大学域外汉籍研究所教授卞东波（1963—　）编过《日本汉籍图录》（广西师范大学出版社，2014 年）九册。这套《图录》是以我们所经眼明治朝（1868）以前的出版物为主，当然也稍微收一小部分明治以后者，内容按传统四部编排，收录日本汉籍重要著作 1800 部。这套书对研究中日书籍交流史、日本汉学史、中国版本学、古代文化史等提供不少材料，也因为这套书的出版极大地丰富日本汉籍内容。

而在大陆收藏日本汉籍，包括明治以后出版品，最多的应该在辽宁省馆，北京大学、天津市图书馆等馆居次，但每家所藏不超过 1000 种，其他各馆所藏仅凤毛麟角，无法形成藏书特色。而各馆书目，或附于汉籍之后，或排于善本之下，因此域外汉籍研究，在过去很长一段时间是很薄弱的。1995 年杭州大学王宝平（1962—　）、辽宁省图书馆韩锡铎（1940—？）等人编《中国馆藏和刻本汉籍书目》出版，第一次著录国内 68 家主要图书馆所藏和刻本汉籍 3063 种。可以见到日本对中国文化研究达到巨细无遗的地步。而台湾地区部分，台湾大学图书馆所藏日本汉籍有 461 部，列入善本有 75 部，其中有不少难得之本，例如延享三年（1746）刊本《春秋左传批注辨误》、承应三年（1654）《四书存疑》[②]、宽文三年（1663）刊本《山谷诗集》廿卷，庆安三年（1650）刊本《有象列仙全传》等[③]。

四、日本所藏宋版汉籍[④]

日本所藏宋版书数量，有阿部隆一（1917—1983）《宋元版所在目录》一文的调查结果。其后笔者据以重新调查统计，得有经部 73 部、史部 107 部、子部 172 部、集部 78 部，共 430 部。这些宋版古籍，分藏日本 50 处公私藏所，部分

---

① 演讲中仅称哈佛燕京仅有《水浒》《西游》，而无《三国》，整理者另查亦有《三国》。此三种均江户后期刊印、明治印本。其中亦有日本贷本屋（租书坊）旧藏书。

② 即《连үн堂重订四书存疑》十四卷，前揭张目作江户前期覆明崇祯八年方文刊本。

③ 《春秋左传批注辨误》《有象列仙全传》二书哈佛燕京亦有藏。

④ 此部分为郭明芳承沈先生之命董理而成，今不照原讲，径以原稿录入。

被日本政府列入重要文化财，少数则列入国宝等级。据统计，今日包括古籍在内，被列入国宝有 232 种，重要文化财 1929 种。而于宋本汉籍则有国宝 13 种，重要文化财 48 种。最近一批书迹典籍类则见日本文化厅令和五年（2023）《新定国宝重要文化财目录》著录，有宋版《唐人绝句》（文化厅）、宋版《律宗三大部并记文》（京都教王护国寺）等两种，故共 50 种。

日本所藏宋版以静嘉堂文库居冠，凡 113 部，计经部 16 部、史部 41 部、子部 35 部、集部 21 部。

静嘉堂文库位于东京世谷田区之图书馆兼美术馆，典藏有和汉古典籍与东洋美术品，其中汉籍约 12 万册，和书约 8 万册。汉籍以陆心源皕宋楼藏书为主，亦有日人岛田重礼（1838—1898）、竹添光鸿（1842—1917）等人旧藏。

文库为三菱商事第二代社长岩崎弥之助（1851—1908）创立于 1892 年，取《诗大雅既醉》"笾豆静嘉"句命名，盖有善、美之意。文库初设于神田骏河台岩崎宅邸，几经迁移，大正末迁至世谷田区现址。1940 年弥之助子小弥太（1879—1945，三菱财团第四代）设立财团法人并交由三菱财团经营。昭和间，文库亦请长泽规矩也赴华访书。1945 年后文库转向静态美术品展示，1999 年美术馆正式开馆。静嘉堂文库所藏汉籍，经核《静嘉堂秘籍志》所载，其宋版多为旧陆心源皕宋楼旧藏，如南宋刊本《周礼》《说文解字》《汉书》《南华真经注疏》《李太白文集》被列为指定重要文化财。

次则宫内厅书陵部的 77 部。书陵部位于东京千代田区皇居东御苑内。其为宫内厅下专门负责皇室谱牒、文书数据与日本天皇家族陵墓编修管理机构，前身为明治十七年（1884）所设立之图书寮与十九年（1886）之诸陵寮，1949 年整并组成书陵部，盖即"图书""诸陵"之并称者。其所藏汉籍多为日本皇室历代流传下来者。

第三则天理大学，凡 34 部。天理大学位于奈良县天理市之私立大学，创办于 1925 年，至 1949 年正式设立。其命名"天理"，盖为日本神道系统天理教所属者。其所藏图书以佛教书为多，但仍有不少为佛教以外具有价值之稀见典籍。

第四则为国立公文书馆，凡 28 部。国立公文书馆位于东京千代田区，与东御苑（书陵部）毗邻，今为日本国立档案馆总馆。其为日本内阁府直辖档案存藏机构，1971 年开馆时训令将江户以来旧藏书、档案移交该馆典藏。其前身称为内阁文库，盖以为内阁府直属之谓也。内阁文库藏书主要包括幕府枫山文库与官学昌平坂学问所藏书与公文书等。所藏宋版列入重要文化财有 11 种。

第五为御茶水大学,凡 18 部。御茶水大学位于东京文京区,其古籍收藏主要为日人德富苏峰(1863—1957)成箦堂文库。苏峰为日本右翼政治人物兼史学者,曾被远东国际军事法庭认定为甲级战犯,后获不起诉处分。其早期主张平民主义,中日战争时期转为皇室中心主义,鼓吹侵略。以上五馆总数有 270 种,已超过日藏宋版六成。

其他分别为杏雨书屋 15 部,东福寺 14 部,东洋文库 10 部,前田育德会、东京大学东文研各 9 部。综合以上 10 馆所藏,则总数有 327 种,则已近日藏宋版汉籍三分之二强。

按,杏雨书屋为日本武田制药集团所属藏书机构。其第五代负责人武田长兵卫,名和敬(1870—1959),其在任间又创立田边制药(西药)。和敬感叹1923 年关东大地震,典籍散失,遂以己力,搜集历代医药、本草典籍并旁及其他典籍,命曰"杏雨书屋"。1978 年武田氏正式对外开放杏雨书屋。其购书之初以医书为主,后范围逐渐增广。内藤湖南恭仁山庄 ① 藏书散,亦多归于杏雨书屋。今日提为日本国宝有《毛诗正义》《史记集解》等,指定重要文化财有《春秋经传集解》四卷、《古文孝经》等,另所藏宋版有《外台秘要方》残卷、《本草衍义》与《备急总效方》等三种。书屋除了自藏图书外,尚有日本文化厅寄存京都医家福井氏崇兰馆 ② 图书,崇兰馆藏宋版有《续易简方脉论》《续易简方后集》《黎居士简易方论》《方氏编类家藏集药方》《经史证类备急本草》《芝田余居士证论选奇方后集》等。

东福寺为位京都市临济宗东福寺派大本山,山号慧日山,是京都五山中第四位。其创建时间最早可溯至室町时代。

东洋文库位东京文京区,为日本三菱财团第三代主事岩崎久弥(1865—

---

① 恭仁山庄为日本汉学家内藤湖南(1866—1934)晚年于京都建之会见访客居所,亦藏书斋名。其藏书中宋版者有北宋刊《史记集解》、宋版《毛诗正义》、北宋小字《说文解字》残本、南宋刊《史记集解》等书,这些宋版后为杏雨书屋所收购。另有宋刊后修本《眉山七史》、南宋刊《妙法莲华经》、福州崇宁寺刊《一切经音义》等。

② 崇兰馆福井家为足利尊氏后裔,家世为武士,江户中期传至枫亭(1725—1792)始习医,遂以医闻,子承顺(1748—1795)曾为幕府医员,另子榕亭(1753—1844),官典药寮医学博士。榕亭子栋园(1783—1849)为典药寮御医,子恒斋(1830—1900)始以藏书闻于时。战前书有流散,或有流入中土,北京华艺2022年春拍(拍号515号)见有崇兰馆藏宋刊《嘉泰谱灯录》1种。战后杏雨书屋购有不少,后日本文化厅搜集调查并委诸杏雨书屋管理。

1955）男爵①与莫理循（George Morisson）等以珍藏典籍所成立的机构。1924年设立财团法人东洋文库，搜集东洋学文献，迄今藏书有近百万。战后东洋文库归国立国会图书馆管理，1961年又设置东亚文化研究所。东洋文库藏书中《古文尚书》《毛诗》《春秋经传集解》《史记》《文选集注》等5种为国宝，指定重要文化财有《古文尚书》《礼记正义》《论语集解》等。

前田育德会前身为前田侯家尊经阁文库。其址位于东京目黑区驹场之公益财团法人前田育德会，所藏以加贺藩前田家历代搜集古籍、美术品、刀剑为主。加贺藩第五代藩主前田纲纪（1643—1724）设立尊经阁，自称"尊经阁藏书"，待继任藩主后，以其财力，搜集贵重书籍（包括有前金泽文库书）、工艺美术品等。至第十六代藩主前田利为（1885—1942）始将尊经阁书化私为公。利为曾任驻英外交官，后入陆军大学校，战争后期任婆罗洲（今属印尼、马来、文莱）守备军司令官，后因飞机失事而卒。大正后期鉴于东京大震灾时所藏古籍毁损，故于大正十五年（1926）成立公益法人育德财团。盖取前田家在东京宅邸"育德园"之名。后因东京大学扩地，而迁至今目黑区驹场。大正十五年以来印行《尊经阁丛刊》，使加贺前田家搜集的珍贵典籍得以复制，提供研究参考。战后旧家典籍散逸，再将"财团法人"改"公益法人"。今日前田育德会藏宋版被指定为重要文化财的有《世说新语》《重广会史》《春秋左氏音义》《冲虚至德真经》《宾退录》等。

东京大学东洋文化研究所前身为东方文化学院，其为日本外务单位以庚款所成立之研究东方文化机构，分有东京、京都二所。1938年东京所成立新东方文化学院与京都东方文化研究所分别独立，战后东京学院改东洋文化研究所，附于东京大学下，京都研究所合并他所并改称人文研究所，附于京都大学。

而以上所举前10家所藏，其来源大致可以分成三方面叙述，一为江户以前自中国零星输入而累积而成者，如宫内厅书陵部（前宫内省图书寮）、国立公文书馆（前内阁文库）与东福寺三家。次则明治间（约中国清末）自中国整批购入者，即静嘉堂文库所藏者大部分为清末陆心源皕宋楼（十万卷楼）旧藏。其所藏宋本目前居日藏宋本之冠，可以想见这批宋版汉籍东传应有特别地位。第三则是大正以迄战后十余年间所购置者，如东京大学东洋文化研究所、御茶水

---

① 岩崎久弥，高知县人，明治至昭和时期实业家。庆应义塾大学毕业，后接任三菱合资会社第三代主事，大正间退休。

大学（原德富苏峰成箦堂文库）与天理大学三家。

日本所藏宋本汉籍有中土久佚者，通过日藏再刊重回中土，如国立公文书馆藏南宋刊《周易新讲义》，中土已佚。江户后期被日人辑入《佚存丛书》，以木活字排印，后再回传中土，清中后期始有翻刻以行。

又如尊经阁文库编印《尊经阁丛刊》，其中一种为影印所藏宋本《重广会史》，亦为中土佚书。此书推测乃壬辰倭乱时得自朝鲜。其书为宋时以会典、会要纪录重编之类书。

又《新编醉翁谈录》一书，其不仅保存宋代话本底稿，更对宋代说话研究提供有不少一手资料。此本旧藏仙台藩伊达家观澜阁，1940年东京田中氏文求堂索以影印，传入国内，遂为国人所知。其书战后辗转为天理大学所购藏。

五、日藏汉籍总目

日藏汉籍目前未如过去中国编有《中国古籍善本书目》那样的总目。日人过去编有《国书总目录》（东京：岩波书店，1963年），所收以日人著作的日本刻本为主，日刻汉籍或日藏汉籍则收入极少，而几个日本数据库所收亦不全。目前所能利用的日藏汉籍目，除个别翻阅各馆所编书目外，总目应该只有北京大学教授严绍璗（1940—2022）所编《日藏汉籍善本书录》（中华书局，2007年）可参考。

严教授是北京大学研究中日比较文学的学者，曾在日本访书多年，了解日本所藏汉籍情形。他也是中国学者所见日本藏汉籍最多的一位，也有关于日藏汉籍有多部著作。此《书录》约300万字，著录日藏善本汉籍凡10800种。但这部《日藏汉籍善本书录》十分可惜，这里面的问题不少。这本书不仅大量袭自日本学者阿部隆一著作，在版本著录上也颇有问题。例如说第一页经部易类著录的《京氏易传》，著录为"明毛氏汲古阁刻本"，事实上，这部书为毛氏辑刊《津逮秘书》零种，并不是单行。像这种将丛书误作单行者，在《书录》至少有一百处。这种丛书零种与单行本并不同，而且零种多不被视作善本，除非有名人批校。《中国古籍善本书目》是这样处理的，但《书录》却仍视为单行著录。

又如版本项著录亦有问题。《诚斋诗话》著录"古写本""鲍渌饮手写本""劳氏手识本"等，均不明所以然。"古写本"，按字面解释，指古代写本，到底是唐代，还是宋代写本，还是明初抄本，还是明末，或是清初抄本等，均不清楚。鲍渌饮即鲍廷博的号，鲍氏大概也是乾隆间人。因此著录时应该称"清鲍廷博抄本"。劳氏即劳权，应称"清劳权抄本"等。因此，著录"古写本"一点都不古。这是很可惜的，严先生或出版社责任编辑对版本项著录并没有很清楚，把关也不严，仅以照抄日本藏书机构著录者。

而且在著录上也没有全部著录某书版式、行款等，中山大学黄仕忠（1960— ）的《日本所藏中国戏曲文献研究》第五章第一节就有《〈日藏汉籍善本书录〉中散曲、戏曲部分正误》。其谈及《书录》戏曲部分总共22页，112条，有近30条存在严重问题，内有9条又为清代修版印刷的汲古阁零本，不应列入。也就是说，有大约百分之十的条目，编者曾查阅原书，但并没有每一种都查核，造成资料不翔实情况。另此112条中又有30条未著录版式行款等信息，又仅有13条没有著录错误或有错讹字情况。由此而言，《书录》中著录条目明显偏高，核验原书比例过低，这也是造成《书录》频见错误的原因。读者在使用此书时实需十分谨慎。

六、美国东亚图书馆的汉籍特藏

美国东亚图书馆所收藏汉籍特藏，有国会图书馆，纽约公共图书馆，以及收藏汉籍较为有特色的大学东亚图书馆若干，包括哈佛大学哈佛燕京图书馆、普林斯顿大学东方葛斯德图书馆、芝加哥大学东亚图书馆、哥伦比亚大学东亚图书馆、耶鲁大学东亚图书馆，还有就是加州大学柏克莱分校东亚图书馆等。以上各东亚图书馆收藏汉籍在1000部以上者，有哈佛燕京的4000部，国会图书馆的3000部，普林斯顿约1100部，至于1000部以下者，则有加州大学柏克莱分校东亚图书馆的800部，芝加哥大学的400部，哥伦比亚大学的250部，华盛顿大学的138部、纽约市公共图书馆的100部等。

（一）地方志特藏

这些美国东亚特藏多以地方志为特色之一，其余如耶鲁大学藏太平天国资料，芝加哥大学藏经部图书，哈佛燕京藏丛书等，都是十分有意思的。以地方志来说，美国所藏约有15000部（含缩微胶卷），国会图书馆就占了4000部，哈佛燕京3200部，芝加哥1700部，哥伦比亚1500部，耶鲁1400部等。这些馆是中国国家图书馆、上海图书馆而外，最大收藏中国方志的馆所。2017年7—8月间我曾应国会图书馆亚洲部之请，前往国会图书馆审定

1958 年以前入藏中文普通书，并进行善本审定。基本上善本标准是以清代乾隆以前出版物为基准，这个基准与美国大学东亚图书馆、中国省市一级馆所等标准一致，而从其中挑选清代善本方志约 634 种，包括若干孤本。芝加哥大学也收藏有一些中国地方志目录著作，也颇有特色。

（二）家谱特藏

另外家谱收藏也是美国图书馆东亚特藏一项重要资源。家谱与官府或书坊刻书不同，其属不牟利性质，只有在家族宗支世系才有可能获得，因此印数较少，流传相对也较局限。而家谱流传在外者，多为后来遇到大的变故，如战争、政治等原因，才有可能外散。目前美国收藏家谱最多的应该是哥伦比亚大学图书馆的 1040 部。哥大所藏不仅在欧美居冠，就是在国内省市级图书馆也很难超越。哥大所藏家谱大约在抗战时，通过学者在中国购入，但目前国内学者对哥大所藏家谱情况了解得并不多，也没有做过专题研究。我在撰写《顾廷龙年谱》也曾到访查阅相关资料，另外曾为胡适（1891—1962）、李宗仁（1891—1969）、张学良（1901—2001）等做口述自传的唐德刚（1920—2009）曾写过一篇文章，介绍过哥大藏家谱特藏，此外别无所知。这或许与图书馆主事者有关，盖过去哥大馆长是精于日本研究，而较少关注中国古籍之故。此外哈佛燕京也有一些家谱特藏。

七、美国国会图书馆的东亚特藏

美国国会图书馆即美国的"国家图书馆"，是欧美收藏汉籍重要图书馆之一。该馆收藏中国典籍始于清同治八年（1869），是西方世界最早收藏中国古籍的图书馆。我自 1986 年首次赴国会图书馆访书始，至今已有数次。由于每次在国会图书馆有时间限制，只能选择堆放在角落中一些未编目且未为人所知者，这些书籍中不少具有研究或参考价值。王重民（1903—1975）先生在抗战时曾在美国国会图书馆，也写过书志，这些资料读者都可以参考。而这些堆放角落未编目之书，与哈佛燕京所藏近似，大多是 1950 年以后购自日本，是王先生所未寓目的，亟须有人揭示其内容与价值。在馆期间，我看了约 2000 种，并审阅其版本。其中比较重要的有几类。

（一）太平天国刻本

太平天国刻本是中国各种刻本中最为稀见的。目前在中国典藏者，以南京太平天国博物馆为最多，但也只有 10 种左右。上海图书馆只有 1 种，国家图书馆也大略如此①，而美国国会图书馆所藏竟达 13 种之多，较诸中国馆藏为多。这些太平天国刻本多为轻薄小本，保存至今十分难得。太平天国自广西金田起义起，至天京（南京）覆灭总共才十余年。这十余年间，其刻书总共也只有 42 种左右，至设立删书衙，刻印书籍，阐述理念，统计也仅 29 种。

此外纽约公共图书馆所藏则有 23 种之多，太平天国文献保存在美国情形如此，可见其价值。

（二）《永乐大典》

其次是美国国会图书馆所藏《永乐大典》。我前几年应邀至国会图书馆，馆方希望我能对馆藏宋元刊本 31 种、《永乐大典》41 册② 进行审定，撰写报告。《永乐大典》的珍贵在于是目前仅存孤本，又是残本，纵使只有一册半叶，在大陆任何图书馆都可视为镇馆之宝。国家图书馆四大镇馆之宝，《永乐大典》即其一（另三为敦煌遗书、《赵城金藏》、文津阁《四库全书》），目前该馆藏 224 册（含暂存台北故宫博物院的 62 册），亦是最多的藏馆。

《永乐大典》的价值，除一般所讨论学术上价值（如辑佚书）外，从市场上的经济价值亦可看出一二。因为《永乐大典》在古籍市场拍卖价最高，可以看出其珍贵。例如 2008 年左右在法国拍出的一册，叫价 100 万欧元，可惜未成交，往后也未闻其音信。后来 2020 年法国巴黎出现两册，也由中国企业家以 640 万欧元购入，合佣金共 800 余万欧元。自 20 世纪 90 年代大陆成立拍卖公司以来，2013 年出现过一册，叫价要 800 万人民币，后国家图书馆以国家优先承购权购入此册③。若以单册 800 万人民币来算，国会图书馆所藏就值 3 亿余元人民币（约合 6600 万美元）价格。而在国会图书馆最珍贵的《古腾堡圣经》，现今拍卖市场价值约在 2000 至 3500 万美元之间，可以推算馆藏《永乐大典》约相当于两部《古腾堡圣经》价格。

---

① 台北藏《英杰归真》一种，题"太平天国十一年（1861）干王殿刊本"，又有传抄本一部。

② 馆藏《永乐大典》计存卷 6831—2、10934—5、10949—50、10998—9、11001、11076—7、11960、12148、12269、14131、15142、15143、15950—1、19792 等。

③ 另：检 2013 年日本亲和拍卖于香港春季联拍有一册（拍号 42 号），估价 3 万至 3.5 万港元。此本原为昭日新闻社竹斋主人上野精一旧藏，后捐京都大学。内藤湖南有云："至友董授经京卿去冬于燕京购《永乐大典》零本 17 册，后携至京都分散于众友人……，此本为其中之一。今有竹先先生命题言，特记之。癸丑九月十七日。"

（三）宋元刊本

此外，我在国会图书馆期间，也对馆藏宋元本全部经眼，厘订过往著录不精确之处。这些宋元本中有两部最为珍贵，盖馆藏为全帙无缺，又为初印之故。一为元刊元印《宋史全文续资治通鉴》三十六卷附《宋季朝事实》，另一部亦为元刊元印《世医得效方》。后者为医书，亦见北京大学有藏，但北大本有日人抄配。

另外还有宋刊《妙法莲华经》，有绘画、有刻工，也是很好的。又如馆藏有雷峰塔藏经，虽缺损严重，但为真本。雷峰塔经是1924年塔倾所散出，时有不少赝作。

（四）苗蛮图册

我在国会图书馆，除了观览善本书库藏书外，对普通书库、日文书库、法律书库亦有所观览。在普通书库又发现不少可提为善本者十余部，包括万历刊本、顺治刊本、康熙刊本等。在国会图书馆普通书库中所见中文书，是中国本土之外，最重要的收藏馆所。这些书很多尚未编目，家底不清。其中《苗蛮图（册页）》（或称《苗民图》）就是其中一项。

《苗蛮图》之类著述多为彩绘西南边疆民族情态，具有研究该地民风的价值。在傅斯年图书馆藏有十余种，哈佛燕京亦有八种，过去贵州人民出版社曾出版《百苗图抄本汇编》也收有十余种，包括傅斯年图书馆数种以及法国所藏者，但总的来说，不如国会图书馆所藏乾隆五十一年①序本为佳。

按，此册页凡41幅，左图右文，前有序，云："甲辰仲冬，楚秉天子命观察黔中。下车伊始，辄留心民物，遍访茅檐，则见苗獠杂处，同俗异宜，厥种既殊，托业亦异。其性拙而愚，其风朴而俚……是方汉夷杂居，话言殊致，敦庞淳固，渐被华风……五代时楚王马殷，自邕管迁来，其种有三，曰补笼，曰卡尤，曰青狑，贵平诸郡皆有之……诸苗大率如此。兹因种类杂糅，未由罗列。目击其情形意态，以辨其性情风土之殊。爰按其丑类，绘厥全图，汇为一帙……时惟乾隆岁次丙午秋九月中浣，舫亭识。"舫亭者，或名福海，生平无考。

我在国会图书馆工作的最后时日，见该馆展出另本《苗蛮图册》。该本画风精致，绘于菩提叶上，待询问馆员知为未编目之书。该册页上见有允禧题记，知为清雍正时期宗族所为。允禧，为康熙第二十一子，善书画。而这些苗蛮图

———
① 沈先生原讲"五十多年序"。

册页保存不少资料，国内学者无由得见，实在十分可惜。

美国国会图书馆普通书库所藏汉籍不少未编目，未揭示于世，不仅无由知馆藏，对外也无法利用，实有待馆方持续编目，以便于国内参考。

（沈津，美国哈佛大学哈佛燕京图书馆前善本部主任，天津师范大学古籍保护研究院特聘导师；郭明芳，中国台湾东吴大学中文博士）

结合学科发展　服务社会需求

——"图书馆学专业古籍保护与管理人才培养研讨会"纪要

A Summary of *The Symposium on the Cultivation of Personnel for Ancient Book Conservation and Management in the Major of Library Science*

董桂存　姚小燕

摘　要:2023 年 5 月 13 日下午,"图书馆学专业古籍保护与管理人才培养研讨会"在天津师范大学古籍保护研究院顺利召开。来自教育部高等学校图书馆学专业教学指导委员会的 20 余名委员及全国设置图书馆学本科专业高等院校的 40 余名专家、学者出席了本次研讨会。姚伯岳、王余光、张久珍、张靖和龚剑五位专家依次对古籍保护与管理人才的培养进行了主旨发言。本次会议拓宽了我国图书馆学专业关于古籍保护人才培养的视野,具有一定的参考价值和实践意义。

关键词:图书馆学;古籍保护;人才培养

目前古籍保护专业教育正处于重要发展阶段,各高校对于古籍保护与管理人才的培养也在不断地摸索和改进中。2023 年 5 月 13 日下午,由教育部高等学校图书馆学专业教学指导委员会(以下简称教指委)主办、天津师范大学管理学院和古籍保护研究院共同承办的"图书馆学专业古籍保护与管理人才培养研讨会"在天津师范大学图书馆十楼报告厅顺利召开。本次研讨会共邀请到 20 余名教指委成员及来自全国设置图书馆学本科专业高等院校的 40 余名专家、学者莅会[1]。天津师范大学古籍保护研究院(以下简称古保院)常务副院长姚伯岳教授、北京大学信息管理系王余光教授、北京大学信息管理系张久珍教授、中山大学信息管理学院张靖教授和贵州民族大学图书馆龚剑研究馆员分别就会议主题进行主旨发言，并重点介绍了本校的古籍保护专业人才培养模式。会议由南开大学商学院李月琳教授主持。

一、主旨发言

（一）姚伯岳：跨学院招生与多层面培养

姚伯岳教授在主题报告中首先回顾了天津师范大学古籍保护研究院成立五年来在专业人才培养、科研团队组建、学科未来归属等方面的内容。他指出目前在职的 12 位专任教师其教学层次已经覆盖了博士研究生、硕士研究生和本科生。在教学方面，古籍保护研究院负责了该校历史文化学院考古文博专业下"古籍保护学方向"专业型硕士研究生、历史文献学专业下"中国史"方向学术型硕士研究生和"古籍编目研究""古籍保护学研究"两个博士生培养方向，且招收博士生、硕士生人数已达 50 余人（包括今秋即将入学的学生）。此外，古籍保护研究院还负责了管理学院图书馆学专业下"古籍保护理论与实践"方向学术型硕士研究生及图书情报专业下"古籍保护与管理"方向专业型硕士研究生的培养。目前，古籍保护研究院在管理学院也已招收 20 多名在读硕士研究生。

古籍保护研究院对于在校学生已经构建了较为成熟的培养模式。据姚伯岳教授汇报，该院开设课程已达 20 余门，包括"古籍保护理论与实践""古籍版本学""古籍保护技术""古籍修复理论与实践""古籍数字人文"等理论课程，以及古籍编目、古籍修复、古籍数字化等实操实训课程，同时建有占地近 2000 平方米的古籍编目工作室、古籍保护实验室、古籍数字化实验室、古籍修复室、古籍工艺坊等。

此外，立足于人才培养与学术研究，古籍保护研究院目前已设立"古籍编目研习中心""地方文献研究中心"，今后还将继续增设"古文献学研究中心"等，各个专业领域的教学科研团队正在逐渐形成。

古籍保护学科的未来归属，是专家、学者们普遍关注的问题。姚伯岳教授在此次报告中特别强调"2022 年，国务院学位委员会、教育部《研究生教育学科专业目录》在'交叉学科'下面设立了'文物'专业学位类别，同时也在历史学门类下改设了'博物馆学'专业学位类别。但是'博物馆'学科并不能完全包容古籍保护的内容,古籍保护需要有更大范围的上级学科来覆盖。鉴于'图书情报与档案管理'学科已上报国务院学位委员会改名为'信息资源管理'学科,并新设有'古籍保护与文献学'二级学科,这正预示着古籍保护作为学科名称进入国家学位授予和人才培养目录的时代即将来临"。对此,李月琳教授也在总结中表示今后发展古籍保护方面的人才培养将会是"信息资源管理"这一一级学科很重要的使命和责任。

(二)王余光:应关注基层古籍编目人才培养与地方文献研究

北京大学王余光教授是当今知名文献学、阅读推广研究专家。首先,王教授追根溯源,从根本上阐述了古籍保护相关教育逐渐淡出学界、业界视野的主要原因。他指出中华人民共和国成立后古籍的"化私为公",使得私人藏书变得微乎其微。因此目前图书馆所藏的古籍成为古籍保护的主要对象。虽然在文学专业下设有"古典文献学",历史学专业下设有"历史文献学",但这两个专业的设立初衷并不是为图书馆服务,而是为文学和历史研究服务。也正因如此,现在的图书馆里专业的古籍保护工作者奇缺。

在报告中,王余光教授结合自身到图书馆查阅古籍的经历为天津师范大学古籍保护研究院未来的发展提出了具体的建议。在查阅古籍的过程中他发现,目前中小型基层图书馆在古籍和地方文献的保护方面存在着两种极端现象:一种是对于存藏古籍的过度保护,杜绝参观;而另一种又是对古籍保存置之不理,存藏状况十分堪忧。由于缺乏专业人员的管理与领导,即便是经济发达地区的存藏古籍也基本上处于无法正常阅读的现状。基于此,他建议天津师范大学古籍保护研究院今后能够对中小型基层图书馆的馆长开展一些相关的业务培训,以增强这些馆长的古籍保护意识和专业能力。

此外,他还特别指出,如今的地方文献研究也正在数字化浪潮中被逐渐忽视掉。地方文献的整理与研究工作,应由图书馆人来做。目前尚有大量的地方文献没有编目,更没有被研究和利用。"古籍保护与文献学"作为二级学科,在其下培养地方文献研究的人才是十分必要的。针对王余光教授的这番感慨,天津师范大学图书馆接励书记积极回应道,天津师范大学古籍保护研究院已于当日上午揭牌成立"地方文献研究中心",同时该中心主任王振良教授已开设"地方文献通论"课程,这些都是该院注重地方文献人才培养与学术研究的体现。

(三)张久珍:学科协作,打通专业壁垒

北京大学信息管理系主任张久珍教授指出,该系目前在古籍保护研究方面的优势是数字人文。她认为，"数字"与"人文"的结合是需要跨学科协作的。部分学者了解古籍但不懂技术，而懂技术的专业人才却不懂古籍。只有二者结合起来，才能推动古籍数字人文研究的发展。图书馆学与情报学的协作也应在这样的思维逻辑下进行。因此，她建议在推动古籍保护工作的过程中，一定要打通图书馆学、情报学、大数据等专业的壁垒，进行融合、协作，从而建立合作团队，有组织地开展科研。在古籍数字化方面，目前该系王军教授成立了"数字人文研究中心"并担任中心主任。还有，在国家图书馆发布"《永乐大典》高清影像数据库及《国家珍贵古籍名录》知识库"的过程中，北大信管系的老师们也在幕后给予了大量的技术支持。在招生方面，该系在出版方向专业硕士的培养方案中也设置了古籍方向。从今年9月开始，该专业将招收来自北大"强基计划"的高质量生源。

从图书馆学专业发展的角度，张教授指出如今有很多学生愿意从事图书馆工作，也愿意学习图书馆学专业。我们图书馆界应该以培养能够进入图书馆工作的人为荣。我们应该在图书馆学专业下设置古籍方向，这有助于引导学生们热爱图书馆学、热爱图书馆，并能进入图书馆从事古籍保护、地方文献研究等相关工作。

（四）张靖：自设专硕，突破学科建设困境

中山大学以图书馆学专业为基础、以国家文化遗产与文化发展研究院师资为骨干推进古籍保护与管理人才培养。张靖教授的发言从实践回顾、重点突破和建设路径三个方面逐步展开。她首先简略地梳理了中山大学古籍保护专业人才培养的发展历程，自2004年设立古籍修复实验室并在国内首次举办"中美文献保护与修复高级研讨班"起，中大在团队组建、课程建设、教材建设、硕士培养、学术研讨、全国赛事上全面发力。在取得突出成绩的同时，却也跟国内兄弟院系一样，面临着人才培养有方向无专业、学科方向偏传统欠现代、学科发展重特色轻融合、学科叙事显内向待开放四大困境。

面对这些困难，中山大学顺应教育和高校的改革形势，着力寻找可能的学科增长点，根据《专业学位研究生教育发展方案（2020—2025）》，向国务院学位委员会申请自设"文献与文化遗产保护硕士（MPDaCH）"专业学位点，并正式获批，目前已完成2023年的招生工作，生源质量优越。中山大学"文献与文化遗产保护硕士"自设专业学位点以信息资源管理一级学科为依托，借助信息资源管理学科在信息技术和信息管理方面的优势，重点布局了文献

保护与修复、古籍的活化利用、文献与文化遗产、文化遗产保护管理四个培养
方向。

张靖教授在报告中还指出,信息资源管理一级学科是当前进行古籍保
护学科建设最为合适也最为现实的依托,信息资源管理一级学科是古籍保
护学科建设的学术共同体。古籍保护学科建设的推进需要仰赖信息资源
管理的支持,还应考虑古籍保护如何结合信息资源管理当前的学科转型,
从而成为其中一个有渊源的、有空间的学科生长点,为学术共同体做出应
有的贡献。

（五）龚剑:馆地结合,以实践为导向

贵州民族大学对于古籍保护专业人才的培养具有鲜明的地方特色。龚剑
研究馆员在报告中指出,鉴于贵州省基层公共图书馆专业人才奇缺,又无从引
进省外人才的发展困境,贵州民族大学在文学院设立了图书情报专硕,并于
2016年开始招生。随后又于2018年增设彝文文献保护方向,于2021年设立
图书馆学专业硕士点。贵州民族大学的古籍保护与管理人才培养基本上定位
于为地方文化传承与保护培养专业人才,并设立了"功能化服务"和"少数民
族古籍整理与保护"这两个子方向。

该校的课程体系不仅注重构建图书馆学专业知识体系(即信息管理和信
息系统的知识体系),还特别强调文献和档案学的知识体系,设有文献学、目录
学、档案学、古籍编目整理与民族文献学、地方文献收集与整理、非物质文化遗
产的开发与利用等课程。此外,该校最为重要的特色在于强调实践教学,专注
于为贵州省培养应用型专业人才。据龚剑研究馆员介绍,该校已开设了阅读推
广、未成年人服务、古籍修复等实践课程,还会安排学生到图书馆的各个部门
轮岗实习。

该校的古籍保护相关课程也是基于学生对实践课程的认知而设定的。
学生们通过参与古籍保护实践课程,逐渐建立起古籍保护和管理领域的知
识和专业技能的认知,同时也能掌握制作线装书、传拓方面的基本技能。
该校教学团队还会根据贵州当地的传统优势,如利用贵州省丹寨县的纸,
开发手工造纸类的体验课程等。除了授课外,贵州民族大学的古籍保护专
业人才培养还得到国家民族事务委员会(简称民宗委)的支持,如承接贵
州省古籍保护中心的"贵州省珍贵古籍保护展览"和少数民族古籍普查等
培训。

最后，龚剑研究馆员对该校师资队伍的设置和课程团队的打造提出三点设想：一是从贵州民族文献的古籍保护和利用角度出发突出专业培养的特色；二是打造贵州地方文献和民族文献、古籍整理的课程群，引领该校的课程质量和师资队伍发展；三是立足于图书馆行业招收专硕研究生，并聚合起民宗委和贵州省古籍保护中心的行业导师，提高图书馆学专业下古籍保护和管理人才的培养质量。

二、交流与讨论

专家主旨发言之后，与会代表纷纷发言，进行了热烈的交流与讨论。

来自湖北大学文学院古籍所的杜朝晖老师看到图书馆学界为古籍保护的人才培养和科学研究如此努力，很是感动。她感慨道："图书馆是文化传承和文化推广的平台，既是汇集资料的中心，也是学者获取资料的中心。我们作为图书馆用户，希望和图书馆界的同仁们一起协同促进图书馆学专业的发展。"杜朝晖还进一步指出，目前徐行可捐赠于湖北省图书馆的藏书还未完成编目，希望图书馆界的编目工作者能尽快推动此项工作。

此外，云南大学黄体杨老师也汇报了该校古籍保护专业人才的培养情况。该校于2022年成立了"云南大学少数民族古籍保护研究中心"，还于2021年在图书情报专业硕士原有的三个方向（即图书馆事业与图书馆管理、信息资源开发与利用、档案事业与档案管理）下又增设了"古籍整理与保护"方向。

三、会议总结

南开大学李月琳教授最后对本次研讨会做了总结发言。她指出，古籍保护培养方案的调整需要倾听来自古籍保护领域、设有古籍保护和管理人才专业的培养单位的声音。天津师范大学、中山大学、贵州民族大学（包括因故未出席的复旦大学）作为目前国内古籍保护人才培养的佼佼者，在满足社会发展需求的同时，结合本校自身特点和地域特色，分别打造了不同的古籍人才培养模式，为我国的古籍保护事业树立了典范。古籍保护人才培养及图书馆学的人才培养模式切勿千人一面，而应该结合学科发展和优势特色、地域特色，服务于当地的文化发展需求。未来图书馆学界、业界应不断探索和调整古籍保护与管理人才的培养方式，切实推进古籍保护学科的发展。相信在国家和社会各界的大力支持下,在图书馆学人的共同努力下,关于古籍保护人才的培养与学科发展将会有更多值得推广的模式和经验产生。

（董桂存,天津师范大学图书馆馆员;姚小燕,天津师范大学历史文化学院、古籍保护研究院博士后）

参考文献:

[1] 古籍保护研究院建院五周年座谈会暨地方文献研究中心揭牌仪式顺利举行 [EB/OL].（2023-5-19）[2023-5-28].https://gjyy.tjnu.edu.cn/info/1075/1246.htm.

高校古籍保护实践基地专业育人模式探索

——以南京大学图书馆为例

An Investigation of the Professional Education Model of Tertiary Practice Bases of Ancient Book Preservation and Conservation: Nanjing University Library as an Example

周　艳

摘　要: 在国家强调加强古籍学科专业建设和人才培养的背景下,高校图书馆应充分结合自身古籍资源藏量丰富和高校相关专业研究生源源不断的优势,建立古籍保护实践基地,发挥其专业育人功能。针对传统课堂教学缺乏实践的不足,高校馆在专业馆员指导下,招收相关专业研究生进行古籍深度整理编目实践,通过这种方式培养理论素养深厚又真正懂古籍版本的新型古籍保护与整理研究人才,推动古籍事业不断向前发展。

关键词: 高校图书馆;古籍保护实践基地;育人模式

2022 年 4 月 11 日,中共中央办公厅、国务院办公厅印发了《关于推进新时代古籍工作的意见》,指明新时代古籍工作的方向。其中第十五、十六条特别提出"推进古籍学科专业建设""强化人才队伍建设",强调了加强古籍学科专业建设和人才培养对新时代古籍工作的重要性。实际上,从 2007 年"中华古籍保护计划"实施以来,对古籍资源的管理保护、整理研究、出版利用等一系列议题就在业界和学界不断引起讨论,专家学者对古籍相关学科的属性、学科建设方案、理论体系等方面各抒己见[1]。古籍学科建设的最终目的是培养适应新时代古籍工作的人才,业界对人才的培养层次、培养模式、培养方式及课程设置等方面也进行了广泛的探讨。实施层面,如复旦大学中华古籍保护研究院、天津师范大学古籍保护研究院、贵州民族大学古籍保护研究院等专业院所先后成立,部分高校也在院系设置博士点、硕士点招收专业研究生。高校图书馆作为古籍收藏的重要部门,此前在古籍学科建设和人才培养中的职能屡被提及,归纳起来,目前主要有以下几种方式:一是嵌入院系相关课程。通常是文献学课程中涉及到古籍版本的部分,院系老师带学生来图书馆参观古籍实物,馆员配合讲解,或馆员到课堂上教授数次相关内容。二是作为院系相关课程的教学实践基地,馆员准备相关古籍实物,配合院系教学。三是面向广大读者开展古籍及传统文化的宣传推广。如举办相关展览、推出互动式体验活动、指导古籍相关学生社团开展系列活动等。

可以看出,以上几种方式,图书馆在人才培养过程中担任的角色是辅助性的,作用是暂时性的,对学生的实际影响力有限。而目前的高校相关专业研究生培养计划及课程设置,限于主客观条件,大部分存在重理论轻实践的问题,专业知识理论与实践脱节的现象突出。理论知识学习占比高,几乎没有诸如翻阅大量原版古籍、整理古籍、古籍编辑等具体实践实习活动[2]。从图书馆用人角度,招收的相关专业毕业生由于专业学习过程中实践环节不足或空缺,大部分在古籍鉴定、整理编目等环节能力薄弱,无法做到来即能用。从相关专业人才培养的角度,由于缺乏足够的接触古籍实物的实践环节,也会导致所培养的人才在古籍整理和研究工作中容易因基础不牢而犯一些常识性错误,影响古籍事业的高质量发展。

有鉴于此,南京大学图书馆在全国性古籍普查和古籍整理的大背景下,利用高校图书馆容易招收相关专业研究生作为学生助理的优势,从实际工作出发,建立古籍保护实践基地,探索出一条以图书馆为主体的培养古籍保护专业人才新模式。从目前取得的效果来看,这种模式充分利用了图书馆的资源优势和专业优势,同时,极大填补了院系专业课程教学的不足,是一条行之有效的古籍保护专业人才培养途径。下面从背景、举措、效果及前景等方面展开论述。

一、背景

2007 年全国古籍普查工作开展以来,南京大学图书馆作为一所历史悠久、古籍藏量近四十万册的大馆,面临的最大困难就是工作量大与人手紧缺的矛盾。这是一个全国性问题，"包括高校图书馆在内的各古籍收藏单位，全国的古籍编目人员严重缺乏"[3]。因此，馆里历次库房核点，重点是核查书名、书号和册次是否与账本一致，至于书的卷次及存缺卷情况、作者、版本、题跋、印章等信息是否准确无误，则基本无法一一顾及。尤其由于历史原因，南京大学前身之一的原中央大学"桂质柏分类法"[4]古籍（下文简称"桂法号"古籍），有相当一部分处于封存几十年的状态，除了书籍实体脏污、破损严重等问题外，"有书无目"或者"有目无书"是利用这部分古籍最大的问题。我馆曾有几代馆员想要对其进行整理，编出和古籍实物一一对应的高质量目录，皆限于主客观条件而未果。将这部分古籍"解封"并做出高质量编目，尽快实现书目数据的数字化并向读者开放，成为南京大学图书馆古籍保护、普查和编目工作的重点和难点。古籍普查要求我们摸清家底，但"古籍普查登记并不是专业的古籍编目，前者只是后者的一个初级层次，并不是真正的完善级别或者详细著录级别的古籍编目。"普查之后，国家会"把专家原本期许的古籍编目'精华版'分成几个层次、几个时段一步一步地去实现。这也许是今后相当长一个时期内的工作任务"[3]。普查之后我们应该更进一步，为读者提供高水准的古籍编目。这就需要对应实物，对馆藏每一部古籍的编目质量重新审核，为未来的古籍数字化、信息化以及数字人文的数据挖掘提供准确而翔实的基础。

针对这种情况，馆领导经研究后决定利用古籍保护经费扩大招收相关专业学生助理，指定馆员专职负责此项业务，在整理编目过程中对学生进行现场指导，形成一支稳定而成规模的整理队伍，以期达到高质高效完成这批古籍整理编目的目标，同时，培养一批懂古籍版本鉴定及编目业务的专业人才。

二、举措

这批桂质柏分类法古籍经过前期的搬迁、拆箱除尘及杀虫入库工作之后，于 2019 年 9 月份开始启动整理编目，目标是编出高质量的馆藏桂质柏分类法古籍目录并在南京大学图书馆"南雍撷珍"古籍发布平台上向读者开放。期间除了因疫情停工半年（2019 年底至 2020 年 6 月）之外，其他时间基本保持正常进库工作节奏。目前这项工作在稳步推进，有望一年之内顺利结项。下面侧重从育人角度，分招收对象、人员规模、工作流程及专题提升四个方面谈谈具体举措。

（一）招收对象

招收对象主要是文学院古典文献、古代文学专业（下文简称"两古专业"）的硕、博士研究生，要求必须已经修完文献学课程，对古籍及古籍保护、古籍整理有大致的概念。

"两古专业"研究生研习的内容与古代典籍、古代文化密切相关，对古籍在感情上有一种天然的亲近，而院系文献学专业课程讲授的侧重点是古籍目录及校勘。资源所限，版本和典藏不作为教学重点，讲授相关概念时，很少有教师能做到在课堂上结合古籍原件进行教学。学生助理带着对书本概念似懂非懂的理解来到真实的古籍现场——图书馆古籍书库，面对海量古籍实物，那种"原来如此"的冲击更容易激发其好奇心和好学精神。在专业馆员的指导下，很快便能对古籍版本形制范畴内的知识形成基本的认识，弥补这方面课堂教学"纸上谈兵"的不足；在不断接触古籍实物的过程中，也更容易对版本鉴定、书籍史领域产生浓厚的兴趣。

（二）人员规模

在人员规模上，逐渐扩大，最终形成稳定的专业队伍。"二人制"是校方和馆方多年来给部门配备学生助理的定额，这个数额配置也是国内多数高校通行的定制，其背后的思想其实是把学生助理看作"初级业务助手"，协助馆员做一些无专业门槛或专业门槛较低的日常业务[6]。在图书馆古籍界，由于古籍鉴定与编目、古籍保护与修复等业务具有较高的专业准入门槛，一般更不会让学生涉足这类领域。长期以来，古籍部学生助理做的多是协助核点馆藏、录入文字等不需要太多专业能力的工作。但在专业馆员数量有限的情况下，要想高质高效地出业务成果，让一定规模的有专业背景的学生助理经过培训后参与核心业务，无疑是一条可行之路。从育人角度，最大程度涉及相关专业学生，对整体提升其专业能力无疑帮助极大。基于此，馆方利用古籍保护专项经费的支持，采用"老带新"的办法，专业馆员对招进的第一批学生助理进行业务培训并在其实操上手之后，不断招进对此项工作真正感兴趣并能够坚持下去的相关专业硕、博士研究生，工作中老生带新生，很快便能上手，形成良性循环，迅速形成今天十余人的规模。整理过程中遇有无法解决的问题，馆员随时进行专业指导。目前来看，这个人员数量既能保证工作效率，又便于馆员进行业务指导和管理，且涉及到的人数超过相关专业总人数三分之一强，是比较理想的。

（三）工作流程

建立规范的工作流程,利用相关办公软件群体协作,可大幅提高工作效率。由于工作地点是在古籍书库,所以一开始就和学生申明库房作为安全重地的特殊性,强调遵守书库工作条例;十二人分为两个小组,工作频次为每组每周入库两次、每次两小时,这样利于馆员针对学生工作中出现的问题随时进行个性化指导,也保证了较高的工作频次,同时也给馆员留出做其他工作的时间;每学期学生正式工作前集体重温书库相关规定、古籍著录规则和注意事项;在编目实践中遇到问题随时讨论,遇有典型性问题馆员召集大家一起关注学习;由于书库空间很大,每位同学按照编号独立负责整理一部分古籍,基本无法聚集办公,所以编目过程利用金山文档软件实现 excel 文档共享和多人实时在线协作办公,馆员可以随时在线审核每位同学的工作内容;同时建立工作微信群,馆员发现共性问题及时在群里指出,同学有问题也在群里随时提问,每次工作结束后将典型问题做一小结。

（四）专题提升

针对工作中遇到的问题,可定期举行专题研读会。馆员根据每位学生在工作中遇到的具体问题进行兴趣引导和相关指导,鼓励学生就版本学或书籍史范畴的某一问题做深入的调查研习,形成专题报告,每月由一名或两名同学一起,结合馆藏古籍实物,带领大家一起进行专题研读讨论。这种做法让每位学生助理都参与进来,极大地调动了大家的主动性和积极性,较之课堂上的概念式教学,这种亲自深入现场的沉浸式研习,无疑更加有效。如以"版本及版本鉴定方法"为主题的研讨会,集体研读乔秀岩《漫谈历史文献学的概念与具体》及石祥《"观风望气"、类型学与文史考证:版本学的方法论问题》两篇文章,领读者结合大量生动形象的书影实例,让参与研讨的每位同学深刻理解到:书籍并不存在一个永恒不变的"定本",一切都在历史流动的过程之中;真正符合历史原则的研究,应该基于描述过程的版本学,而非追求"定本"的校雠学;版本鉴定的实质是判定文本与载体重组的发生时代与地域;物质证据具有特定时空的唯一性,是版本鉴定的内证,文本证据则因其在不同版本中的因袭性而具有非唯一性,只能作为外证。

其他如活字本专题、石印本专题、初印后印专题及藏书印专题等研讨,均是结合大量书影和书籍实物进行深入探讨。一个学期的时间,通过 5 次左右的研习活动,再结合大量的编目实践,大家对版本学和书籍史方面比较重要的现象和问题,基本都能有比较深的认识和把握。

三、效果

2019 年 9 月项目刚启动时,只有两名学生助理跟着馆员做最基本的分类工作,期间因工作需要,不断招收新成员,截至 2022 年 9 月,除两名硕士毕业离校馆方补招新成员外,其余人员一直从事此项工作,其中两名学生硕士毕业在本校读博,继续参与整理。也就是说,团队成员具有很高的稳定性。究其原因,除了馆方支付一定数量的报酬之外,最重要的因素是他们在此能够学有所获,切实感受到知识的魅力和自身能力的提升。具体来说,表现在如下几个方面:

(一)版本学、书籍史及古籍保护等方面专业能力显著提升

通过一个学期 20 余次的整理编目实践和 5 次左右的专题研讨,大家对什么是版本、版本鉴定的基本方法以及重要的版本类型、版本现象有了丰富的认识和较深的思考,对古籍的破损类型、破损原因及古籍的保护和修复有了直观的认识。其中的佼佼者,对专业问题的探讨和处理已达到相当高的水准。如 2021 年 11—12 月南京大学"册府千华南雍撷珍"古籍大展期间,发表于南京大学博物馆公众号的万字观展长文《蹲展记》[7],就出自一位学生助理之手,其专业程度引起圈内关注。又如另一位学生助理在撰写以"杨守敬研究"为主题的硕士毕业论文时,得益于这段实践学习的方法论收获,能够非常内行的以个案分析的方式对杨守敬的版本学成就进行阐扬[8],发前人所未发,受到答辩专家组的好评。更有甚者,将实践学习和自己的专业研究相结合,发表高水准研究论文[9]。

(二)利用电子文献意识和能力明显增强,形成良好的信息素养

当下,数字人文方兴未艾,古典文献相关的数据库和检索平台如雨后春笋般涌现,正在对古典文献相关专业的研究方式带来革命性变革。传统文献学课程对其追踪和了解往往滞后,导致多数学生根本不知道相关数据库和检索工具的存在,遑谈利用。图书馆虽然会通过公众号或其他方式推介相关数据库,但学生若不结合实践及时熟悉和利用,很难真正形成主动利用相关数据库和检索平台的意识,到真正要做研究写论文的时候,压根想不起来哪些电子资源可为己用,往往事倍功半。而在整理"桂法号"古籍的过程中,遇有问题拿不准的时候,馆员会指导学生利用相关检索平台和数据库进行比较鉴别。由于馆员在专业数据库购入之前多对其进行过深入调研,日常工作中也经常利用,所以

较清楚每个数据库的特性和优缺点，能够进行针对性指导利用。几次下来，学生的信息素养较之前有了大幅度提升。

（三）部分同学对此产生浓厚兴趣，成为图书馆古籍事业潜在储备人才

多年以来，图书馆的古籍工作鲜为人知，给外界造成保守落后、简单机械的印象。学生助理们经过系统的实践和学习，才知道从库房管理到古籍排架，从古籍保护到古籍修复，从特藏文献的整理到专题目录的编排，从版本鉴定与编目到古籍数字化再到数字人文数据库的建设，方方面面，对从业者的专业水准、智力和精力的要求，丝毫不亚于以文本内容为研究对象的学术研究。了解到"中华古籍保护计划"实施以来，国家对古籍工作越来越重视的大背景，古籍工作数字化智能化的紧迫要求与专业古籍整理编目人才紧缺的现状之后，大家意识到这是一个可以大显身手的领域，部分同学产生要在此领域一展身手的想法。长此以往，必然会在一届届的学生助理中产生优秀的图书馆古籍事业从业者，源源不断地为此项事业输送优质人才。

四、前景

当下，古籍工作写进政府工作报告，全国上下对古籍事业高度重视。作为古籍收藏重要机构的高校图书馆，更应该解放思想，创新求变，除了把古籍收藏好、保护好之外，应进一步凸显作为研究性图书馆的学术属性和教育属性，将科研和育人作为自身不可推卸的责任。目前，高校图书馆在激活馆藏古籍资源，宣传推广优秀传统文化的普及性教育方面发挥了重要作用，与之相比，在专业性育人方面则显得薄弱，未能充分发挥自身优势。立足馆藏资源优势，建立古籍保护实践基地，推进高校图书馆古籍业务工作的同时将其打造成独具特色的专业育人课堂，培养专业人才，无疑是一条可以尝试的高校馆专业育人途径。以下从高校图书馆角度和育人角度探讨一下高校馆建立古籍保护整理实践基地的可行性及前景。

从高校图书馆的角度看，全国古籍普查工作中的核点账目，即为每部古籍赋一个"身份证"的工作已近尾声，深入和准确的古籍二次编目将是接下来各馆的重要工作内容之一。拿著录项中的版本一项来说，目前业界的研究前沿已经到了印本层次，但各馆的古籍目录中，普遍存在大量版本项笼统著录为"明刻本""清刻本"的编目条目，这是在特定的历史条件下不得已而为之的产物，是一种"半成品"的编目状态，严重影响读者对相关古籍的查找利用。当

下随着各馆开放程度的加大,我们有了诸多可对比的资源,已经具备将"明刻本""清刻本"的版本项进一步具体化的学术条件[10]。但仅凭专业馆员之力,将如此之多的条目逐一鉴别修订,恐怕又要动辄几十年的时间。有条件的高校馆,如能建立古籍保护实践基地,招收一批有专业背景、热爱古籍和传统文化的学生助理,前期规范培训、整理过程专人指导、对编辑条目及时审定,是完全可以将馆员优势和学生助理优势相结合,高效率地出高质量的编目成果,把古籍编目这个核心工作推向新的高度。

从育人角度看,每名学生助理从事古籍整理编目工作最短时间不会少于一个学期,也就是说,至少有 20 次(每次 2 个小时)近距离接触古籍、踏踏实实在实践中学习的机会。在这个过程中,在专业馆员的指导下,学生不仅可以结合古籍实物熟知文献学教材中的版本学内容,还可以在实践中深刻理解版本的内涵,掌握版本鉴定的基本方法,真正具备建立一书版本体系的能力,更可以在此基础上深入探讨不同时期、不同版刻类型的出现与社会历史文化的关系等书籍史、社会史课题,这是目前任何院系课堂教学都难以单独做到的。如能长期坚持下去,高校图书馆古籍保护实践基地必然可以培养出具有深厚学养又真正懂古籍版本鉴定和古籍整理的"用两条腿走路"的人才,这类人才将来无论从事学术研究还是图书馆古籍工作,都会更加融会贯通,更具创造性,成为"源头活水",不断开创古籍和传统文化活化事业新局面。

五、余论

高校图书馆古籍收藏丰富,相关专业研究生源源不断。针对当前传统课堂教学的不足,高校馆应充分利用自己的资源优势,发挥作为研究性图书馆的育人功能,建立高校馆古籍保护实践基地,规模化招收相关专业研究生,在专业馆员的指导下,对馆藏古籍进行深度二次编目的过程中,培养一批理论素养深厚又真正懂古籍版本的新型古籍保护与整理研究人才,推动古籍和传统文化事业不断向前发展。当然,这种建立古籍保护实践基地的模式只是高校图书馆结合自身优势,探索培养版本鉴定及古籍整理方面专业人才的一种尝试,古籍事业的发展要求更多类型的专业人才乃至复合型人才,如何结合业务工作,激发自身资源优势和人才优势,探索出培育各类专业人才的新模式,是高校图书馆下一步面临的重要课题。

(周艳,南京大学图书馆馆员)

参考文献：

[1] 周旖，赵心，刘菡，等.古籍保护学科建设核心议题述评 [J].图书馆论坛，2020，40（3）：107-114.

[2] 毛瑞方.新时代古籍整理与研究学科建设对古籍出版的助力 [J].出版广角，2022（12）：32.

[3] 张志清，李华伟，王鸳嘉等.普查·总目·书志——"中华古籍保护计划"的古籍编目实践 [J].古籍保护研究，2020（1）：1-12.

[4] 桂质柏.国立中央大学图书馆分类大全 [M].南京：国立中央大学图书馆，1935.

[6] 时晨.从"短期打工者"到"工作伙伴"——美国高校图书馆学生助理形象的百年变迁 [J].图书馆论坛，2020，40（5）：169-174，封三.

[7] 胡锦豪.《蹲展记》上篇 [EB/OL].（2021-12-22）[2023-9-16]. https://mp.weixin.qq.com/s/F_yKb1ZwqR2ZJOJZtaOEtw.

[8] 徐子昭.杨守敬与域外汉籍研究 [D].南京：南京大学，2022：28-44，84-96.

[9] 杨森.明中叶仿宋本考论 [J].文献，2023（5）：4-27.

[10]周艳.古籍编目中"明刻本""清刻本"版本具体化问题[J].古籍保护研究，2022(1)：48-53.

同舟共济 共护国宝

——王重民与和平接管时期的北平图书馆

Wang Zhongmin and the National Library of Peiping during the Period of the Peaceful Takeover

林世田 赵洪雅

摘 要:北平和平接管时期,王重民先生任北平图书馆代理馆长。在四个月的接管工作中,王重民先生积极配合中国人民解放军北平市军事管制委员会的各项工作,将全馆员工紧密团结在一起,确保馆藏和人员的安全接管,圆满完成中国共产党关于馆藏、阅览、服务、宣传等业务要求,并在党、政、军和文化界、文博界、教育界、宗教界的大力支持下,使珍贵古籍《赵城金藏》《经典释文》珠还合浦,复为完帙,得到妥善的保存和修复。北平和平接管时期的相关政府公函、机构档案、时人日记、信札、传记等文献资料,揭示了王重民先生在这一特殊历史时期中对北平图书馆和古籍保护事业所做的重要贡献。

关键词:王重民;和平接管;北平图书馆;《赵城金藏》;《经典释文》

王重民先生(1903—1975),字有三,精通古籍、版本、目录以及敦煌、方志之学,学识渊博,成就斐然,是我国著名版本目录学家、图书馆学家和敦煌学家。中华人民共和国成立后,王重民先生曾担任北京图书馆副馆长、北京大学图书馆学系主任及中国图书馆学会编纂委员会常务委员等职。在北平和平接管时期(即1949年2月3日至6月8日期间)[1]10,王重民先生作为国立北平图书馆(今国家图书馆前身,下文简称"平馆")代理馆长,在古籍保存保护、配

217

补修复以及公众服务、展陈阅览等方面做出重要贡献,使平馆在北平和平接管这一重要历史过渡阶段,各项业务平稳有序,文化事业蒸蒸日上,为国家图书馆 114 年的辉煌馆史留下浓墨重彩的一笔。

1948 年 11 月,辽沈战役胜利结束后,中国人民解放军对北平、天津、塘沽、张家口、新保安等地形成分割包围之势,平津战役的胜利指日可待,中国共产党面临工作重心向城市转移的新形势。12 月 13 日,党中央任命彭真为北平市委书记,叶剑英为市委副书记兼北平市长。12 月 18 日,在河北涿县市委第二次会议上,正式通过成立中国人民解放军北平市军事管制委员会（下文简称"北平军管会"）,并于 12 月 24 日,在河北良乡召开了北平接管干部大会。1949 年 1 月 1 日,北平军管会发布成立布告,任命叶剑英担任北平军管会主任 [2]。在各级党、政、军干部的领导以及图书馆界、文化界、教育界、宗教界各爱国人士的鼎力配合下,平馆各项业务平稳过渡,《赵城金藏》等一批险遭帝国主义劫掠的珍贵典籍得以妥善保存,合为完帙,古籍保护事业在和平接管后获得新生。

在此过程中,作为平馆代理馆长的王重民先生厥功至伟。近年来,学界对王重民先生的研究主要围绕版本目录学、敦煌学、图书馆学和图书馆学科教育等不同方向展开,在王重民先生的个人生涯、著作成就和学科建述等方面阐述颇多,但对王重民先生在北平和平接管这一特殊历史时期的经历和贡献则鲜有论及。2023 年,正值王重民先生 120 周年诞辰,笔者不揣浅陋,希望通过梳理这一时期的政府公函、机构档案、时人日记、信札和传记等文献资料,连缀增补,揭示王重民先生在图书馆业务转型发展以及古籍保护方面的重要贡献,以志纪念。

一、和平接管　平馆新生

早在 1948 年秋,毛泽东、刘少奇等中央领导即对华北局做出重要指示,要求对北平接管工作要"原封原样,原封不动",以保护和发展生产力。华北局根据中共中央的指示,在 1948 年 12 月先后下发《对平津地下党在接管城市中应做工作的指示》《对北平党准备迎接我军入城工作意见》等,要求"必须在各方面有充分的准备,而且要能够顺利地发展和建设城市和工业区,使之成为全国最好的政治、经济与文化的中心之一" [3]。

北平军管会成立后,下设文化接管委员会（下文简称"文管会"）,负责接管一切属于国家的公共文化教育机构和一切文化古迹。1948 年 12 月 21 日文管会成立时,委员包括钱俊瑞、陈微明（沙可夫）、马彦祥、李伯钊、艾青、光未然、尹达、徐迈进、张宗麟、范长江、侯俊岩 11 人，1949 年 2 月 4 日，又增加了田汉、胡愈之、吴晗、楚图南、翦伯赞、周建人、安娥 7 人。叶剑英任命华北大学（今中国人民大学前身）党委书记兼教务长钱俊瑞为文管会主任，华北大学三部（文艺学院）主任陈微明为文管会副主任。文管会下设教育部、文艺部、文物部、新闻出版部四个部门，其中文物部下设博物馆处和图书处。文物部部长为华北大学教务处处长尹达，副部长为华北大学研究部研究员王冶秋（化名高山）。此外，文管会还抽调了华北大学政治研究室的研究生，如罗歌（原燕京大学学生）、于坚（原清华大学学生）、李枫（原名李玉润，原清华大学地下党）、于谷（原燕京大学地下党）等人，担任文物部的联络员，参加接管北平文物、博物馆、图书馆的工作。文物部计划接管的文博单位有四家，即北平图书馆、故宫博物院、历史博物馆和北平文物整理委员会。其他有待调查的单位还包括国史馆北平办事处、沈阳博物院北平办事处、松坡图书馆、木斋图书馆等八家[4]161。

在 1948 年 12 月北平围城期间，华北局已未雨绸缪，指示平津地下党在城市接管工作中应与解放军实现"里应外合"，确保北平实现顺利的、完整的接管。在尚未进驻北平之前，文管会就已经与北平地下党取得联系，收集和调查被接管单位的历史、现状和存在问题，并对搜集到的大量资料进行缜密分析，尤其是摸清和熟悉被接管单位负责人的经历、成就与政治倾向，据此制定了科学周密的接管计划。据于坚回忆，当时文物部对平馆及王重民先生的调查情况如下：

北京图书馆（北平图书馆）位于西城文津街，北海公园西岸。其前身为 1912 年成立的京师图书馆。藏书近百万册，为我国藏书最多、规模最大的图书馆，也是我国古代重要典籍的主要收藏中心。全部职工约百人，馆长袁同礼为我国著名图书馆学和目录学家，同时还兼任故宫博物院图书馆长，于北平围城期间，乘南京国民党政府派来接运在平高级官员和知名人士的末班飞机去了南京（没去台湾）。馆务交由王重民负责主持。馆内无地下党组织。王系图书馆学、文献版本学家，无党无派，受重托于危难之时，为全馆安全坚守岗位，尽职尽责，与全馆职工共同努力，保证了馆藏的安全。[1]8

文管会调查后认为，所接管的四个单位，虽然地下党组织几乎空白，但单位领导人都是无党无派、坚守岗位、执着事业的著名学者；四个单位的职工大都热爱本职工作，能自觉维护文化遗产的安全[1]9。

正如文物部调查情报所言，在国共激战、北平围城这样一个历史转折的重要关头，时任平馆馆长的袁同礼先生为了守护寄存美国国会图书馆的 102 箱 2954 种 20970 册珍贵古籍，根据国民党教育部要求，于 1948 年 12 月 20 日乘南京国民党政府派来接运在平高级官员和文化教育界知名人士的末班飞机去了南京，并向教育部部长朱家骅述职。1949 年 1 月 28 日，袁同礼先生从上海乘船赴美，寄身于美国国会图书馆，一方面守护运美善本，一方面编纂《西文汉学书目》、修订《美国国会图书馆藏中国善本书目》等，承担起繁重艰巨的古籍整理工作，为运美古籍善本的保护与传承做出贡献。1965 年，袁同礼先生去世后，寄存美国的 102 箱珍贵古籍被运往我国台湾地区，现寄存于台北故宫博物院。

1948 年 12 月 20 日，袁同礼馆长飞赴南京前，将馆务委托给其最信赖的学生、时任参考部主任的王重民先生。王重民身不由己地被推上历史的潮头，正如他在 1948 年 12 月 21 日及 1949 年 1 月 28 日致全馆员工的公开信中所言："我是一个'书生'，没有经验，没有能力，那敢担任这个职务，但念现在正是'同舟共济'的时候，我跑来参加，和大家一同拨桨，一同维护我们所寄托、所凭藉的'舟'——北平图书馆，共患难，共甘苦，也是义不容辞的。""我们当前的急务，一是保护我们的馆产和图书，一是共谋同仁的安全与福利。"（1948 年 12 月 21 日和 1949 年 1 月 28 日王重民致全馆员工两封公开信，见国家图书馆档案：档概况 2.24）王重民先生在信中流露出的报国使命与爱国精神，读来尤为感人肺腑。接任代理馆长后，王重民先生立即召开各部主任、各股股长商讨"共济"之法，提议由王访渔、顾子刚、赵万里等人组成"应变委员会"，要求全体员工坚守岗位，每天准时签到。在北平围城这段紧张动荡的特殊时期中，王重民先生不负重托，把全体员工紧密团结在一起，共克时艰，出色地完成了守护馆藏的崇高使命。

1949 年 1 月 31 日，北平宣告和平解放。2 月 1 日，北平军管会与傅作义将军方面立即宣布成立"北平联合办事处"，双方协商各项交接事宜。文管会采取慎重的、"原封不动"的接管原则，要求"维持原有机构人员，令其继续负责保管，安定其情绪、生活，以免损失古物图书，并使其早日开馆"[5]467。2 月 2 日，文管会进驻办公地点北平北池子 66 号。据《马衡日记》载："二月二日（星期三）。先阴后晴。履儿（马彦祥，马衡次子）十一时入城，来电话报告旋即来院，谓接收本院者为尹达、王冶秋。……有三（王重民）亦来报告已与尹达晤谈，日内当来接洽。"[6]43 可知王重民先生在得知文管会入城消息后,立即主动与文物部部长尹达联系,见面晤谈和平接管事宜,并于 2 月 2 日当天前往故宫博物院,向时任故宫博物院院长马衡沟通接管情况。

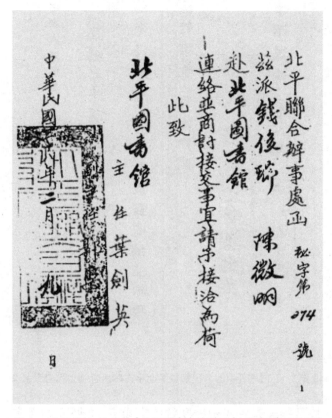

图 1　1949 年 2 月 9 日《北平联合办事处函》(秘字第 274 号)

　　按照当时文管会的接管流程,一般都是先由联络员下到单位了解情况,然后部长出面向单位领导人宣布有关接管方针政策,共同商定接管具体事宜。重要的大单位,则由文管会主任亲自出马[1]12。2 月 9 日,军管会主任兼北平联合办事处主任叶剑英委派文管会主任钱俊瑞、副主任陈微明赴平馆与王重民商讨接管事宜[7]1。2 月 13 日,叶剑英签发《中国人民解放军北平市军事管制委员会令》(第 112 号),委派文物部部长尹达、副部长王冶秋及文管会委员马彦祥到馆接管,宣布正式接管平馆,并分别召开股长以上职员及全体职工大会。尹达与王冶秋宣读接管报告,说明接管政策,根据"原封不动"的接管原则,王重民仍为代理馆长,全馆职工一律原职原薪[8]。王冶秋在报告中强调:"我们对于文化教育事业采取保护与发展的方针。因之对于北图坚决保护并求其发展，今后各位是为人民而工作，最光荣，要安心工作，切实负责。"[4]164-165

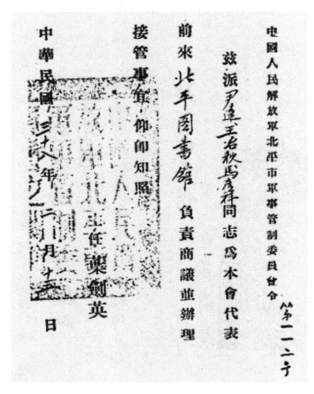

图 2　1949 年 2 月 13 日《中国人民解放军北平市军事管制委员会令》（第 112 号）

在此期间，王重民先生还积极联合图书馆界、文博界和考古界，商讨从业者未来发展问题。2 月 7 日，王重民先生与马衡、金静盒、韩寿萱、唐兰修订《从事图书馆博物馆及考古工作者的意见》议案，并拟定于 2 月 13 日下午 2 时在平馆召开博物馆、图书馆两协会联席会议[6]45。该会议于 2 月 13 日军管会正式接管平馆当天下午便即召开，并顺利通过了该议案，对文管会的未来工作和规划提出恳切的建议[6]48。

党中央妥善平稳的接管政策和积极稳健的接管方针，极大地安定了包括平馆在内的北平市各大文教机构普通职工和广大市民的情绪，为新中国文教事业指明了方向、注入了信心。王重民先生在此重要关头临危受命，不辱使命，在北平和平解放后短短十余天内，积极配合文管会开展各项接管事宜，把一个完完整整的国立北平图书馆妥善地交到了党和人民手中。

二、整顿改革　日新月异

根据文物部前期对平馆的周密调研以及党中央对新时期文化事业的要求,王冶秋在 2 月 13 日宣读的接管报告中,指出了平馆存在的三点不足:

> 从本馆过去的业务看,是保守的而非进取的。今后要多购藏社会主义新文化著作才不致落伍。过去不借阅马列主义书籍制度一定要立即取消。
>
> 过去你们认为普及的工作由市图书馆来做,这种分工有部分理由。但本馆是全国最大图书馆,今后要做示范性的、在普及基础上的提高。要在全国图书馆事业上起模范领导作用。
>
> 对于国民党、青年党、民社党及其他反动书刊一定要封存,决不容许这种违反真理、毒害群众的东西蔓延。[4]165

报告突出问题意识和问题导向,切中肯綮,明确要求平馆在业务上,一是要加大马列主义著作和社会主义新文化著作的入藏和阅览服务,同时,及时封存反动书刊,避免思想流毒;二是要求平馆在全国图书馆事业上起模范领导作用,在普及与提高方面发挥示范作用,这一点对日后乃至当今国家图书馆的职能定位及发展方向具有深远影响。

针对以上问题,王重民先生带领全馆员工逐一调整改革,多措并举,使平馆的业务发展面貌一新:

(一)调整典藏阅览业务

1. 立即封存国民党、青年党、民社党及其他反动书刊,并于 2 月 28 日筹备成立了新文化阅览室,陈列"五四"以来新文化书籍;

2. 4 月 2 日,开始在各大报刊刊登广告,征集"五四"以来新书;接受新华书店捐赠的一批新文化图书,并用专款购买了 50 万元的新文化图书[8];

3. "五四"期间举办"五四"史料展览会,在 5 月 4—6 日这三天时间内签名参观者多达 850 人;

4. 清查发现,国际问题研究室陈列不少英文反动图书,遂立即将该阅览室关闭[8],并于 5 月 21 日开始着手筹备马列主义及苏联两个研究室;

5. 5 月 31 日,向苏联列宁图书馆征求该馆组织大纲、编目法,并建议两馆交换图书，主动学习借鉴苏联经验。

（二）扩大公共服务职能

1. 3 月 28 日，在北海公园白塔山上的悦心殿开办阅览室，扩大阅览服务范围，这一举措成为最早的"文旅融合"范例；

2. 平馆原开放时间为朝九晚五，自 5 月 2 日开始，阅览时间调整为上午 8：00 至下午 5：30，每天增加 1.5 小时的阅览服务时间；

3. 5 月 5 日，经过周密调研，修订馆际互借章程，重新开展馆际互借服务，为业界提供服务[7]867-885。

在边"接"边"管"，"维持原状，逐步改进"的方针下，王重民先生不仅带领全馆员工调整基础业务、扩大服务职能，还在广大员工中成立学习小组，广泛开展"政治学习"和"业务学习"，调动广大员工积极性。在王重民先生的领导下，平馆每周组织一到两次讲座，邀请军管会代表王冶秋或社会知名人士，如郭沫若、楚图南、韩寿萱等人前来讲演。为更好地开展政治与业务学习，后续还在原有学习小组的基础上成立学习会，制定章程，选举成立执委会，统一指导学习，每周一、四下午 5：30 政治学习，每周三、五下午 5：30 业务学习。广大员工的积极性和创造性被充分调动起来[7]867-885。

北平和平接管时期，王重民先生按照党中央和文管会要求，积极调整基础业务，扩大服务范围，提高业务水平和馆员的思想觉悟，使平馆在接管后的新时期中，各项事业快速发展，整体面貌焕然一新，并为当今国家图书馆的职能和定位确定了长远的发展方向。

三、《赵城金藏》的接收与修复

出于深沉炽烈的爱国情怀和知识分子的人文精神，王重民先生对帝国主义的侵略行径及其对中国文物的劫夺异常痛恨。他曾在评价陈垣先生的《敦煌劫余录》和《北京图书馆藏敦煌遗书简目》时说："这样的细致、渊博而又正确的目录工作不是任何人所能作的，也不是两个劫经录所能比拟的。阐述至此，就益使我们痛恨帝国主义侵略中国，和帝国主义分子盗劫我国文物的罪行，因而造成科学研究上无法补偿的损失。"[9]因此，王重民先生在图书馆工作中，尤为关注对流散古籍的搜集、保存与保护。

作为今国家图书馆四大专藏之一的《赵城金藏》，是中国共产党向平馆调拨的第一批珍贵古籍。1933 年夏，影印宋版藏经会常务理事范成法师在寻找影印《碛砂藏》配补本的过程中,意外于山西赵城广胜寺发现一部罕见的古本卷轴装大藏经,即后来闻名于世的《赵城金藏》。抗日战争时期,《赵城金藏》险遭日本帝国主义侵略者的破坏和掠夺,后幸赖八路军战士的流血牺牲才得以保存至今。北平和平接管时期,经王重民先生以及北平军管会、文化界、教育界、宗教界等各方人士的全力相助,《赵城金藏》才得以安全入藏平馆,并得到妥善修复。《赵城金藏》的调拨与入藏,可谓是党、政、军、民全力守护我国珍贵文化遗产的重要事例,在我国古籍保护史上具有重要意义。

自发现《赵城金藏》的消息传出后,平馆便一直对其高度关注。1934 年,平馆与三时学会共同委派版本学家徐森玉先生赴广胜寺调查,并积极参与筹备影印《宋藏遗珍》,举办《赵城金藏》展览,陆续征集入藏流散在外的经卷共 192 卷。1949 年 2 月 13 日,北平军管会正式接管平馆时,平馆著名版本学家赵万里先生向文物部副部长王冶秋介绍平馆所藏的 192 卷《赵城金藏》时,称此藏极其珍贵,应立即抢救,且平馆有专门技术人员,可对《赵城金藏》进行修复。同时,王重民先生和赵万里先生还向王冶秋建议,将《赵城金藏》调拨平馆入藏,以便长久保存保护,得到王冶秋的支持。因此,在军管会正式接管平馆仅短短 3 天后,即 2 月 16 日,平馆便向文管会递交《函北平市军管会文化接管委员会请将全部〈赵城藏〉拨归本馆》,从保护与利用的角度,请求调拨《赵城金藏》。

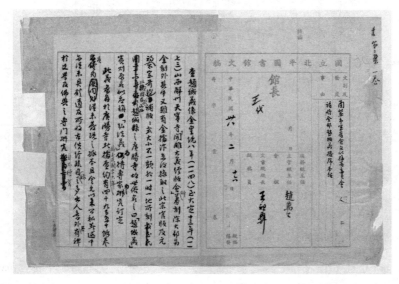

图 3　1949 年 2 月 16 日《函北平市军管会文化接管委员会请将全部〈赵城藏〉
拨归本馆》(国家图书馆档案:书第二案一卷)

　　该函由赵万里先生起草，王重民先生做了认真的修改，如原稿中"截至民国二十六年（1937）存于赵城县之广胜寺，故世俗名之曰《赵城藏》"一句，因《赵城金藏》运离广胜寺的时间当为1942年春，当时占领赵城县的日军多次到广胜寺打探《赵城金藏》的消息，密谋劫掠，故八路军在广胜寺僧人和当地民众的配合下紧急抢救出《赵城金藏》，使这部珍贵典籍安全转移。因此，该句被王重民先生修改为"此藏因存于山西赵城县之广胜寺，故世俗名之曰《赵城藏》"，用词更为准确。

　　文管会接到该函后，立即向军管会主任叶剑英汇报，叶剑英指示尽快将此事上报华北局。2月21日，文管会就此事请示华北局[10]，华北局当天即批准同意，并即刻电令太行行政公署将《赵城金藏》运至北平，拨交平馆。4月23日，太行行政公署委派正在太原军管会工作的张文教护送《赵城金藏》，并颁发护照①。在张文教护送下，42箱《赵城金藏》从涉县用火车运到邯郸，再从邯郸用汽车运至北平，于1949年4月30日正式拨交平馆[7]873。

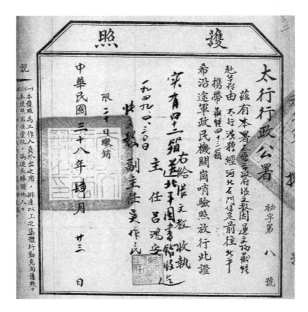

图4　1949年4月23日《太行行政公署（秘字第八号）护照》

（国家图书馆档案：1-053-1949）

---

① 1949年4月23日《太行行政公署（秘字第八号）护照》（国家图书馆档案：1-053-1949）。抗日战争胜利后，晋冀鲁豫边区政府曾将《赵城金藏》拨交北方大学管理，校长范文澜曾指派张文教负责保管。因此张文教对《赵城金藏》的情况较为熟悉，还曾为保管这批珍贵藏经积劳成疾，呕血病倒。

《赵城金藏》自忽必烈中统年间（1260—1264）广胜寺僧人请印运回赵城，传承近700年，虽经明清两代抄补，业已破损严重，再加上抗日战争期间曾长期存放在潮湿的煤窑中，导致经卷"多数潮烂断缺，或丢失签题"，严重的已粘成碳棒状，"十之三四可以打开，十之五六不敢打开"[11]。因此，修复和保护《赵城金藏》成为摆在平馆面前的首要任务。

入藏之后，赵万里先生仅用半个月的时间，夜以继日地筹备了《赵城金藏》展览，王重民先生决定于5月14日下午，邀请文化界人士参观座谈，为修复与保藏提供意见。为此，王重民先生亲自拟定了邀请军管会和文化界的参会人员名单，包括北平军管会文物部原部长尹达、副部长王冶秋、北京大学校务委员会主席汤用彤、北京大学教授兼任图书馆馆长向觉明（向达）、北京大学博物馆专科主任兼北平历史博物馆馆长韩寿萱、华北大学副校长范文澜、中国佛学院院长周叔迦、故宫博物院院长马衡和清华大学教授周一良等人，请文物部联络员李枫将拟定好的参会名单带给王冶秋征求意见。王冶秋在名单中，增加了华北局、华北人民政府相关领导董必武、周扬、于力、晁哲甫等人（见国家图书馆档案：1-053-1949）。据5月14日当日会议纪要，最终实际出席会议的共14人，包括于力、范文澜、王冶秋、马衡、向达、韩寿萱、周叔迦、巨赞、晁哲甫、季羡林、张文教、程德清、王重民、赵万里。

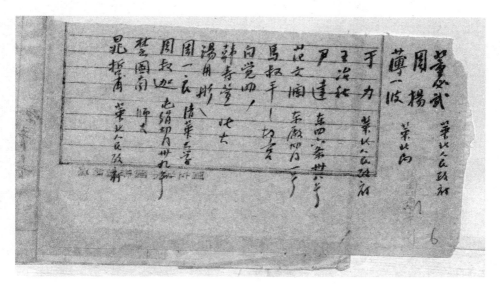

图5　《〈赵城金藏〉展览座谈会参会人员名单（拟）》（国家图书馆档案：1-053-1949）

《赵城金藏》展览座谈会的请柬也由王重民先生亲自拟定,他根据 5 月 5 日参加北平学术界纪念"五四""五五"座谈会的请柬,拟定了《赵城金藏》展览座谈会的请柬,在报文审批时又进一步做了修订,使请柬更为简明扼要,后寄送给参会的领导和专家。

　　_____先生

　　　　谨订于五月十四日（星期六）下午三时半在本馆会议室展览《赵城金藏》,并希提供修整与保藏意见,敬请莅临为荷。专此顺致

　　敬礼

　　　　　　　　　　　　　　　　　　　　　　启　五月十一日

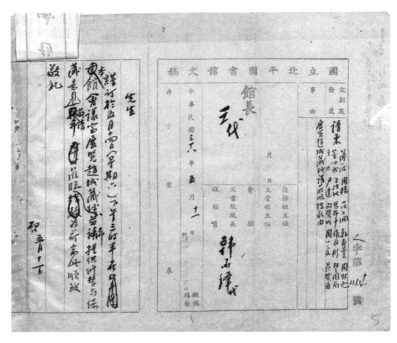

图 6　《〈赵城金藏〉展览座谈会请柬（拟）》（国家图书馆档案：1-053-1949）

5 月 14 日,王重民主持《赵城金藏》展览座谈会,据马衡先生当日日记载:"下午北平图书馆展览《赵城金藏》,赵斐云（赵万里）述其在佛藏中之重要性。张文教说明与日本人竞争及护持之经过。范仲云（范文澜）追述华北大学典守之情形,并承认从前对此之不认识。至六时半散会。"[6]88 从《〈赵城金藏〉展

览座谈会纪要》中可以看出,此次座谈会充分肯定了赵万里先生代表平馆提出的"整旧如旧"的修复原则,以及从易到难、分阶段修复的计划。此外,会议议定的修复方案还得到了政府和宗教界的经费支持。华北人民政府教育部长晁哲甫、华北人民监察院副院长于力表示,《赵城金藏》是国之重宝,政府愿意投入修复经费。在当时全国尚未解放,国家经济非常困难的情况下,文管会新任主任周扬批复拨出修复款项,从琉璃厂聘请有经验的古籍修复师,启动《赵城金藏》的修复工作,解决了修复人员的问题。刚从香港来到北平的爱国佛教领袖巨赞法师也在座谈会上表态,将在佛教界发动香港等地的佛教徒捐献修复装裱的广西纸。之后,他找到正在参与创建新中国的爱国民主人士李济深先生,请他帮忙募集。李济深先生致函虚云老和尚,利用他在海内外佛教界的巨大影响募款。虚云老和尚很快从香港佛教信众中募集 3800 多元港币,在广州采购广西沙纸二十把(合 760 刀),解决了修复用纸的问题[11]。

此次座谈会取得极大成功,经过 16 年的努力,到 1965 年时,《赵城金藏》已全部整修一新。《赵城金藏》的调拨和修复是北平和平接管时期党、政、军、民一次众缘和合的盛举。在中国共产党的高度重视下,经过王重民、赵万里等诸多前辈的共同努力,终使这部传承近 700 年之久、险遭帝国主义劫掠的珍贵典籍得到妥善保存和修复。

四、《经典释文》的接收与合璧

宋刻宋元递修本《经典释文》,四函二十四册,元代入藏国子监,明代入藏文渊阁,清代入藏清宫天禄琳琅,数百年来一直深藏秘府,从未面世,是今唯一所存宋刻《经典释文》全本,价值连城。爱国藏书家周叔弢先生称之为"真人间瑰宝也"。

1945 年 8 月中旬抗日战争取得胜利,在日本投降前夕,伪满洲皇帝溥仪等人匆忙逃离长春,其贮藏于伪皇宫小白楼内的皇室历代珍贵典籍、书画散佚各处。《经典释文》也因此散为三批:第一批为首函前五册(卷一至六)。1946 年,长春尚古斋古玩字画店将《经典释文》首函前五册卖给北平蓉英阁,蓉英阁转交同业藻玉堂王子霖代售。王子霖初要价 500 万元,经赵万里先生一再压价,最后以 200 万元成交,但由于当时平馆并无钱款,赵万里先生遂紧急求助时任北平图书史料管理处主任并代理北大校长的傅斯年先生,向北大借款 200 万元,购回此书,终使《经典释文》前五册归于平馆。第二批为首函第六册(卷七）。1948 年,周叔弢先生以二两黄金价购得。据古籍界盛传,当时书商宣称,"北平图书馆就算出二两黄金,也绝不卖给北平图书馆"。实际上,平馆当时根本没有经费来购买,这种说法应该只是书商的一种炒作之举。之所以首函第六册与首函其余五册分开售卖并单独定价,且售价远较他册为高,盖因此册卷末镌校勘官衔名达廿八行之多,对考辨源流及版本判别大有裨益,故能够以二两黄金之高价售出。第三批为剩余三函十八册（卷八至三十）,抗战胜利后被国民政府东北文物管理处接收,先归沈阳博物院（以下简称"沈博"）,后于 1948 年 10 月运至北平[12]。

1949 年 2 月 13 日,文管会接管平馆后,王重民、赵万里先生向王冶秋汇报了《经典释文》的流散状况,认为应及早将《经典释文》存留在沈博的三函十八册以及周叔弢所藏首函第六册设法收归平馆,使其延津剑合,复为完璧,认为这对收藏、对外服务都是一件功德无量的大事[13]。这一建议得到王冶秋的大力支持。

2 月 26 日,平馆致函文管会,提出收购周叔弢先生所藏第六册及调拨沈博三函十八册的建议:

> 兹查是书既系天壤孤本,且为语文声韵学者必读之书,今幸无恙,而分存三处,日久终恐有残毁之虞。若及时合藏一处,俾其散而复聚,既可永垂不朽,亦复为书林佳话。兹拟恳贵会拨给相当黄金二两之人民券,俾能先行收购周叔弢先生所存之一册,然后再与沈阳博物院商洽移让办法,至为感幸。[5]388

请示文管会后,王重民先生又以私人名义致信沈阳博物院院长金毓黻,提议用平馆所藏的金石甲骨,交换沈博所藏三函十八册《经典释文》。金毓黻收信后,认为这是互惠互利的好事,当即致电王重民允诺同意交换。因当时沈阳和北平都已解放,金毓黻希望尽快把沈博存平的图书文物运回沈阳,因此,王重民先生 2 月 28 日又向王冶秋写信汇报此事,请其收到金毓黻公函后速予批准,以便将沈博所藏三函十八册《经典释文》留在北平:

> 购买宋刻《经典释文》一册事,自向贵会请示后,即用私人名义致沈阳博物院院长金毓黻先生一信。顷接其来电话说一定留与北平图书馆,唯其他古书日内要运回沈阳,应先得贵会指示,方能特别留下,

稍后再商议交换品(北平图书馆有金石甲骨不少,正可作为交换品),令重民转告先生,即与该院去一指示,现在想到:此事应由金院长向贵会请求,故下午又致伊一信,请金院长速上一公函,望见该公函后,即速作指示,嘱其将《释文》留下,以便交换为祷! [5]389

王冶秋得知金毓黻的意见后,即向文管会主任钱俊瑞汇报。钱俊瑞认为此事宜速办,遂于3月2日向北平市军管会主任叶剑英汇报,建议致函天津市军管会动员周叔弢先生捐赠所藏《经典释文》首函第六册,或以低价收购该册:

　　除向沈阳博物院交涉移让外,并报请本会核办。查该书实为海内孤本,可否转请天津军管会动员周氏捐赠其所藏之一册,或以低廉价格收购,俾使该书散而复聚。[5]390

叶剑英收到报告后,很快与天津市军管会联系关于收购周叔弢所藏首函第六册之事。天津市军管会主任黄克诚、副主任黄敬随即转请天津图书馆副馆长井守文与周叔弢沟通。3月15日上午,井守文拜会周叔弢先生,"据周君表示伊现在景况只好议售,或可按原价。若过一时,景况好转,亦可捐赠""此书现存北平友人处"①。井守文向天津军管会建议:"可转达北平图书馆,迳与周君接洽,交书手续即在北平办理。"[5]390-392

3月29日,叶剑英指示文管会主任钱俊瑞,同意购买周叔弢所藏第六册《经典释文》,同时批准将沈博所藏三函十八册调拨平馆[5]392。4月4日,沈博将所藏《经典释文》三函十八册正式移交平馆。故宫了解到沈博存在北平的文物文献中还有90余种天禄琳琅旧藏,认为应该交由故宫统一收藏,得到文管会的批准。4月13日,故宫博物院按照文管会的指示,将"清内阁宋、元版书籍九十余种"从沈阳故宫博物院驻平办事处运回,"在故宫绛雪斋点交,约一日而毕"[14]。故宫博物院与文管会认为《经典释文》既是清宫天禄琳琅旧藏,亦应一并交由

① 据1949年8月30日《进步日报》上发表的《周叔弢霍明治捐献珍贵文物 华北政府已予表扬》记载:"周叔弢先生讲他用二两黄金买来收藏的海内孤本宋版《经典释文》交由北大唐兰教授转交高教会,与故宫博物院收藏之二十三册合并即成为完整之一部。"1949年8月9日,华北高等教育委员会颁给周叔弢先生的《褒奖状》亦是由唐兰先生转交。因此推测此弢翁所言"北平友人"或即唐兰先生。

231

故宫庋藏。王重民先生亦向马衡院长表示愿意将所藏宋刻本《经典释文》交给故宫收藏[6]73。4月15日，平馆遵照文管会与故宫博物院的共同决议，"特将该书三函十八册连同本馆原藏之五册，共二十三册，随函送呈贵会验收并请转交故宫博物院庋藏为荷"[5]394。当日，故宫博物院院长马衡亲写收据[5]394，《经典释文》二十三册重新回归故宫。为此，马衡院长特地致函平馆："今交还本院，俾天禄琳琅旧藏复还故宫，本院受此鸿惠，至深感谢！"[15]

1949年6月25日，周叔弢先生将所藏首函第六册《经典释文》捐赠国家，华北高等教育委员会主任董必武向周叔弢致谢函并颁发褒奖状[16]，并将其拨交故宫收藏。原本分散于平馆、沈博和周叔弢先生的四函二十四册《经典释文》在叶剑英、黄克诚等军管会领导的协调下，经过四个月的时间，在故宫珠还合浦，结束了这部珍贵典籍分散流转于北平、天津、长春、沈阳的坎坷经历。

《赵城金藏》和《经典释文》的调拨与合璧、修复与保护，书写了北平和平接管时期的书林佳话，是对反动派造谣"共产党不要文化"的最有力回击，也是共产党保护历史文化遗产的丰功伟绩。这除有赖王重民、赵万里、周叔弢等先贤的多方护持外，更离不开军管会叶剑英、黄克诚、钱俊瑞、王冶秋等领导的高度重视，深刻诠释了中国共产党既是中国先进文化的积极引领者和践行者，又是中华优秀传统文化的忠实传承者和弘扬者。

20世纪中期，故宫博物院报请将院中所藏图书中，除保留与宫廷历史及业务研究相关的书籍，其他重复本及"与业务无关"的书籍全部外拨给北京图书馆（即今国家图书馆，以下简称"北图"）。1958年12月，经北京市文化局批准，北图与故宫签订关于天禄琳琅等藏书交接协议书，将故宫所藏包括《经典释文》在内的23万余册古籍和雕版调拨北图。此部宋刻本《经典释文》也借此契机重回北图，至今仍在国家图书馆善本书库中，得到妥善的保存保护。

据王重民先生遗孀刘修业女士回忆：北京之解放，有三的激动和兴奋是无法形容的。他觉得自己开始得到新生，虽然还是在北京图书馆和北京大学任职，却全被赋予了新的意义，对他这个曾经信仰马列主义的旧知识分子来说，应如何更有效地建设新中国图书馆事业，这是摆在他面前迫切需要解决的问题，他决心从此倾注全部精力，改革图书馆及教育中种种弊端，以表示对新中国的热爱[17]。在北平和平接管这四个月艰苦卓绝的工作中，王重民先生呕心沥血的敬业精神和深沉炙热的爱国情怀无不彰显在其日常工作、书信手稿和业务档案之中。王重民先生不愧为我国图书馆事业和古籍保护事业的重要开拓者和实践者,值得我们永久纪念。

（林世田,国家图书馆研究馆员;赵洪雅,国家图书馆副研究馆员）

参考文献:

[1] 于坚.回忆接管北平文博单位始末 [C]// 北京文史资料:第 55 辑.北京:北京出版社,1997.

[2] 鹿璐.和平解放和接管北平 [J].北京档案,2016（2）:56-59.

[3] 马句.北平和平接管的历史经验 [J].北京党史,1993（1）:23-26.

[4] 王可.王冶秋传:一个传奇人物的一生 [M].北京:文物出版社,2007.

[5] 中共北京市委党史研究室,北京市档案馆.北平的和平接管 [M].北京:北京出版社,1993.

[6] 马思猛.马衡日记 1948—1955[M].北京:生活·读书·新知三联书店,2018.

[7] 北京图书馆馆史资料汇编（二）编纂委员会.北京图书馆馆史资料汇编（二）:1949-1966[M].北京:北京图书馆出版社,1997.

[8] 宫正.1949 年北平文化接管的历史考察 [J].社会科学动态,2018（12）:10-14.

[9] 王重民.后记 [C]// 商务印书馆,编.敦煌遗书总目索引 [M].北京:中华书局,1983:548.

[10] 袁小伦.叶剑英与北平接管中的文物保护 [J].党史博览,2017（5）:24-25.

[11] 林世田,赵洪雅.《赵城金藏展览座谈会纪要》校录及考释 [G]//《文津学志》:第十八辑.北京:国家图书馆出版社,2022:232-240.

[12] 林世田,赵洪雅.宋刻本《经典释文》的流散与合璧 [J].文献,2022（2）:178-191.

[13] 周红妮.中国共产党接管大中城市纪实 [M].石家庄:河北人民出版社,2013:258-261.

[14] 金毓黻.静晤室日记 第 9 册:卷 144—156 [M].《金毓黻文集》编辑整理组,校点.辽沈书社,1993:6802.

[15] 郑欣淼.天府永藏:两岸故宫博物院文物藏品概述 [M].北京:紫禁城出版社,2008:70.

[16] 李国庆.弢翁藏书题跋 年谱:增订本 [M].北京:紫禁城出版社,2007:252.

[17] 刘修业.王重民教授生平及学术活动年表（附《著述目录》）[J].图书馆学研究,1985（5）,28-55,59,117.

书评与书话

内阁大库藏书与晚清民国之学术

——读林振岳《内阁大库藏书研究》

Book Review: *A Study on NeiGeDaKu Collection of Books* by Lin Zhenyue

孙天琪

　　摘　要:《内阁大库藏书研究》运用版本目录学研究方法,梳理了内阁大库藏书从发现到整理的详细过程,追踪了民国时期对这批藏书的历次著录、配补、改装情况。又从古籍善本书影编纂等角度,论说内阁大库藏书与晚清民国学术史、近代图书馆发展史之关联,拓宽了中国古代藏书史研究视野。

　　关键词:内阁大库;官方藏书;版本目录学;近代图书馆;学术史

　　"八千麻袋"事件使清宫内阁大库档案蜚声中外,赖得张之洞、罗振玉、李盛铎、傅斯年等人护佑,存留住了明清制度史、社会史等方面最珍贵的一手史料,被誉为"二十世纪初中国古文献四大发现之一"。事实上,内阁大库除了收贮题奏本章、制诏诰敕、各厅房处档案、修书各馆档案外,还庋藏了大量宋元珍本以及修书稿本、志书、殿本书等,故民国学人多以"内阁大库书档"合称之。内阁大库藏书可溯源至宋金元明四朝内府旧藏和清代历朝修书存档资料,保留了大量宋元本蝴蝶装旧貌,久不为世人所知。宣统间筹建京师图书馆,即以内阁大库珍本为基础馆藏,并延请缪荃孙、江瀚、夏曾佑、张宗祥、史锡永等编目整理,成为近代图书馆发展史以及古籍版本目录学发展史上不可忽略的一件大事。而后历经战乱,播迁数地,见证了近代中国文物流转最惊心动魄的历史。时至今日,内阁大库精善之本虽已分储中国国家图书馆、台北故宫博物院,却仍是两地最基础的馆藏资源,备受珍视。林振岳的新书《内阁大库藏书研究》从编纂于不同时期的《京师图书馆善本书目》以及相关书目文献入手,探寻内阁大库藏书从发现到整理的详细过程,重点关注了民国时期对这批藏书的历次著录、配补、改装情况,并对现今存藏状况进行了追踪,旁及其对晚清民国古籍出版事业的重大影响,全面揭示了中国古代官方藏书最后的尘封片段,也为版本目录学研究和藏书史研究带来了一些新鲜视角。

一、官方藏书及其研究路径

在中国古代藏书文化以及核心典籍流传历史之中,官方藏书始终占据主流地位,其中尤以宫廷藏书最为精善。张升《明清宫廷藏书研究》指出:"宫廷藏书以其相对的稳定性、连续性、丰富性与权威性,对古籍的典藏起到不可替代的作用。"[1] 以往的明清宫廷藏书研究,针对明代文渊阁和清代天禄琳琅论说较多,主要因为二者存有相对完整且易得的书目,保留的史料相对丰富。而且藏本有确切的钤印标志,追踪流散情况也较为容易。内阁大库是清代存放文书的仓库,其主要职能并不是藏书,"库中所贮书籍,无专门征集意图,具有一定偶然性,与其他清宫藏书不尽相同"[2]9。正是因为其"档案库"性质所限,"藏"大于"用",一经入库则少有问津,故在宣统之前知者甚少。内阁大库保存的这批藏书在清末发现前鲜有完整的著录,不仅存留的相关记载少,书籍自身保留的钤印、题跋、批校等信息更少,研究难度非常大。

"传统文献学对于藏书与藏书家的关注,往往聚集在书的聚散以及书与人之间的因缘"[3],故以目录、题跋、钤印为支撑的藏书始末、藏书特色、藏书理念、藏书流散研究一直是藏书文化研究的"套路",研究模式及书写方式愈发沿着同一条路径推进。坦率地说,近年来国内除刘蔷对天禄琳琅的研究、丁延峰对海源阁的研究、石祥对杭州丁氏八千卷楼的研究较为深入外,藏书个案研究几无可以称善者。对私家藏书的揭示远多于官方藏书,部分研究者热衷于发掘稀见的私家藏书簿录,循规蹈矩,特色无多。更有甚者在标题上做文章,增加各种缀语,刻意追求藏书始末上的情节性、趣味性,实则学术价值不大。无论是官方还是私家藏书研究均呈现出孤立态势,极少关切到藏书与同时期社会、文化、学术发展的相互影响。若想破解这一难题并非易事,如何将传统的藏书文化研究在细致考索之上赋予更多思辨色彩,进而实现梁启超先生在《中国历史研究法补编》中倡导的"求得真事实""予以新意义""予以新价值""供吾人活动之资鉴"[4]，是未来很长一段时间内文献学界应该深入思考的。

林振岳在 2013 年选取"内阁大库藏书"作为博士论文课题，深入调查国家图书馆、上海图书馆、复旦大学图书馆、北京大学图书馆存藏的各种稀见稿抄本书目文献，又能将视野投向海外，广搜日本高校图书馆甚至是域外拍卖会中出现的珍贵史料，开展了精细的实证性研究，是藏书文化研究的又一突破。林著巧妙地选取了各时期围绕内阁大库藏书编纂的善本书目作为切入点，熟练使用了版本目录学研究方法，揭示了内阁大库藏书的发现和整理史实。借助日记、信札、报刊、档案中的零散记录，既解决前人混淆的问题，又提出了诸多新见解。把内阁大库藏书与京师图书馆、北平图书馆、国家图书馆历史结合起来，把内阁大库宋元残书与晚清民国学术出版结合起来，对近代藏书史、公共图书馆发展史、版本目录学史、古籍出版史研究皆有借鉴意义。

二、版本目录学研究方法的运用

版本目录学是中国古典文献学最核心的组成部分，也是最能体现治文献学学术功力的方法之一。吴格说："从目录出发，以小识大，不厌其烦，借目录以探讨图书流变，揭示学术脉络，从而践行目录学'辨章学术，考镜源流'之传统。"[5]内阁大库藏书在清末发现后经过数次迁移、著录、配补、改装，主体部分从京师图书馆到北平图书馆再到如今的国家图书馆、台北故宫博物院，册帙面貌已经发生了很大变化。再加上内阁大库藏书并无明确的钤印标志，进入图书馆后又与其他善本混合编目，为调查卷册数量和流散情况造成了极大困扰。长期以来人们在谈论内阁库书数量时仅能以"约十万册"估算，流散情况更是纷繁芜杂，存留下来的目录资料成为破解谜团的最佳入口。林振岳在《内阁大库藏书研究》中对目录资料的运用可谓精熟，成为此书最大的亮点。林氏几乎对海内外现存的各时期有关内阁大库藏书的目录书、书籍清单和相关档案进行了穷尽式的调查，这其中包括大量前人未曾关注的稿抄本，逐条辨析各目录书版本差异，剥离出各时期的编目规则与特点，破解了近代版本目录学史中的一个难题。综合来看，全书主要在三个方面大量运用了版本目录学研究方法：

其一，以目录探寻内阁大库藏书早期整理过程。清代历朝查点内阁大库时存留了一批仅记录书名、册数的简略档册，罗振玉《内阁大库档册》、方甦生《清内阁库贮旧档辑刊》等将其汇编整理,成为探讨藏书来源的重要参考。同时,朝廷委派刘启瑞、曹元忠二人整理内阁大库藏书,刘氏编成《内阁库存书目》,曹氏编成《内阁大库见存宋元椠书目》《文华殿检书分档》。林振岳彻底调查了档册、书目的内容及刘、曹二人所编书目存世众多稿抄本的差异,首次揭示了复旦大学图书馆藏曹氏二目的详细情况,并根据三种书目统计出了宣统时清点内阁大库书籍的数量:"单论书籍册数,约有66132册""其中宋元刻本大约仅占五千册,其他大量为明清刊本,当中又以方志最多,近一万册"。

其二,以目录梳理京师图书馆时期的历次整理工作。内阁大库藏书进入京师图书馆之后的著录、修补、改装情况错综复杂,是近代版本目录学史中的一个难题。宣统二年(1910)十一月,内阁大库藏书移交京师图书馆,由缪荃孙主持编制《清学部图书馆善本书目》,林振岳考察出缪目著录内阁大库藏书主要参考了曹元忠《文华殿检书分档》等旧有书目,但因其首创记录版框尺寸,被视为公藏书目的典范。之后,江瀚、夏曾佑、张宗祥、史锡永又有编目之役,均以缪目为蓝本,再进行修订增补。以上书目存在众多稿抄本,林著捋清了六部《京师图书馆善本书目》十六种版本(包含十二种稿抄本)的流变关系,这也是此书最精彩的部分。总体来看,编目逐渐细化,形态上从借鉴私家目录信息,到体系化的公藏目录,再到善本书志雏形,从中可以考见京师图书馆藏书的动态变化。

其三,以目录追踪善本南迁细节与现存内阁大库藏书流散。京师图书馆于1928年更名为国立北平图书馆,1933年赵万里主持编纂的《国立北平图书馆善本书目》在编目理念上革新较多,版本著录更趋准确。林振岳认为彼时"重视版刻"而"不甚在意藏书源流",将善本书库调整为甲乙二库,内阁大库藏书再次拆分、配补,而且在配补残书时将版本一致但来源不同的藏本"杂配"在一起,"打破了原京师图书馆时期善本书库格局,给追踪原《京师图书馆善本书目》著录的内阁大库善本带来了困难"。20世纪30—40年代,内阁大库藏书中的精善之本在战乱中随平馆善本辗转寄存美国国会图书馆,终归台北故宫,就此造成了藏书流散数地。林振岳关注到了北京大学图书馆、南京博物院、日本庆应义塾大学等处存藏的内阁大库残帙,尝试追踪公藏机构存藏细况。他利用历次编目资料,以经部为例,考索出原北平图书馆所藏内阁大库书籍存藏于国图者有22部,为今后的调查提供了方法论指导。乔秀岩说:"了解内阁大库藏本的情况,最大的用处,就在区分配本。"[2]403 若能在林著启发下全面查清国家图书馆、台北故宫藏内阁大库存卷配补详情,一定能为古籍版本学研究带来新气象。

三、藏书史研究中的"问题意识"

近年来不断有学者倡导借鉴西方书籍史观照,进行以社会、文化视角为主导的中国书籍史、阅读史、出版史、文献文化史研究,用更广阔的"问题意识"开拓以目录、版本、校勘为核心的传统文献学研究方法与视野。何朝晖《晚明士人与商业出版》、韦胤宗《浩荡游丝:何焯与清代的批校文化》、徐雁平《清代的书籍流转与社会文化》等已经做了很好的尝试,这一新颖的学术发展方向值得重视。韦胤宗在评价徐雁平《清代的书籍流转与社会文化》时道出了这种研究方法的特色:"使得书写免去乏味单调之感,不必进行人云亦云的常识性的重复,突出重点,更有新意,且饶有趣味。"[6]《内阁大库藏书研究》第六章"内阁大库藏书与早期'善本书影'编纂"有意进行了这方面的尝试,探索其对晚清民国古籍出版业发展的影响,拓宽了中国古代藏书史研究范围。

"书影展现古籍版本实物的面貌,为判别版本、认识不同版刻风格提供了不可替代的作用。换言之,书影的实质是图像方法在版本学中的表现形式之一。"[7]回顾中国书影出版发展史,可以发现内阁大库藏书在其发轫期有重大影响。比如,1913年6月至9月间,傅增湘到京师图书馆住馆校所藏内阁书,凡百余日,校书达三百余卷。期间帮助张元济借影库书若干,并萌生仿《留真谱》影照罕见书影想法,"湘倡议欲将图书馆罕见之宋元本书各影照一二叶,仿《留真谱》或用珂罗版印成,约共百篇,印五百部"[8]49。此举得到张元济、吴昌绶、李盛铎、邓邦述等人出资支持,然终未办成。1919年缪荃孙以内阁大库藏宋元本为主,用影刻法印成《宋元书景》,带动了制作善本书影风气。其后随着照相影印技术流行,《旧京书影》《故宫善本书影初编》《重整内阁大库残本书影》等渐次印行,使得"书影"一词成为古籍界的"固定学术语言"。林振岳细致梳理与内阁大库藏书密切相关的五种善本书影以及数种宋元书影笺纸的出版过程,认为《旧京书影》"与大库藏书渊源最深""可谓与内阁大库藏书相关善本书影中集大成者",同时注意到了张宗祥《小百宋一廛书叶》等七种源出内阁大库的宋元本残叶集锦对民国善本书影编纂的推动作用。在最后还提出了更深层次的思考,早期善本书影的编纂不仅仅作为版本鉴定的工具书，也有保护残书残叶之影像的作用，实质上提升到了对古籍保护层面的思考。

除了从古籍善本书影编纂角度切入内阁大库藏书与晚清民国学术史之关联，林振岳还提及未来更精深的研究方向："有关内阁大库对民国以来出版、学术影响部分，如对张元济《百衲本廿四史》影印计划、民国以来书册制度（书装）研究、个别内阁大库旧藏书籍文献对学术研究之影响等相关问题，限于时力，未作展开，留待日后进一步深入研究。"[2]13 诚然，张元济与傅增湘在 20 世纪初的往来书信中数次谈及影印内阁大库藏书事，贯穿从《百衲本资治通鉴》到《百衲本二十四史》出版过程。吴格在序言中提到："内阁大库所藏宋元本多存蝴蝶装旧貌，为反映古代书册形制之重要实物，其价值不下于敦煌石室所发现唐人写卷，民国间马衡等对古代书册制度之研究，即由此发轫。"[2]序一 林著为上述方向做足了铺垫，未来伴随着对内阁大库藏书的持续探讨，其在晚清民国学术史中的作用定会得到更多的彰显。

四、内阁大库藏书研究的意义与展望

如今追踪海内外内阁大库残书有何意义？林振岳举乔秀岩影印八行本《礼记正义》排列众本同叶书影之例，认为"对于存量极少的宋元版，其每一部印本都有特殊价值"[2]324，通过调查零简残帙可见其版印递修之迹。版本实物对于确定典籍的版本源流系统至关重要，细致比对大量的版本实物，可以明确版本之间的印次、补板、递修等关系，以便更好地开展校勘工作，进而得到更加可靠的文本。传统文化核心典籍的版本研究，尤其是正经、正史的宋元版本研究，关乎文脉传承。尾崎康《正史宋元版之研究》和张丽娟《宋代经书注疏刊刻研究》较早关注到了宋元残叶的版刻价值，并充分运用到整个版本系统的离析之中，取得了很大的成绩。林振岳已经为我们梳理了内阁大库藏书在 20 世纪上半叶的编目与流散情况，近年国家大力开展古籍普查及数字化，对于彻底调查现存内阁大库藏书会有帮助，也期待着发现更多稀见版本，促进深化古代典籍版本的认知。

林振岳利用各时期书目、档案文献对内阁大库藏书著录、配补、改装、流散的细致追踪，为国内各大图书馆古籍编目和探究馆藏珍籍源流提供了思路。各大图书馆在编目时应尽可能地保留信息，详细记录每一次著录变化，以便日后稽查。据悉，全国汉文古籍普查工作已基本完成，各大图书馆在古籍普查过后，除了出版书影图录,或许还能做更多精细化的工作。林振岳提出了合理的愿景:"随着古籍保护工作的推进,对现存珍贵古籍的著录还应进一步回溯该书在过去的记录。根据前人遗留的藏印、书目、卡片等记录,回溯其分合、修复、改装、递藏等情况,建立每一部珍贵古籍的'历史档案',以了解每部善本的前世今生。"若能完成这个构想,撰写馆藏善本书志的宏伟计划将水到渠成,国内版本目录学和图书馆史研究水平也会大幅提升。

中国传统学术在晚清民国时期发生了巨变,诸多融贯中西的国学大师引领学术研究新领域,创设了别具一格的治学风范。内阁大库藏书初步整理并入藏京师图书馆的这一时期,正值晚清民国学术的大变革时期,中西方文化的强烈碰撞,酝酿出众多新思想、新方法。缪荃孙、傅增湘、张宗祥、赵万里、马衡等人对内阁大库藏书的著录与研究,实质上蕴含着藏书史、版本目录学、图书馆学的新变化,所以内阁大库藏书研究对于丰富晚清民国学术史认识大有裨益。林著解决了很多前人混淆或者误解的问题,使得学界对内阁大库藏书有了更清晰、更系统的认识。比如前人对于内阁大库藏书的发现过程存在着众多误区,《内阁大库藏书研究》第一章"内阁大库藏书概述"着重对"内阁大库藏书发现诸说"和"内阁大库藏书来源"两个问题进行了考辨,通过对罗振玉、王国维等亲历者笔记、日记、信札和相关宫廷档案的查索,梳理出一条清晰可靠的时间脉络。此外,在揭示南陵徐氏为徐光达、徐乃光父子藏书;王懋镕、张宗祥、史锡永编目过程;运美善本具体箱数;台北故宫藏内阁大库书籍数量等问题上也有新发现。从总体研究内容看,林著重点关注了内阁大库中的善本书,特别是宋元本,今后还可以着重对内阁大库藏方志、清代历朝修书稿本进行细致研究。

（孙天琪,山东大学儒学高等研究院博士生）

参考文献:

[1] 张升.明清宫廷藏书研究（修订版）[M].北京:商务印书馆,2015.

[2] 林振岳.内阁大库藏书研究[M].北京:中国社会科学出版社,2022.

[3] 程章灿.书籍史研究的回望与前瞻[J].文献,2020（4）:13.

[4] 梁启超.中国历史研究法补编[M].北京:中华书局,2014.

[5] 吴格.目录学研究·专栏导言[J].文献,2020（6）:5.

[6]韦胤宗.清代书籍史的十一个面向——以《清代的书籍流转与社会文化》为中心谈文献学的新写法[J].古典文献研究,2022（2）:20.

[7]石祥.书影史的两个侧面与今天:图像方法与编纂思路[J].古典文献研究,2020（2）:247-248.

[8]张元济、傅增湘.张元济傅增湘论书尺牍[M].北京:商务印书馆,1983.

研究生论坛

游戏化思维与古籍传承性保护

Disseminating the Preservation and Conservation of Ancient Books through Gamification

潘红宇

摘　要：为了使古籍的传承性保护具有趣味化和沉浸式的体验，让更多的群体能够参与到古籍的传承性保护中来，本文以古籍传承性保护的游戏化思维为切入点，对游戏化思维在古籍传承性保护领域内应用的可行性进行研究和探讨。在此基础上，结合《典籍里的中国》分析已有的古籍传承性保护内游戏化思维应用的实例，以供学界参考。

关键词：古籍保护；传承性保护；文化传承；游戏化思维

古籍传承性保护是古籍保护中至关重要的一个环节，如何有效的开展传承性保护工作，还有待于更多的理论探讨和实践总结[1]。为了使古籍的传承性保护具有趣味化和沉浸式的体验，促使更多人能够参与到古籍的传承性保护中来，本文将以游戏化思维介入古籍传承性保护为切入点，对游戏化思维在古籍传承性保护领域的应用进行研究和探讨。

游戏化思维作为一种新的思维模式，近年来被广泛应用于博物馆、人文节目、艺术等领域，宾夕法尼亚大学教授凯文·韦巴赫（Kevin Werbach）在《游戏化思维：改变未来商业的新力量》一书中对于游戏化的概念给出了一个浅显的、可拆解的概念："游戏化是将游戏元素及游戏设计技术用于非游戏领域。"比如，把知识游戏化就是指通过设置合理的任务和奖励机制，将学习过程中所需要的知识技能或技巧通过游戏化的方式呈现出来，让学习者在快乐的氛围中自主地获取知识、巩固知识。

近年来学界逐渐注意到了游戏化思维对于知识传播、教学辅助的意义,国内各大博物馆引入了科普游戏形式的互动环节,并且展开了相关研究,比如《游戏化思维介入"博物馆 +"设计的研究》[2]《基于互动沉浸与游戏化的文物展览研究》[3]《以游戏化思维指引博物馆参观体验设计》[4]等文章,都探讨了游戏化思维在博物馆实践中的应用途径。然而,关于古籍传承性保护与游戏化思维相结合的研究还处于空白状态。从古籍的传承性保护来说,游戏化思维与古籍传承性保护的结合,可以打破时空限制、消除情景异位带来的疏离感,吸引更多人参与到古籍的传承性保护中来,引导人们从更多的视角去关注、探索古籍的内容,实现古籍传承性保护在社会层面大范围地持续进行。

一、古籍传承性保护的现状与诉求

中华古籍在传承过程中罹受诸多磨难,导致了存世古籍的稀见,而古籍的稀见使得人们对它更敬而远之。现代人对传统文化缺乏深刻的认知和清晰的了解,现在生活节奏过快,人的生活压力增大,更没有时间去关注他们认为"枯燥乏味"的古籍传承。

随着"互联网 +"的发展,出现了"古籍数字化"与"网络古籍"等新概念,新概念从不同层面或角度阐述了如何对古籍进行数字化处理,并重新赋予它新生命力,这些都让我们看到了新的古籍传承方式。

所以说古籍的传承性保护的一个重点就在于,如何将传统思维模式与现代思维方式相结合,如何活化出符合现代人需求与审美特点的古籍,如何在保护古籍的同时提高人们对古籍的兴趣、增强人们对传统文化的认知与传承意识。

二、游戏化思维对古籍传承性保护的作用

从古籍传承性保护来说,游戏化思维与古籍传承的结合可以从更多的视角去解读、探索古籍的内容,充分利用游戏机制,以创新的方式传播文化,让参与者通过游戏化的过程感受文化。游戏化思维可以消除古籍内容的距离感,传播文化信息;游戏化思维也可以运用多种游戏元素,从而更有力地吸引受众;还可以通过游戏的方式,培养参与者的文化能力,提升其文化素养,从而让更多的人加入文化传播的过程,创新、发展文化传承的方式,实现古籍传承的可持续性发展。

（一）消除距离感

在古籍传承性保护过程中，由于对古籍内容的不了解以及人们认知和理解能力的差异，古籍的传承性保护会遇到各种问题，使得人们参与古籍传承性保护过程中常会产生一种距离感。这种距离感会使得许多对古籍传承性保护有兴趣的人望而却步。消除距离感对参与到古籍传承性保护过程中的人来说是非常重要的，要消除这种距离感就要对古籍进行再创作，而游戏化思维在这方面有很大优势。

在古籍传承性保护中融入游戏化思维，可以为人们带来更加有趣的体验和更深层次的探索。对于普通大众来说，通过游戏化思维来进行古籍的传承保护，可以使人们从更加多元的视角去感受古籍中所蕴含的内容。游戏化思维在其中起到了重要的桥梁作用，能够拉近人们与古籍之间的距离，使人们对古籍产生兴趣、产生共鸣。

在游戏化思维下，我们可以将古籍内容以一种新的形式表现出来，以一种全新的方式呈现给人们，从而消除人们在时空限制、情景异位情况下感受到的距离感，吸引更多人参与到古籍的传承性保护中来。

（二）提高受众参与度

古籍的传承性保护主要体现在"传"上，即让更多的人去接触古籍，了解古籍，从多个角度解读古籍，进而使更多的人关注古籍，并主动参与到古籍的传承性保护中来。而游戏化思维作为一种新的思维模式，能够提高受众对古籍内容的参与度。

对于许多群体来说，古籍就是摆在那里的一部部书，古籍的内容并不是活化的，只是看不太明白的一堆文字排列组合而已。游戏化思维在古籍的传承性保护过程中，通过创新传统手段来吸引更多人参与到古籍传承性保护中来，活化、演绎古籍的内容，使之生动起来，更贴合现代人适应的传播方法，以此来吸引更多人去关注、了解古籍的内容，让更多人参与到古籍的传承性保护中来。

（三）扩大传承主体范围

对于现在的人来说，游戏已经是一种非常常见且普遍被接受的活动方式。现在的人都具有一定的思维独立性，非常注重个性化的体验，更愿意尝试接受和挑战新生事物。古籍传承性保护的游戏化设计，可以吸引大量的年轻人，让古籍传承性保护变得更加年轻。另外游戏还具有娱乐性和沉浸式等特点，可以消除古籍中知识文化所带来的距离感,使得任何年龄任何职业任何背景的人都能够融入进来。

一般来说,古籍的传承性保护是要在特定的场所中进行的,比如说图书馆、博物馆、文创空间。但是出于对于古籍本身的保护等问题的顾虑,并不是所有的图书馆、博物馆都会开放古籍服务。除已退休人群之外,在经历了一天工作学习之后,青壮年群体很难再有精力去博物馆、图书馆进行古籍知识的学习。在进行游戏化思维的介入后,古籍的传承性保护带有了一种休闲娱乐的感觉,这样也使得"工作党""学习党"都愿意参与到传承性保护中。

三、古籍传承性保护中游戏化思维的实现策略

（一）用"文本 + 故事"的叙事方式进行传播

将文本与故事相结合,不仅能够为读者提供一种新颖的阅读体验,还能在阅读过程中提高自身的知识储备,达到寓教于乐的效果。也可以将古籍文本扩写成故事、小说进行传播,让人们获得趣味的同时又得到知识。如我们在阅读《山海经》时,可以通过讲述《山海经》中关于"上古"时期的故事来提升读者对《山海经》这本书的兴趣。

（二）基于游戏思维组织古籍传承活动

将一些传统文化类游戏进行移植再创造之后以游戏化思维来组织、出版、发行,也可以与当下流行的文创模式进行组合,比如之前流行一时的故宫出版社《谜宫·如意琳琅图籍》解谜书,对古籍的传承来说就是一种非常适合的方式。

（三）增加游戏化元素以激发文化学习的兴趣

将古籍作品中的人物、情节、语言进行游戏化,以便减少学生在学习过程中的无聊,也可以采用一些具体的游戏机制,如通过卡片收集、竞争性卡片分享、互动式问题回答、任务完成分数奖励等机制来鼓励学生深入理解古典文学作品。

（四）开发游戏产品增强与古籍文本的互动性

在游戏中塑造立体的文人形象,使得原本单一味道的文字读物变得多样化,吸引受众去自发地查阅相关资料,并在此基础上鼓励玩家进行二次创作,激起受众对于古籍内容的热爱。比如国家典籍博物馆的 VR 游戏"古籍巡游记"。

（五）运用游戏化思维达到文化传播的目的

游戏化思维系指用游戏设计方法和游戏元素来对非游戏类事务重新设计的思维方式。游戏化思维不仅能够促进信息转化，还能通过改变受众的行为习惯、重塑人们的思维方式来达到传播目的。如何才能将游戏化思维运用到古籍传承当中，需要注意以下几个方面，即遵循规则、尊重历史背景、发挥创意元素、融入民族元素、强化受众情感。

四、古籍传承性保护的游戏化思维应用分析

将游戏化思维介入古籍传承性保护中，需要将古籍知识内容与游戏化思维的应用相关联，二者相辅相成，形成一个统一的整体。在《典籍里的中国》这一档节目中，游戏化思维不仅仅体现在它的叙事上，也呈现于它的视觉表达、共享机制等方面。

（一）游戏化叙事

游戏化叙事中很重要的一种就是碎片化叙事。《典籍里的中国》主要采用了碎片化的叙事方式，从字面上理解，碎片化叙事就是将事件分解成一个个独立的碎片，按照特定的顺序展现出来，从而创造出独特的叙事形式。有详有略，以急促或延缓的叙事速度构筑出叙事张力，创造独特的艺术效果。叙事结束后观众可以获得一个由自己理解并且创造的剧情故事，沉浸式地去体验、理解剧情中所包含的思想、情感、知识。通过这种碎片化的叙事，观众可以在不断发现故事细节和剧情联系的过程中体验到更多的惊喜感。在将这些碎片拼凑起来的时候，观众会加入脑补的过程，让不同的观众对于相同的剧情，有自己不同的理解，更加有自由性。与此同时，由于观众会对剧情产生不同的理解，彼此观点的交流也会碰撞出新的火花，甚至在社交媒体上引发热议，从而提高节目的热度，吸引更多人关注。比如在第一季第一集《尚书》中，节目组先通过"典读会"和幕后情景的展现，为观众普及本期典籍的基础知识，然后进行碎片化、穿插式的话剧表演，将不同时空情境中的故事分解成不同的碎片呈现，打破时空界限，有利于观众更好地理解典籍的传承、展望典籍的未来。

（二）游戏化互动

《典籍里的中国》节目里，撒贝宁作为从当代走向古代的读书人，引领观众走近典籍，是观众与典籍文本之间的桥梁。在观看节目时，观众可以将撒贝宁理解为玩家所操纵的角色，将可以沟通的护书人视为游戏中的非玩家角色

（Non-player character）。而读书人与护书人之间的互动，就可以被我们理解为游戏化互动。这种游戏化互动打破了"三一律"和"第四面墙"，让观众产生更多的代入感，产生感情上的连接，提高观众的参与度，降低观众学习的成本，并且会有更大的趣味性。比如第一季第三期，在知晓了《史记》背后的故事、理解了《史记》对后世史家影响之后，观众自然而然地会对司马迁生出敬仰之心。在目送司马迁走入历史长河之后，弹幕与撒贝宁一起说出那句"请受炎黄子孙一拜"。

（三）游戏化教育

随着科学技术的发展，游戏化教育已经成为现代教育的一种重要手段，活跃学习者的兴趣，增强他们对学习内容的理解、记忆和应用。游戏化教育突破了单一的书本教育，通过互动和竞争的方式增加学习的兴趣和动力，同时也可以削弱对学习的抗拒，在激发学习者积极性的同时，调节学习者的情绪、认知过程，有效促进学习效果。游戏化教育可以改变课堂冰冷的气氛，增添更多的乐趣和刺激，并把系统的知识储备融入学习者的生活之中，让认知、情感动态结合，实现学习者深刻理解知识的目标。

《典籍里的中国》通过上述游戏化叙事与游戏化互动来进行游戏化教育。此外，《典籍里的中国》虽然是一档文化节目，但是在一些细节的刻画中，节目并不回避由于时空穿越、古今对话所带来的喜剧效果，比如在第一季第四期中关于玉蜀黍的讨论，古今名称古雅与通俗的变化具有鲜明的反差，使观众会心一笑。

五、结语

古籍的传承性保护涵盖了不同年龄段、不同职业和专业背景的受众群体，而游戏化思维的融入，能够打破年龄的限制，增进与受众间的互动与对话，避免知识的传承过于乏味，吸引更多人自发地加入古籍的传承性保护中来。希望在将来，游戏化思维能有效地融入古籍的传承性保护，通过更有趣的方式使珍贵的古籍走入大众视野，让其中厚重的历史和珍贵的知识获得更好的传播，从而树立我们的文化自信。

（潘红宇，天津师范大学历史文化学院／古籍保护研究院2022级古籍保护学方向硕士生）

参考文献：

［1］姚伯岳,周余姣,王鸳嘉.古籍传承性保护再认识［J］.中国图书馆学报,2023（1）:58-67.

［2］王子祎,朱旭光.游戏化思维介入"博物馆+"设计的研究［J］.设计,2022（19）:40-42.

［3］严宝平.基于互动沉浸与游戏化的文物展览研究［J］.艺术科技,2016（5）:36,40.

［4］杨雅迪.以游戏化思维指引博物馆参观体验设计［J］.大众文艺,2019（23）:148-149.

编 后 记

王振良

2023 年 6 月 1 日,习近平总书记来到燕山脚下,对中国国家版本馆中央总馆进行考察。他一路走一路看,高度肯定了文化典籍的历史价值和时代意义,指出"雕版、典籍,蕴含着中华民族的智慧、精神、文化,更蕴含着生生不息的力量",强调"建设版本馆的初心就是收藏,就是在我们这个历史阶段,把自古以来能收集到的典籍资料收集全、保护好,把世界上唯一没有中断的文明继续传承下去"。《古籍保护研究》第 13 辑,就是在这些指示精神鼓舞下编辑完成的。本辑共刊出稿件 23 篇,分别纳入 12 个专栏。

《古籍保护综述》专栏刊文 2 篇。周和平《在〈中华医藏〉首批图书发布仪式上的发言》,高度概述古籍保护事业重大意义的同时,针对《中华医藏》编纂提出三点建议:一是中医典籍对于传承中医药文化、建立中医药理论体系有着重要作用,要从促进中医药事业发展的高度来认识编纂《中华医藏》的重要性;二是不断拓展选目范围,将近年古籍普查中发现的稀见中医文献、海外古籍调查中发现的珍善之本、近年出土文物中的中医典籍等纳入视野;三是要对《中华医藏》进行活化利用,为健康中国建设作贡献。白丽萍、王振良《为"留住乡愁"筑牢文化基础》,是天津师范大学古籍保护研究院和图书馆主办、天津师范大学地方文献研究中心承办的"第一届地方文献与地方文化学术研讨会"综述。会议主要聚焦三大主题——地方文献理论方法的研究、地方文献编纂实践的研究、具体地方文献和地方人物的研究。这次会议研讨还有三个突出特点:一是提出采集整理当代口述文献,理论上具有开拓意义;二是致力文献的开发利用,强调服务理念;三是强化学术引领,提出整理与研究并重观点。

《探索与交流》专栏刊文 2 篇。杨照坤、庄秀芬《关于建立古籍修复人员认证制度的探索》指出，加强古籍保护人才培养、建立古籍修复机构资格准入与修复人员资格认证制度是"中华古籍保护计划"的重要内容。最近十余年来，在国家古籍保护中心和全国各古籍收藏单位共同努力下，古籍修复人员急缺的状况得到改善。文章通过多维度的具体分析，提出建立古籍修复人员认证制度的建议，在实践方面具有较强的创新意义。黄晓霞《基于文献计量分析的〈古籍保护研究〉集刊回顾与展望》，以 2015 年至 2023 年《古籍保护研究》第 1 辑至第 10 辑所刊 235 篇论文为样本，统计分析该集刊的发文量与栏目设置情况，并结合 CiteSpace 对研究作者、机构、热点主题与演进趋势等问题进行知识图谱分析。研究发现研究力量以国家图书馆（国家古籍保护中心）、天津师范大学、复旦大学、天津图书馆为主，形成了稳定的学术合作网络；研究热点涉及古籍保护综述、普查与编目、修复与装潢、古籍存藏、人才培养、再生与传播、版本与鉴赏等，而且具有明显演化阶段。文章还从挖掘作者、跨界合作、拓展主题、创新方法、规范格式、提升影响力等方面对集刊的发展提出建议。

《普查与编目》专栏刊文 1 篇。左鹏、朱遂《实践育人导先路——重庆图书馆碑帖整理编目项目综述》认为，在国家古籍保护中心推动下重庆图书馆碑帖整理编目项目顺利实施。项目在全国碑帖鉴定专家指导下创新普查方式，将碑帖整理与人才建设紧密结合，通过专业碑帖培训班等形式培养了一批碑帖整理和修复专业人才，发掘出许多碑帖精品，同时探索出一套科学精细的碑帖文献编目著录规则，为全国碑帖普查登记的推广做出了有益尝试，积累了宝贵经验。

《修复与装潢》专栏刊文 5 篇。上官文金《〈装潢志〉中的书画修复技术美学对古籍保护的启示》指出，明人周嘉胄《装潢志》是一部系统阐述书画装裱与修复技术的著作，周氏结合自身实践并吸收前人理念，呈现出丰富的古籍保护技术美学思想。文章结合明代"雅""俗"美学精神之争，围绕"功能"与"形式"的辩证关系，探究《装潢志》中"器道合一，天人之和"的器物本体论，"审视气色，器以致用"技术功用论和"文质统一，崇古尚朴"的审美形态论，给古籍保护技术美学建构带来有益启发。易晓辉《古代典籍纸张染潢的早期原因探究》通过梳理历史文献，发现关于古代典籍纸张染潢防虫避蠹的说法，出现时间要比染潢技术晚了很多，故将早期纸张染潢目的归因于防虫证据不足。文章在史料分析基础上，考察了简牍到纸张的演变过程，认为纸张染潢最初是简牍形制及审美习惯的延续,所谓防虫避蠹功能乃是后人在实践中的总结发现,而非魏晋时期纸张染潢的初因。王旭《古籍纸张无损检测方法的研究进展》指出,让古籍活起来并且传承下去,开展对古籍纸张的研究和保护必不可少,而某些纸张检测方法对纸张有损,并不适合于古籍类文献。文章着重介绍若干无损检测方法,如红外光谱法、拉曼光谱法、X射线荧光光谱法、质谱分析法、微区分析法、太赫兹光谱法和高光谱成像技术等,并针对这些方法的应用和优劣进行了分析。魏琪曼《基层公共图书馆古籍修复面临的问题及措施——以天水市图书馆古籍修复为例》指出,随着国家对古籍保护事业重视程度的提升,基层公共图书馆的古籍修复也提上日程,但修复之初会遇到很多具体问题。文章结合工作实践,通过对修复之初各类问题的分析,提出了相应的解决对策,可供基层公共图书馆开展古籍修复时参考。张垍帛《一部喜乐斯藏书修复纪实》指出,喜乐斯藏书是美国哈佛大学哈佛学院图书馆2004年捐给中山大学的文献,约12万种15万余册。其中1887年出版的《剖腹产词典》(Lexicon Caesarianum),装帧形式及破损特征均具有典型性。文章围绕藏书概况、破损情况、修复材料、修复过程等进行讨论,可给同类型西文古籍文献修复提供参考。

《保藏与利用》专栏刊文2篇。萨仁高娃、王沛、白张、王建海《西藏昌都丁青县孜珠寺藏古籍考察记》指出,在"中华古籍保护计划"框架下,中国经济时报社与国家古籍保护中心合作开展"古象雄文化遗产调查及抢救性保护研究项目",对西藏昌都孜珠寺所藏的藏文古籍开展调研,深度挖掘古象雄文化遗产的时代价值,探索如何做好藏文古籍原生性保护与再生性保护等。文章详尽记录了项目背景、考察目的、考察情况,并对文献价值进行了评估,提出了后续工作计划。郭晶《我国民族地区古籍数字化活化利用现状调研》针对"中华古籍保护计划"实施以来部分民族地区古籍数字化活化利用进行调研和梳理,总结成绩的同时也找出工作盲点和难点,提出了有针对性的解决建议。

《再生与传播》专栏刊文1篇。武永丽《"古籍图典资源库"建设浅探》认为,近年古籍再生性保护工作发展迅速,再生性保护方式层出不穷,众多古籍出版机构通过影印、点校、数字化等形式,以实现对古籍的再生性保护。国家图书馆出版社"古籍图典资源库",则体现了新时代古籍再生性保护的新思路和新探索,给古籍出版影印机构以诸多启示。

《版本与鉴赏》专栏刊文4篇。程仁桃《北京师范大学图书馆藏史部善本古籍未刊题跋续辑》，整理刊布了北京师范大学图书馆藏的史部古籍善本名家题跋七种，包括《三国志》张继跋、《梁书》朱希祖跋、《孙志伊摘抄明史记事本末节本》孙毓修跋、《虎口余生记》王贡忱跋、《超化志》恩华跋、《锡山钱武肃王祠》许汉卿跋、《水经注》冯煦跋等，具有一定文献价值。张春燕《丹麦皇家图书馆努德·冈纳·克林特藏中文古籍考述》指出，丹麦皇家图书馆藏汉籍的主要来源之一是努德·冈纳·克林（Knud Gunnar Kring）旅居中国期间收购的藏书，内容涉及经、史、子、集四部。文章依据丹麦皇家图书馆藏汉籍信息，考述了克林所藏汉籍的版本情况，并选取有代表性的版本探讨了其文献价值。周余姣、李丽《国家图书馆藏四部〈周易玩辞〉考述》，探讨了中华古籍资源库公布的国家图书馆藏四部《周易玩辞》书影，包括有"祖本"之誉的宋刻本、吴梅后人捐赠的明澹然斋抄本、作为《四库全书》底本的《通志堂经解》本，还有经朱筠递藏的精抄本。文章考述认为这四部善本古籍有着重要的文物和文献价值。冯丽丽《内蒙古自治区图书馆藏〈满蒙八旗装备图〉考论》指出，《满蒙八旗装备图》记载清代绥远城驻防八旗官兵配备的各种军器装备图样和形制，对探究绥远城驻防制度和清军武器装备等具有重要意义。文章通过对书中记载的佐领、兵丁、旗纛数量以及人名等的考证，判定其为清乾隆三十七年（1772）至四十三年（1778）间的彩绘本。

《名家谈古籍》专栏刊文1篇。沈津、郭明芳《魅力千年宋版书：东亚传布与美国特藏》，是2023年5月29日沈津应嘉义中正大学东亚汉籍与儒学中心之邀为"书籍史与知识环流：东亚汉籍云端讲座系列"所作讲演的整理稿。讲座以"魅力千年的宋版书"为主题，着重谈及宋版书的魅力、四种特色宋版书、中国古籍的东亚传布、日本所藏宋版汉籍、日藏汉籍总目、美国东亚图书馆的汉籍特藏、美国国会图书馆的东亚特藏等，内容丰富，语言生动。

《人才培养》专栏刊文2篇。董桂存、姚小燕《结合学科发展　服务社会需求》，是教育部高等学校图书馆学专业教学指导委员会主办、天津师范大学管理学院和古籍保护研究院承办的"图书馆学专业古籍保护与管理人才培养研讨会"纪要。来自教育部高等学校图书馆学专业教学指导委员会的20余名委员及全国设置图书馆学本科专业高等院校的40余名专家、学者出席研讨会，姚伯岳、王余光、张久珍、张靖、龚剑五位专家针对古籍保护与管理人才培养作了主旨发言。会议拓宽了中国图书馆学专业关于古籍保护人才培养的视野。周艳《高校古籍保护实践基地专业育人模式探索——以南京大学图书馆为例》指出,在国家强调加强古籍学科专业建设和人才培养的背景下,高校图书馆应充分结合自身古籍资源藏量丰富和高校相关专业研究生源源不断的优势,建立古籍保护实践基地,发挥专业育人功能。针对传统课堂教学缺乏实践的不足,建议高校图书馆在专业人员指导下,招收相关专业研究生进行古籍深度整理编目实践,以培养理论素养深厚而又真正懂古籍版本的新型古籍保护与整理研究人才。

《史事与人物》专栏刊文1篇。林世田、赵洪雅《同舟共济 共护国宝——王重民与和平接管时期的北平图书馆》认为,1949年北平和平接管时期,王重民出任北平图书馆代理馆长。在四个月的接管工作中,他积极配合中国人民解放军北平市军事管制委员会,圆满完成中国共产党关于馆藏、阅览、服务、宣传等业务要求。和平接管时期的相关政府公函、机构档案及时人日记、信札、传记等文献资料,揭示了王重民在这一特殊历史时期对北平图书馆和古籍保护事业的重要贡献。

《书评与书话》专栏刊文1篇。孙天琪《内阁大库藏书与晚清民国之学术——读林振岳〈内阁大库藏书研究〉》指出,《内阁大库藏书研究》运用版本目录学研究方法,梳理了内阁大库藏书从发现到整理的详细过程,追踪了民国时期对这批藏书的历次著录、配补、改装情况。同时从古籍善本书影编纂等角度,论说内阁大库藏书与晚清民国学术史、近代图书馆发展史之关联,拓宽了中国古代藏书史研究视野。

《研究生论坛》专栏刊文1篇。潘红宇《游戏化思维与古籍传承性保护》认为,只有增加趣味化和沉浸式体验,才能让更多群体参与到古籍传承性保护中来。文章以游戏化思维作为切入点,对其在古籍传承性保护领域应用之可行性进行了理论探讨,同时结合《典籍里的中国》实例分析了游戏化思维在古籍传承性保护领域的具体作为。年轻活跃的思维,对古籍传承性保护特别是相关文创产品的设计具有一定启发意义。

本辑文稿编辑过程之中,天津师范大学古籍保护研究院继续稳步发展。2023年5月13日,附设在古籍保护研究院的天津师范大学地方文献研究中心,在庆祝建院五周年的同时揭牌运作。地方文献建设是地方公共图书馆的重要职能,习近平总书记强调"要深入挖掘、继承、创新优秀传统乡土文化",这让地方文献建设特别是古籍类地方文献建设有了更加明确的指导方向。地方文献研究成果虽然较为多见,但无论是理论层面还是实践层面,都还有着巨大的探索空间。我甚至固执地认为，从文献作者及其生产空间角度，一切文献都可以被视作地方文献，一切文献研究其实都是地方文献研究。而专力从地方视角切入的地方文献研究，更是具有无限广阔的空间——其意义乍看似乎局限于一时一地，但本质上早已超越了一时一地。我非常衷心地期待，天津师范大学地方文献研究中心的理论和实践之路，能够走得远些，再远些！

2023 年 10 月 3 日

《古籍保护研究》征稿启事

  《古籍保护研究》集刊的编辑出版,旨在推行"中华古籍保护计划",为古籍保护工作者搭建一个古籍保护工作与研究成果的交流平台,广泛宣传古籍保护工作的重要意义,总结先进工作经验,及时发表古籍保护研究成果,推进古籍保护工作与学科建设向纵深发展。

  本刊由国家古籍保护中心主办,自 2015 年年底到 2018 年年底共出版三辑。自 2019 年第四辑起,由国家古籍保护中心主办、天津师范大学古籍保护研究院承办,刊期半年,分别于每年 3 月 31 日、9 月 30 日前出版,每辑约 25 万字。前十辑由大象出版社出版,自第十一辑开始,由国家图书馆出版社出版。

  本刊设定栏目为"古籍保护综述""探索与交流""普查与编目""修复与装潢""保藏与利用""再生与传播""人才培养""史事与人物""名家谈古籍""版本与鉴赏""书评与书话""研究生论坛""古籍保护大事记"等。敬希广大古籍保护工作者、专家学者及古籍爱好者垂注并赐稿。

一、稿件要求

  1. 稿件必须为原创,要求观点明确、层次清楚、结构严谨、文风朴实。

  2. 篇幅一般在一万字以内,有关古籍保护方面的重要工作综述、重要研究成果和特邀稿件不受此限。

  3. 论文层级一般为三级,采用"一、(一)、1"的形式。文章结构为:文章标题(附英文标题)、作者姓名、摘要(100—300 字)、关键词(3—5 个,用分号间隔)、正文、作者介绍、参考文献。

  4. 文章标题用三号宋体加黑,居左;作者用小四号仿宋,居左;摘要、关键词用楷体,居左。正文用五号宋体,1.5 倍行距;小标题加黑,居左空 2 格。

  5. 参考文献列于文后,请按《信息与文献参考文献著录规则》(GB/T 7714—2015)要求标注。

6. 注释采用页下注的形式,每页重新编号,均用阿拉伯数字加圆圈号表示(即①②③……)。

7. 所有来稿请提供作者基本信息,包括姓名、工作单位、职称或职务、联系地址、邮政编码、电子邮箱、电话号码。

二、投稿事宜

1. 请将稿件发至 gjbhyj2018@163.com,邮件主题注明"《古籍保护研究》投稿"字样。

2. 来稿将在 2 个月内得到录用或退稿答复;如无答复,作者可转投他刊。

3. 来稿一般采用双向匿名外审制度,本刊将为作者保守个人信息。

4. 来稿一经刊用,即按本刊标准支付稿酬,出版后另寄赠样书 2 册。

5. 本刊已被中国知网、维普收录,正式出版后所有文章可在中国知网、维普内下载。

三、联系方式

联系人:周余姣　凌一鸣

电话:022-23767301

邮箱:gjbhyj2018@163.com

地址:天津市西青区宾水西道 393 号天津师范大学古籍保护研究院

邮编:300387

《古籍保护研究》编辑部

2023 年 1 月 9 日